Björn Allmendinger/Joachim Fährmann/Klaudia Tietze (Hrsg.)

Von Biedermännern und Brandstiftern

Björn Allmendinger/Joachim Fährmann/Klaudia Tietze (Hrsg.)

Von Biedermännern und Brandstiftern

Rechtspopulismus in Betrieb und Gesellschaft

Hustedter Beiträge zur politischen Bildung, Bd. 6

VSA: Verlag Hamburg

www.hvhs-hustedt.de www.igmetall-wob.de www.gelbehand.de

www.vsa-verlag.de

Umschlagfoto: Marco Jelic
Druck- und Buchbindearbeiten: Beltz Bad Langensalza GmbH
ISBN 978-3-89965-772-2

Inhalt

GEWERKSCHAFTLICHE HANDLUNGSMÖGLICHKEITEN

ANHANG

Vor- und Geleitworte

Heinz-Hermann Witte*

Für ein solidarisches Miteinander

Rechtspopulismus ist allgegenwärtig, doch nur wenige Kolleg_innen wissen mit diesem gesellschaftspolitischen Phänomen und dessen Vertreter_innen umzugehen. Gerade aus diesem Grund veranstalteten wir im Januar 2017 u.a. zusammen mit der IG Metall Wolfsburg eine Fachtagung, die sich mit dem Themenfeld näher auseinandersetzte. Dabei wurde schnell klar: Der Bedarf an Hintergrundinformationen, speziell zu betrieblichen Handlungsmöglichkeiten, ist enorm, Publikationen sind hierzu aber kaum vorhanden. Um diese Leerstelle zu füllen, entschieden wir uns in Kooperation mit dem VSA: Verlag aus Hamburg zur Herausgabe des vorliegenden Bandes.

Die AfD bedient gekonnt rechtskonservative Sehnsüchte. In diesem Zusammenhang sticht vor allem das Bürgertum hervor, das sich, von Ressentiments und Ängsten getrieben, in Teilen rechtspopulistischen Versprechungen zugewandt hat. Aber auch Arbeiter_innen, Arbeitslose und sogar Gewerkschafter_innen werden von der Anti-Establishment-Rhetorik der AfD und ihrem Wirtschaftspopulismus angezogen. Dabei sind die Ängste, Sorgen und Probleme, die bei Gesprächen mit Kolleg_innen genannt und von rechtspopulistischen Wahlkämpfer_innen natürlich gerne aufgegriffen werden, nicht unbegründet. Seit Jahren beobachten wir etwa eine Zunahme prekärer Arbeitsverhältnisse (siehe Niedriglohnsektor). Die Lohnentwicklung ist seit den 1980er Jahren hinter den Verteilungsspielräumen zurückgeblieben, was Konkurrenz- und Abstiegsängste noch zusätzlich befeuerte. Diese Rahmenbedingungen trugen zweifelsohne zum aktuellen Phänomen bei, beschlich doch immer mehr Kolleg_innen in den Betrieben das ungute Gefühl, im Zeitalter der Globalisierung die Kontrolle über ihre eigene Zukunftsplanung zu verlieren.

In der politischen Bildungsarbeit in Hustedt beobachten wir derartige Krisenängste insbesondere seit den 1990er Jahren. Seitdem wurden viele Diskussionen in unserem Haus geführt und gewerkschaftli-

---

* *Heinz-Hermann Witte* ist Staatssekretär a.D. und Vorsitzender des Bildungszentrums HVHS Hustedt e.V.

che Handlungs- und Lösungskonzepte entworfen. Gewiss konnten dabei nicht alle Differenzen ausgeräumt werden, nichtsdestotrotz förderte der kollegiale Meinungsaustausch in offener Atmosphäre das solidarische Miteinander. In Zeiten rechtpopulistischer Agitation und fremdenfeindlicher Hetze sind gerade diese offenen Resonanzräume, wie auch der französische Soziologe Didier Eribon betont, wichtiger denn je. Ermöglichen sie den Kolleg_innen doch, unausgesprochene Sehnsüchte, Sorgen oder Wünsche in einem offenen, aber geschützten Raum zu diskutieren, ohne Gefahr zu laufen, persönlichen Anschuldigungen oder gar Anfeindungen ausgesetzt zu sein. Überlässt man dieses Feld hingegen rechtspopulistischen Demagogen, verpasst man mitunter eine entscheidende Gelegenheit, diese zu demaskieren und deren wahre Zielvorstellungen zu erörtern.

Das Bildungszentrum HVHS Hustedt, als ein Zentrum für politische Bildung in Norddeutschland und Ort des sozialen und politischen Lernens, wird auch zukünftig diese Resonanzräume ermöglichen und für eine solidarische und auf den Menschenrechten basierende Gesellschaft eintreten. Wir hoffen, dass wir mit diesem neuen Band in der Reihe »Hustedter Beiträge zur politischen Bildung« die Diskurse der letzten Jahre zusammenfassen und zugleich Ausblicke und gewerkschaftliche Handlungsmöglichkeiten, sowohl inner- als auch außerbetrieblich, aufzeigen können.

Hartwig Erb*

Wir müssen Antworten finden

»Biedermänner und Brandstifter«, so lautete der Kurztitel der Tagung im Januar 2017 in Wolfsburg, einer wichtigen Veranstaltung im gewerkschaftlichen Diskurs über den Umgang mit Rechtspopulisten. In der Region Wolfsburg haben bei den Kommunalwahlen über 10% der Wahlberechtigten ihr Kreuz bei der AfD gemacht. Und wir müssen feststellen: Selbst innerhalb der Gewerkschaften finden Rechtspopulisten ein ernstzunehmendes Wählerpotenzial. Doch wo liegen die Ursachen und welche Strategien setzen wir diesen demokratiefeindlichen Tendenzen entgegen?

Wir müssen feststellen, dass sich viele Menschen in Deutschland und Europa nicht mehr von der herrschenden politischen Klasse ernstgenommen und vertreten fühlen. Die gute wirtschaftliche Entwicklung füllt vielfach nur die Taschen der großen Konzerne und Unternehmen, die breite Masse geht leer aus. Und auch die Entwicklung in Richtung einer digitalen Gesellschaft macht vielen Menschen Angst. Die fortschreitende Prekarisierung von Arbeit hängt immer mehr Arbeitnehmer vom regulären Arbeitsmarkt und damit von der gesellschaftlichen Teilhabe ab und generiert so ein Potenzial an Bürgern, die sich nicht mehr in dieser Gesellschaft sehen.

Wir müssen Antworten finden auf diese Entwicklungen – auch und gerade mit unseren Kolleginnen und Kollegen in den Betrieben. Dabei geht es um die Themen Gerechtigkeit, Teilhabe und sich ernstgenommen fühlen. Es geht um gleiche Chancen in der Schulbildung und beim Zugang in die Hochschulen. Es geht um gute Arbeit mit gerechten Löhnen. Es geht um ein menschenwürdiges Auskommen mit einer Rente, die zum Leben reicht. Es geht darum, dass gesellschaftlich wertvolle Arbeit endlich gerecht honoriert wird, etwa in der Kranken- und Altenpflege oder im Dienstleistungssektor, und es geht auch um Steuergerechtigkeit, damit sich die Reichen nicht noch mehr die Taschen vollstopfen können. Letztendlich geht es also um die eigentliche Aufgabe des Staates, seine

---

* *Hartwig Erb* ist 1. Bevollmächtigter der IG Metall Wolfsburg.

Bürger zu schützen, soziale und wirtschaftliche Weichen zu stellen und niemanden an den Rand der Gesellschaft zu drängen.

Die deutschen Gewerkschaften haben in diesem Kontext eine wichtige Rolle. Sie sind aus ihrer historischen Erfahrung heraus die Wächter von Toleranz, Gerechtigkeit und Demokratie, innerhalb und außerhalb der Betriebe. Nutzen wir also die Chance, mit unseren Kolleginnen und Kollegen in die Diskussion zu kommen, um den besseren Weg zu streiten und gemeinsame Lösungsansätze für eine gerechtere Politik zu entwickeln. Nehmen wir endlich die Rolle wahr, als Anwalt der Arbeitnehmerinnen und Arbeitnehmer und als gesellschaftliches Korrektiv zu agieren, anstatt als Anhängsel von Parteipolitik und parteipolitischen Rücksichtnahmen aufzutreten. Es ist ja deutlich zu erkennen, dass die Menschen nicht politik-, sondern politikerverdrossen sind. Treiben wir also unsere Themen von einem besseren Leben, gerechten Löhnen, sicherer und guter Arbeit, aktiver Teilhabe am sozialen und gesellschaftlichen Fortschritt nach vorne in die betriebliche und überbetriebliche Ebene.

Damit entlarven wir nicht nur die »Biedermänner und Brandstifter«, sondern wir leisten auch einen aktiven Beitrag für die Sicherung unserer Demokratie. Dazu war die Veranstaltung im Januar 2017 ein wichtiger Meilenstein.

Giovanni Pollice*

Dem rechten Hass entgegentreten!

Mit dem Zuzug von hunderttausenden Menschen aus Kriegs- und Krisengebieten im Jahr 2015 hat sich das politische Klima in Deutschland verändert. Der großen Solidarität mit Geflüchteten in weiten Teilen der Bevölkerung stehen Ablehnung, Hass und Wut gegenüber. Angeheizt und befeuert wird die feindselige Stimmung von Rechtspopulisten. Die AfD, die entschiedene Gegnerin der Asylpolitik der Bundesregierung ist und die immer mehr versucht, sich als »Partei der kleinen Leute« zu inszenieren, ist mittlerweile in 13 Landtagen und seit neuestem auch im Bundestag vertreten. In Dresden finden seit dem Spätherbst 2014 die »Spaziergänge« der rechtspopulistischen bis rechtsextremen Organisation PEGIDA statt.

Parallel dazu stieg in diesem Zeitraum auch die Gewalt gegen Geflüchtete, politisch Andersdenkende und Unterstützer_innen in der Flüchtlingshilfe an. Brennende Asylunterkünfte und aggressiver Protest sind Bilder, die sich tief in das Bewusstsein unserer Gesellschaft eingeprägt haben. In sozialen Netzwerken brechen bei den Diskussionen unter »Usern« jegliche Hemmschwellen weg – ein Phänomen, das mit dem Begriff Hate-Speech umschrieben ist. Diese Entwicklung polarisiert unsere Gesellschaft und schafft eine Atmosphäre, in der Hass und unsolidarisches Handeln immer mehr die Oberhand zu gewinnen scheinen.

Auch die Arbeitswelt ist davon nicht ausgenommen. Gerade der Arbeitsplatz ist ein Ort, der nicht isoliert von gesellschaftspolitischen Debatten ist. Der Betrieb ist ein Spiegel der Gesellschaft.

Diskussionen um die Integration von Geflüchteten in die Betriebe und in die Gesellschaft, oder – oft damit verknüpft – Diskussionen um die soziale Frage in Zeiten der Globalisierung und des Wandels sind spannungsgeladen. Sie sind oftmals eine Herausforderung für Betriebsräte und Gewerkschafter_innen. Denn im Zuge dessen können zum Teil diskriminierende Abwertungen und Vorurteile zutage treten, die ein Einfallstor und Anknüpfungspunkt für den Rechtspopulismus bieten können.

---

* *Giovanni Pollice* ist Vorsitzender des Vereins »Mach' meinen Kumpel nicht an! – für Gleichbehandlung, gegen Fremdenfeindlichkeit und Rassismus e.V.«.

Hier ist es Aufgabe eines jeden, des Betriebsrats und der Gewerkschaftskolleg_innen, Rassismus entgegenzutreten und eine demokratische, solidarische Werteorientierung zu vermitteln. Soziale Ängste und existierende soziale Ungerechtigkeit müssen, gerade von uns Gewerkschaften, als solche angesprochen werden und dürfen nicht ethnisiert werden – das spaltet die Arbeiterschaft und letztlich auch die Gesellschaft.

Die Arbeitswelt ist ein zentraler gesellschaftlicher Ort, an dem Menschen unterschiedlicher Herkunft tagtäglich zusammenkommen. Das ermöglicht es, durch Kommunikation, Dialog und respektvollen Umgang, die Integration zu fördern und dabei Abwertung, Ausgrenzung und menschenverachtende Gesinnungen in die Schranken zu weisen.

Der Verein »Mach' meinen Kumpel nicht an!« wurde 1986 gegründet, um ein gewerkschaftliches Zeichen gegen Rassismus und Diskriminierung in der Arbeitswelt zu setzen und die Kolleginnen und Kollegen in den Betrieben und Verwaltungen für diese Themen zu sensibilisieren, um so einen Beitrag für eine diskriminierungsfreie, vielfältige und weltoffene Gesellschaft zu leisten. Diese Aufgabe scheint heute wieder wichtiger denn je: das heißt insbesondere Werte zu vermitteln, die Solidarität und das Miteinander zu fördern und menschenfeindliche Ressentiments zu bekämpfen. Der Band, der in Zusammenarbeit mit dem Bildungszentrum Hustedt und der IG Metall Wolfsburg entstanden ist, soll ein Beitrag sein, um das demokratische Engagement in der Arbeitswelt zu stärken.

Björn Allmendinger/Joachim Fährmann/Klaudia Tietze*

Über dieses Buch – ein Geleitwort

Als die ersten Plakate zur Bundestagswahl von der Berliner AfD im August 2017 in den Straßen der Hauptstadt angebracht wurden, schrieb uns eine Schweizer Kollegin der Gewerkschaft »Unia« an, die zu Beginn des Jahres mit ihrer Familie nach Deutschland gezogen war. Sie war zutiefst entsetzt über Slogans und Aufmachung der Plakate und fühlte sich in weiten Teilen an Kampagnen der rechtspopulistischen »Schweizerischen Volkspartei« (SVP) erinnert. Es sei doch, so die Kollegin, auf inhaltlicher Ebene kaum mehr ein Unterschied, ob man in den Straßen nun »›Sozialstaat‹? Braucht Grenzen« (illustriert mit einem Grenzbaum, auf dem vier Raben sitzen) oder wie in der Schweiz »Unkontrolliert Einbürgern? Nein« lese. Beides laufe letztlich auf eine zutiefst nationalistische und fremdenfeindliche Politik hinaus, in der die Zugehörigkeit zu einer wie auch immer definierten »Volksgemeinschaft« darüber entscheide, wer und in welcher Weise als vollständiges Mitglied der Gesellschaft akzeptiert werde. Am Ende drehe es sich dann nur noch um die Fragen: Wer gehört zu uns? Und wer nicht? Wer darf die Leistungen des Sozialstaats in Anspruch nehmen? Und wem werden diese grundsätzlich verwehrt?

Auch in den Betrieben sind diese Fragen allgegenwärtig und bestimmen oftmals die Debatten im Pausenraum oder etwa am Rande von Teambesprechungen. Rechtspopulistische Argumentationsmuster und Denkfiguren sind dabei keine Seltenheit – ist doch der Betrieb letztendlich nur ein Spiegelbild der Gesellschaft: So wird sich in Gesprächen alter und neuer Vorurteile bedient, vermeintlich einfache Lösungskonzepte präsentiert, gegen das politische Establishment gehetzt oder bestimmte Feindbilder konstruiert. Meist fehlt es den engagierten Kolleg_innen vor Ort an nötigem Rüstzeug, derartige rechtspopulistische Äußerungen zu demaskieren und in einer inhaltlichen Ausei-

---

* *Björn Allmendinger* ist Studienleiter des Gesamteuropäischen Seminars im Bildungszentrum HVHS Hustedt, Vorsitzender der bundesweiten Arbeitsgemeinschaft der Ost-West-Institute und Lehrbeauftragter am Institut für Politische Wissenschaft der Universität Hannover. *Joachim Fährmann* ist Politischer Sekretär der IG Metall Wolfsburg. *Klaudia Tietze* ist Geschäftsführerin des Vereins »Mach' meinen Kumpel nicht an!« in Düsseldorf.

nandersetzung entsprechende gewerkschaftliche Alternativen und Gegenkonzepte aufzuzeigen. In diesem Zusammenhang soll der vorliegende Sammelband Anregung und Hilfestellung zugleich sein und dazu ermutigen, rechtspopulistischen Demagogen in Betrieb und Gesellschaft Paroli zu bieten.

Gezielt präsentiert sich die AfD als sozialer Rettungsanker und sucht die Konfrontation mit Parteien und Organisationen, die sich in der Tradition der Arbeiterbewegung verorten. Exemplarisch steht hierfür etwa der Slogan »Das neue Rot der Arbeitnehmer ist Blau«, welcher von der Interessengemeinschaft der »Arbeitnehmer in der AfD« (AidA) verbreitet wird und nicht zuletzt als Kampfansage an Gewerkschaften und linke Parteien zu verstehen ist. Und auch die »Alternative Vereinigung der Arbeitnehmer e.V.« (AVA) ruft dazu auf, vor allem »Arbeitnehmer als die größte gesellschaftspolitische Bevölkerungsgruppe zur aktiven Mitarbeit in der AfD (...) [zu] gewinnen«. Deutlichere Worte fand diesbezüglich Jürgen Pohl, Gründer des »Alternativen Arbeitnehmerverbandes Mitteldeutschland« (ALARM!), auf einer Veranstaltung der AfD am 1. Mai 2017 in Erfurt. Unverblümt forderte er dort, »den Tag der Arbeit aus den Händen der Arbeiterverräter [zu] entreißen« und »den Kampf für einen solidarischen Patriotismus« weiter voranzutreiben.

Nicht wenige Kolleginnen und Kollegen fühlen sich von derartigen Slogans und Seitenhieben gegen Gewerkschaftsvertreter_innen oder Politiker_innen der etablierten Parteien durchaus angesprochen. Denn ein nicht unerheblicher Teil von ihnen fürchtet sich vor prekärer Beschäftigung, Altersarmut und sozialem Abstieg und sieht in der AfD die einzig wahre Stimme der »kleinen Leute«. Doch nur wenigen scheint klar zu sein, dass die Sozial- und Arbeitsmarktpolitik der AfD vor allem mit rassistischen Tönen untermalt ist und etwa geflüchtete Menschen oder bestimmte ausländische Arbeitnehmer_innen ausschließt. Ferner gilt zu bedenken, dass die AfD in erster Linie marktradikale, arbeitnehmerfeindliche Ziele verfolgt und so manche Forderungen nach sozialer Gerechtigkeit eher aus strategischen bzw. wahltaktischen Gründen in der Öffentlichkeit lanciert werden. Umso wichtiger erscheint es daher, sich intensiver mit den sozial- und wirtschaftspolitischen Positionen der AfD auseinanderzusetzen und die aktuellen Diskurse und Entwicklungen innerhalb der Partei, gerade vor dem Hintergrund der bevorstehenden Personal- und Betriebsratswahlen und dem derzeit offensiveren Auftreten von AidA, AVA und ALARM!, näher zu beleuchten.

Der vorliegende Sammelband ist aus der Idee heraus entstanden, Theorie und Bildungspraxis miteinander zu verbinden und Rechtspopulismus vor allem im Kontext der Arbeitswelt tiefergehender zu untersuchen. Der Band ist insgesamt in drei Themenblöcke unterteilt: Er soll Grundlagen des Rechtspopulismus vermitteln, dessen Wirkkraft in Betrieb und Gesellschaft näher veranschaulichen und natürlich gewerkschaftliche Handlungsoptionen aufzeigen. Das Buch richtet sich insbesondere an die vielen Kolleg_innen, die sich inner- wie außerbetrieblich tagtäglich gegen menschenverachtende und diskriminierende Denkweisen engagieren. Gerade ihnen soll der Band als Informationsgrundlage und Handlungshilfe dienen – und sie in gewisser Weise in ihrer schwierigen Arbeit unterstützen.

Als Herausgeber möchten wir dazu anregen, sich aktiv für eine solidarische Gesellschaft einzusetzen und Menschen, unabhängig von Hautfarbe, Herkunft, Kultur oder Religion, ein menschenwürdiges Leben in Deutschland zu ermöglichen. Wir danken allen Autor_innen, die an diesem Projekt durch ihre Beiträge, Ratschläge und Ideen mitgewirkt haben. Unser ganz besonderer Dank gilt abschließend der IG Metall in Niedersachsen und Sachsen-Anhalt und den Kolleg_innen des Vereins »Mach' meinen Kumpel nicht an!«, ohne deren Engagement und Unterstützung dieses Buch sicherlich nicht in dieser Form zustande gekommen wäre.

Grundlagen:
Rechtspopulismus in Deutschland

Alexander Häusler/Rainer Roeser

Rechtspopulismus: Entwicklung und aktuelle Erscheinungsformen in Deutschland

Was ist Rechtspopulismus?

Unter Rechtspopulismus ist eine spezifische Form von politischer Inszenierung zu verstehen. Ein zentrales Merkmal ist hierbei der konstruierte Gegensatz zwischen Volk und Elite. Dabei wird »das Volk« als ethnisch homogenisierter Begriff für die unterschiedlichen Partikularinteressen angestammter Bevölkerungsteile in Kontrast zu der »politischen Klasse« gesetzt, welche angeblich »volksfeindliche« Ziele verfolge.[1] Den bewusst gewählten Außenseiterstatus rechtspopulistischer Parteien als selbstinszenierte »Anwälte des Volkes« gegen »die Elite« versinnbildlicht eine Wahlkampfparole des verstorbenen österreichischen Rechtspopulisten Jörg Haider: »Sie sind gegen ihn, weil er für euch ist.«

Die rechtspopulistische Ansprache beinhaltet zugleich ein Zugehörigkeitsangebot (»Wir«-Konstruktion) wie ein personalisiertes Feindbildangebot (»Die Anderen«, vgl. Reinfeld 2013). Als Feindbilder dienen in der rechtspopulistischen Ansprache wahlweise u.a. Zuwanderer, Asylsuchende, Muslime, emanzipatorische Bewegungen oder das sogenannte »Establishment«. Dies bedeutet: Sowohl Parteien extrem/radikal rechten Ursprungs wie etwa der Front National (FN) und die Freiheitliche Partei Österreichs (FPÖ) als auch Parteien wirtschaftsliberalen und konservativen Ursprungs wie die PVV in den Niederlanden und die SVP in der Schweiz können zur rechtspopulistischen Parteienfamilie gezählt werden, weil sie strukturähnliche Merkmale ihrer Agitation und Feindbildsetzungen aufweisen und sich politisch aufeinander beziehen. Auch

---

[1] Die wissenschaftliche Verwendung des Begriffs des Rechtspopulismus allgemein sowie auch speziell in Bezug auf die AfD ist durchaus als kontrovers zu bezeichnen (vgl. exemplarisch: www.bpb.de/politik/extremismus/rechtspopulismus/240956/debatte-alternative-fuer-deutschland). Im vorliegenden Beitrag wird die Verwendung dieses Begriffs für sinnvoll erachtet. Die folgenden Ausführungen fußen auf mehreren von uns bereits an anderer Stelle veröffentlichten Ausführungen.

Donald Trump, das neue agitatorische Vorbild für Europas Rechtspopulisten, hat mit einem solchen politischen Stil Wahlkampf betrieben. Deshalb muss Rechtspopulismus als »ideologische Kombinatorik« begriffen werden, in der nationalistische und nativistische Haltungen einhergehen mit Forderungen nach direkter Demokratie (siehe Priester 2016: 537).

Dies zeigt, dass die Kategorisierung »rechtspopulistisch« allein zur politischen Verortung einer Partei nicht ausreicht, denn sowohl nationalkonservative als auch radikal rechte Parteien können sich rechtspopulistisch inszenieren. Allerdings hilft der Begriff des Rechtspopulismus zur Beschreibung und zum Verständnis verbindender Merkmale und Wirkungen unterschiedlicher rechter Parteien und Strömungen.

Entstehungskontext des Rechtspopulismus

Rechtspopulistische Wahlerfolge sind ein Folgeprodukt politischer Legitimationskrisen. Der vorherrschende Politikbetrieb mit dem Paradigma einer »Politik der Mitte« ist im Kontext multipler Krisen ins Wanken geraten und produziert auch auf dem rechten Feld neue politische Handlungsoptionen. Im Zuge der Durchsetzung neoliberaler Politikkonzepte nahm der Rechtspopulismus sozialpopulistische Stoßrichtungen in sein Agitationsrepertoire auf und seine Vertreter inszenierten sich seit den 1990er Jahren zunehmend auch als selbsterklärte »Anwälte der kleinen Leute«.

Der Erfolg rechtspopulistischer Agitation resultiert nicht nur aus der wirkungsvollen Ansprache an die unteren Mittelschichten. Rechtspopulistische Parteien sind »Catch all«-Parteien – sie binden mit ihrer Anti-Parteien-Rhetorik enttäuschte Wählermilieus aus unterschiedlichen politischen Lagern an sich. Der Rechtspopulismus ruft zu einer Revolte der Kleinbürger und des Mittelstandes gegen einen angeblich übergriffigen Staat, der mit Steuern und Sozialtransferleistungen »die Fleißigen« gängele und »die Faulen« bevorzuge. Zugleich dienen nationalistische und rassistische Feindbildsetzungen als politischer »Kitt«, um die Widersprüche zwischen wirtschaftsliberalen und sozialpopulistischen Forderungen zuzudecken. Denn im Kontext eines vorherrschenden Credos von einer »Politik der Mitte« erklären sich die rechtspopulistischen Parteien zugleich zu den angeblich legitimen Nachfolgern linker Parteien, die den »kleinen Mann« vergessen hätten: »Politik für uns're Leut« lautete entsprechend eine Wahlkampfparole der rechtspopulistischen FPÖ, deren Parteichef Heinz-Christian Strache seine Partei propagandistisch zum »wahren Erben« der österreichischen Sozialdemokratie erhob. Die Wirkungsmächtigkeit rechtspopulistischer Nationalisierung der sozialen Frage kann deshalb auch als Konsequenz einer Neoliberalisierung linker, sozialdemokratischer Politik verstanden werden, die den unteren sozialen Milieus ihre Anteilnahme entzog. In der kollektiven Alltagswahrnehmung der unteren Klassen stellen sich demokratische Errungenschaften und Forderungen heutzutage mehr und mehr als selektive Aushandlungsprozesse von »der Mitte« für »die Mitte« dar – die einzigen laut artikulierten Erlösungsversprechen für die »kleinen Leute« erhalten sie in nationalistischer und rassistischer Verpackung von den extremen Rechten.

Laut François Dubet sind es (nicht nur) in Frankreich zugleich die Mittelschichten, die von einem Verlust des kollektiven Aufstiegsversprechens geprägt sind: »Viele Mitglieder der Mittelschicht haben das Gefühl, dass sie alleingelassen wurden zwischen zwei gesellschaftlichen Gruppen, mit denen sie nichts gemein haben. Die alte Arbeiterklasse wurde abgelöst von einer Unterschicht, die assoziiert wird mit den Banlieues, mit Einwanderung, Armut, Kleinverbrechen. Wir sprechen darüber ähnlich angstbesetzt, wie im 19. Jahrhundert über die ›gefährlichen Klassen‹ geredet wurde, die angeblich die soziale Ordnung bedrohen. Auf der anderen Seite werden die Wirtschaftsführer nicht mehr als nationale Bourgeoisie wahrgenommen, sondern als kosmopolitische Superreiche, die mit ihrem eigenen Land nichts mehr zu tun haben wollen. Die Mittelschicht hat das Gefühl, dazwischenzustehen, bedroht und allein.« (Dubet 2016)

Trotz jeweils unterschiedlicher Akzentuierung der verschiedenen rechtspopulistischen Parteien in Detailfragen liegt deren zentrale gemeinsame Agitationszielrichtung auf der Ansprache der (besonders unteren) Mittelschichten: Sie werden unter Ausklammerung von Klassenunterschieden gemeinsam mit den Unterschichten populistisch mobilisiert zu einem völkisch-nationalistischen Aufstand gegen die als »politisch korrekt« und »links gesteuert« abgelehnte liberale Elite. Es droht deshalb aktuell die Gefahr, dass »regressive Modernisierung und postdemokratische Politik zu einer autoritären Strömung führen, die sich der liberalen Grundlagen unserer Gesellschaft entledigt.« (Nachtwey 2016: 233)

Rechtspopulismus in Deutschland

Im Unterschied zu Deutschlands Nachbarländern gab es hierzulande lange Zeit keine erfolgreiche rechtspopulistische Partei. Zwar war die Schill-Partei temporär in Hamburg erfolgreich, sie verschwand jedoch ebenso wieder von der politischen Bildfläche wie der »Bund freier Bürger« (BFB). Der BFB wurde im Jahr 1994 auf Initiative des früheren bayerischen FDP-Vorsitzenden Manfred Brunner gegründet und war die erste rechte Anti-Euro-Partei in Deutschland. Laut Brunner wurde die Partei als »Bürgerbewegung für ein Europa der Nationen« gegründet. Die Zusatzbezeichnung »Die Freiheitlichen« wurde in Anlehnung an die FPÖ gewählt. Brunner versuchte, durch die politische Annäherung an den österreichischen Rechtspopulisten Jörg Haider von dessen Strahlkraft zu profitieren. Doch trotz dieser Annäherung und gemeinsamer Wahlkampfauftritte mit Haider erreichte der BFB nicht im Mindesten dessen Aufmerksamkeit. 1998 vollzog Brunner den Zusammenschluss des BFB mit der Partei »Offensive für Deutschland« von Heiner Kappel, infolgedessen sich der BFB bis hinein in den rechtsextremen Rand radikalisierte. Im Jahr 2000 stellte der BFB endgültig seine parteipolitischen Tätigkeiten ein.

Die im Februar 2013 gegründete Partei »Alternative für Deutschland« (AfD) entstand im Kontext der Euro-Krise in Europa und der Sarrazin-Debatte in Deutschland. Die Partei zählt zur rechtspopulistischen Parteienfamilie (siehe Decker 2016). Als Antwort auf das Merkel-Credo von einer »Alternativlosigkeit« der Euro-Rettung formierte sich mit der AfD eine neue parteipolitische Kraft rechts der Unionsparteien. Im Laufe ihres kurzen Werdegangs vollzog sie eine fortscheitende Rechtsentwicklung hin zu einer einwanderungsfeindlichen Rechtsaußenpartei.

Zwar inszenierte sich die AfD von Beginn an als besondere Partei mit völlig neuen Inhalten – real stellt sie hingegen ein Konglomerat aus ehemaligen Parteigängern der CDU, CSU, FDP sowie ehemaligen Mitwirkenden aus Rechtsaußenparteien wie dem BFB, der Partei Die Freiheit (DF), den Republikanern und der Schill-Partei dar (Häusler/Roeser 2015: 28-41). Mit dem Anfang des Jahres 2014 verstorbenen Wilhelm Hankel, Karl Albrecht Schachtschneider und Joachim Starbatty gehörten ehemalige Unterstützer des BFB zum Kreis der AfD-Unterstützer in der Gründungszeit der Partei. Sogar der zentrale Wahlkampfslogan der AfD zur Bundestagswahl 2013 entpuppt sich bei näherer Betrachtung als schlichte Kopie eines Slogans des BFB: »Mut zur Wahrheit« stand schon auf BFB-Wahlplakaten zur Landtagswahl am 13. September 1998 in Bayern.

Kurzum: Die AfD stellt unter inhaltlichen Gesichtspunkten keine neuartige Erscheinung dar. Vielmehr war sie die passende Partei zur »richtigen Zeit«: Sie konnte eine in Deutschland vorhandene günstige politische Gelegenheitsstruktur – die Euro-Krise und die nahezu zeitgleich abgelaufene Sarrazin-Debatte – zur Besetzung einer Leerstelle auf dem politisch rechten Feld nutzen. Voraussetzung für eine den rechten Rand überschreitende Wählerzustimmung war, dass ihr politischer Ursprung nicht im offen rechtsextremen, sondern im mehrheitlich nationalliberal-konservativen Spektrum zu verzeichnen gewesen ist. Ihr von Anfang an mitwirkender radikal rechter Flügel war in ihrer Gründungszeit nicht öffentlich merkmalsprägend gewesen, was der Partei die Möglichkeit eröffnete, sich für ein milieuübergreifendes und politisch heterogen-rechtes Zustimmungspotenzial ansprechbar zu machen.

Rechte Radikalisierung der AfD

Seit den ersten Wahlerfolgen der Partei wird darüber debattiert, wo sie politisch auf dem rechten Feld zu verorten sei: Ist sie rechtspopulistisch oder nationalliberal bzw. nationalkonservativ oder rechtsradikal oder gar rechtsextrem? Die Einordnung ist deshalb nicht einfach, weil es sich bei der AfD um eine Partei im Wandel handelt: Entstanden als rechte Anti-Euro-Partei, vollzog sie im Laufe ihres kurzen Werdegangs einen Wandel in Richtung einer radikal rechts orientierten Anti-Establishment-Partei. Dieser Wandel hat viel mit dem innerparteilichen Führungswechsel zu tun. Schon in ihrer Gründungszeit bestand die AfD aus drei unterschiedlichen rechtsorientierten politischen Milieus: einem nationalliberalen, einem nationalkonservativen und einem radikal rechts orientierten Milieu mit offener Flanke zu rechtsextremen Strömungen.

Nach der Abwahl von Bundessprecher Bernd Lucke und dessen Gründung der erfolglosen AfD-Nachfolgepartei ALFA (später umbenannt in »Liberal-Konservative Reformer«) fokussierte sich die AfD propagandistisch stärker auf das Einwanderungsthema und positionierte sich deutlicher radikal rechts. Dies lässt sich auch anhand ihrer veränderten Positionierung im Europaparlament veranschaulichen: So war die AfD nach ihrem erfolgreichen Einzug in das Europaparlament 2014 zunächst der Fraktion der europaskeptischen Konservativen und Reformisten (EKR-Fraktion) unter Führung der britischen Tories beigetreten. Zu radikal rechten Kräften wie dem französischen Front National (FN) und der österreichischen FPÖ bekundete die AfD-Parteispitze zu jener Zeit noch mehrheitlich Abstand. Dies änderte sich grundlegend nach der Abwahl von Lucke: Während die AfD-Abspaltung unter Führung von Lucke derzeit noch im Europaparlament Mitglied in der Fraktion der Europäischen Konservativen und Reformer (EKR) ist, begaben sich die verbliebenen AfD-Parlamentarier Beatrix von Storch und Marcus Pretzell auf den Weg nach Rechtsaußen: Von Storch trat über zur rechtspopulistischen EFDD-Fraktion unter Führung der britischen UKIP und Pretzell zur radikal rechten ENF-Fraktion. Neben der FPÖ sind in der ENF-Fraktion u.a. der rechtsextreme Front National sowie die rassistische Lega Nord aus Italien aktiv. Das bedeutet: Die AfD schwenkte um von einer ursprünglich euroskeptisch/pro-atlantisch ausgerichteten Positionierung in das radikal rechte antieuropäische Lager. Führende Funktionäre beschreiben ihre Partei nun wahlweise als eine »Pegida-Partei«[2] oder als eine »fundamental-oppositionelle Bewegungspartei«.[3]

Seit dem Machtwechsel auf dem Essener Parteitag im Juli 2015 geht der Kurs der AfD immer offener hin zum Rechtspopulismus mit völkisch-nationalistischer Prägung. Die AfD ist seitdem der parteipolitische Anker für nationalistische und rassistische Protestbewegungen. Damit schlug die Partei die Brücke zwischen ihrer wohlstandschauvinistischen und elitär-marktradikalen ökonomischen Grundausrichtung (»nicht das Sozialamt der Welt«) und »dem Volk« sowie den Politikverdrossenen, die ein Ventil für ihren Protest gegenüber den »Altparteien« und den als »Sozialtouristen« diffamierten Einwanderern suchen. Die Partei positionierte sich zugleich gegen Gender Mainstreaming, frühkindliche Sexualaufklärung und die rechtliche Gleichstellung von Homosexuellen. So hat sie sich zum parteipolitischen Dach für einen rechten Kulturkampf entwickelt, der die Forderung nach dem Erhalt von »nationaler Identität« damit verknüpft, sich gegen Frauen- und Minderheitenrechte zu

---

[2] So der damalige AfD-NRW-Vorsitzende Pretzell auf dem Bundesparteitag der AfD im Juni 2015 in Essen. Online unter: www.youtube.com/watch?v=T756cXC1k_0, abgerufen am 13.6.2017.

[3] So der Thüringer AfD-Landesvorsitzende Höcke in einem Vortrag vor dem neurechten Institut für Staatspolitik im November 2015 in Schnellroda. Online unter: www.youtube.com/watch?v=ezTw3ORSqlQ, abgerufen am 13.6.2017.

stellen, aber auch gegen Solidarität mit Flüchtlingen und den verschuldeten Staaten in (Süd-)Europa.

Der AfD ist mittlerweile der Einzug in dreizehn Landesparlamente und im September 2017 auch der Einzug in den Bundestag mit 12,6% gelungen. Es lässt sich von einer längerfristigen Verankerung in der deutschen Parteienlandschaft ausgehen. Hierbei steht die AfD vor der Herausforderung, im Spannungsfeld zwischen rechter Fundamentalopposition und der Entwicklung realpolitischer Handlungskompetenz nicht zerrieben zu werden. Der Einfluss neurechter und völkisch-nationalistischer Seilschaften in der AfD hingegen scheint innerparteilich – trotz vollmundiger Abgrenzungsbekundungen »gegen Extremismus« – gefestigt zu sein.

Damit einher gehen Verschiebungen in der rechten Parteienlandschaft, bei denen die AfD zunehmend den Kristallisationspunkt einer neuen rechten Bewegung mit parteipolitisch erfolgversprechenden Machtoptionen darstellt. Dies beinhaltet, dass sich mit der AfD ein sowohl rechtspopulistisches wie zugleich völkisch-nationalistisches parteipolitisches Dach einer »Nationalen Opposition« formiert, das die extrem rechte Parteienlandschaft umwälzt und die Neuformierung eines neuen radikal rechten Blocks ankündigt. Als politischem Krisenprofiteur gelingt es der AfD, eine relevante Anzahl aus dem Lager der Nichtwähler zu mobilisieren und zugleich Wechselwähler aus dem gesamten Parteienspektrum einschließlich des linken und gewerkschaftlichen Lagers anzusprechen. Hierbei versucht die AfD erkennbar, in die Fußstapfen erfolgreicher extrem rechter Parteien wie dem Front National und der FPÖ zu treten und versucht entsprechend einen (inhaltlich eigentlich nicht kompatiblen) Mix aus wirtschaftsliberalen und sozialpopulistischen Forderungen politisch zu vermarkten. Aus linker und gewerkschaftlicher Sicht bedürfen diese Bestrebungen daher einer tiefergehenden Auseinandersetzung.

Rechter Sozialpopulismus der AfD

Einhergehend mit den ersten Wahlerfolgen in den ostdeutschen Bundesländern erklärte der brandenburgische AfD-Landesvorsitzende Alexander Gauland – als langjährig erfahrener früherer CDU-Politiker und zentraler Stratege der Partei – die AfD zur »Partei der kleinen Leute« (Geis 2015). In Abgrenzung zum früheren Lucke/Henkel-Flügel änderte die AfD ihr früher ablehnendes Verhältnis beispielsweise zum Mindestlohn um 180 Grad und weist in internen Diskussionen deutlich auf die Gefahr hin, als neoliberal kenntliche Partei Einbußen in traditionellen Wählerlagern der Arbeiterschaft zu erfahren. So heißt es in einem internen Strategiepapier: »Bei für die AfD bislang für Wahlerfolge nicht erforderlichen Themen (das gilt insbesondere für die Wirtschafts- und Sozialpolitik) muss sehr sorgfältig darauf geachtet werden, dass sich die Anhängerschaft der AfD nicht auseinanderdividiert.« Zweitens müssten »Positionen, die der politische Gegner als ›neoliberal‹ ausschlachten kann, gut argumentiert und unter Marketinggesichtspunkten aufbereitet werden«.[4]

Hier kommt eine strategische Orientierung auf sozialpopulistische Ansprache deutlich zum Ausdruck, die den agitatorischen Zugang zu den unteren Klassen der Arbeiterschaft und den unteren Mittelschichten zum Ziel hat. Unter dem Begriff des rechten Sozialpopulismus ist eine Agitationsform zu beschreiben, die unter (extrem) rechten Grundannahmen die selektive Aufnahme sozial- und wirtschaftspolitischer Forderungen im scheinbaren Sinne von arbeitnehmerpolitischen Interessen beinhaltet, um mit populistischer Ansprache Arbeitnehmerschichten mobilisieren zu können. Das Empfinden von politischer Nichtbeachtung und die Empörung über ungerechte Verteilungsverhältnisse und schlechte Arbeitsbedingungen dienen als Mobilisierungsressource für eine Politik der Feindbilder: Rechter Sozialpopulismus beinhaltet demnach die Instrumentalisierung sozialer und ökonomischer Ungerechtigkeitsverhältnisse für die populistische Legitimierung völkisch-nationalistischer Handlungsoptionen.

Diese Agitationsform lässt sich anhand einer Rede von Björn Höcke auf einer AfD-Demonstration in Schweinfurt veranschaulichen, wo er behauptete: »Die Soziale Frage der Gegenwart ist nicht primär die Verteilung des Volksvermögens von oben nach unten, unten nach oben, jung nach alt oder alt nach jung. Die neue deutsche Soziale Frage des 21. Jahrhunderts ist die Frage nach der Verteilung des Volksvermögens von innen nach außen!«[5]

---

[4] Alternative für Deutschland: »Demokratie wieder herstellen – Dem Volk die Staatsgewalt zurückgeben – AfD-Manifest 2017 – Die Strategie der AfD für das Wahljahr 2017«, vom 22.12.2016, www.weser-kurier.de/cms_media/module_ob/2/1389_1_AfD-Strategie-2017_58a5b0701d8dd.pdf, Fußnote 1, S. 8, abgerufen 4.4.2017.

[5] Björn Höcke: Die neue SOZIALE Frage (Schweinfurt, 28.4.2016), www.youtube.com/watch?v=f1BOqo7WDao&feature=share, abgerufen am 14.6.2017.

AfD-Querfront-Organisationen

Eine besondere Herausforderung für Gewerkschaften stellt der Versuch der AfD dar, mittels eigener »Arbeitnehmer-Organisationen« einen Keil in die organisierte Arbeiterbewegung zu treiben. Es existieren mittlerweile vier solcher Vereinigungen: »AidA«, »AöD«, »AVA« und »ALARM!«.[6]

Die »Arbeitnehmer in der AfD« (AidA), bereits zu Bernd Luckes Zeiten gegründet, gibt es faktisch nur in Hamburg und Baden-Württemberg. Die mit AidA verbündete »Alternative öffentlicher Dienst« (AöD) ist regional noch beschränkter. Bei ihr führen drei AfD-Politiker aus Aachen und Umgebung Regie. Bei der AVA, der »Alternativen Vereinigung der Arbeitnehmer«, kommen sechs der sieben Bundesvorstandsmitglieder aus Nordrhein-Westfalen. Der Vorsitzende Uwe Witt ist innerhalb der unterschiedlichen politischen Lager der AfD an der Seite der ehemaligen Parteisprecher Frauke Petry und Marcus Pretzell zu finden, dessen nordrhein-westfälischer Landesverband bei der Gründung Pate stand. Der im AfD-Strategiepapier beschriebene Ansatz, die »kleinen Leute« als Zielgruppe anzuvisieren, hatte einige personelle Entscheidungen zur Folge. Der Ex-Sozialdemokrat Guido Reil ist bei der AVA mittlerweile zum NRW-Vorsitzenden aufgestiegen. Er mobilisierte mit sozialpopulistischen Inszenierungen bei der NRW-Landtagswahl 2017 besonders im Ruhrgebiet Wählerzustimmung. »Vertritt die Interessen der kleinen Leute, statt sie zu verraten«, stand auf den AfD-Wahlplakaten mit Reils Konterfei. »Primäres Ziel« der Plakatkampagne sei »die Erschließung neuer Zielgruppen«, verriet die Partei.[7]

In dem oben zitierten AfD-Strategiepapier für das Wahljahr 2017 hatte die AfD neben anderen Adressaten ihrer Politik auch zwei Gruppen von Arbeitnehmern besonders in den Blick genommen. Einmal »leistungsorientierte Arbeitnehmer« mit »liberal-konservativer Werteorientierung«, die einem »rot-grün dominierten Zeitgeist der Beliebigkeit und der Multikulti-Ideologie kritisch bis ablehnend« gegenüberstünden. Und zum anderen: »Bürger mit unterdurchschnittlichem Einkommen (›kleine Leute‹) in sog. ›prekären Stadtteilen‹, die sich dem dortigen Trend zur Ausnutzung von staatlichen Transferleistungen und zur Verwahrlosung ent-

---

[6] Siehe hierzu den Beitrag von Mark Haarfeldt in diesem Band.

[7] Rainer Roeser: AfD auf der Suche nach den »kleinen Leuten«, www.bnr.de/artikel/hintergrund/afd-auf-der-suche-nach-den-kleinen-leuten, abgerufen am 14.6.2017

gegenstellen, sich zu konservativen Werten wie Leistungsbereitschaft, Ordnung, Sicherheit und Patriotismus bekennen, sich von den Altparteien nicht ernst genommen und außerdem als Verlierer der Globalisierung fühlen.«

Besonders (frühere) Wähler von SPD und Linken nimmt die AfD in den Blick: »Ostdeutschland sowie westdeutsche Industriegebiete, vor allem auch im Ruhrgebiet, wo die SPD noch überdurchschnittlich gute Wahlergebnisse erzielt und bislang eine enge Bindung an die Arbeiterschaft und an das Kleinbürgertum hatte, erweisen sich zunehmend als fruchtbares Terrain für die AfD.« Der AVA-Bundesvorsitzende Uwe Witt ist über die Landesliste Nordrhein-Westfalen im September 2017 in den Bundestag gewählt worden.

Als politisches Machtinstrument der AfD-Rechtsaußen-Gruppierung »Der Flügel« ist der »Alternative Arbeitnehmerverband Mitteldeutschland« (ALARM!) zu bewerten. Die Gründung dieser Vereinigung wurde öffentlichkeitswirksam von Jürgen Pohl auf einer AfD-Veranstaltung am 1. Mai 2017 in Erfurt verkündet. Pohl ist Leiter des Wahlkreisbüros von Björn Höcke in Mühlhausen. Auf der Erfurter Bühne wurden als »die Vertreter der Arbeitnehmer in Brandenburg« der dortige AfD-Landesvorsitzende Andreas Kalbitz und die Landtagsabgeordnete Birgit Bessin sowie »als Vertreter der Arbeitnehmer aus Sachsen-Anhalt« Martin Reichardt und Oliver Kirchner vorgestellt. Reichard sitzt mittlerweile über die Landesliste Sachsen-Anhalt im Bundestag, Kirchner ist in Sachsen-Anhalt Fraktionsvize. In »Mitteldeutschland« soll die Gruppe tätig werden – genauer: in jenen Ost-Bundesländern, in denen »Der Flügel« besonders einflussreich ist.

Geht es nach Pohl, der auf Platz zwei der Landesliste in den Bundestag eingezogen ist, soll die neue Gruppe viel mehr sein als die bisherigen AfD-»Arbeitnehmerverbände«. Als Kampfansage an die Gewerkschaften bekundete er auf der AfD-Demonstration: »Kämpft mit uns, dass wir den 1. Mai diesen Verrätern entreißen! (...) Nehmen wir diesen 1. Mai als Aufbruch in den Kampf für einen solidarischen Patriotismus!«[8]

Das Motto jener Veranstaltung war »Sozial ohne rot zu werden«, ein früher von den Republikanern verwendeter Slogan.

---

[8] 1. Mai Demo der AfD-Thüringen in Erfurt am 1.5.2017, Rede des Thüringer Listen- und Direktkandidaten für die Bundestagswahl 2017, Jürgen Pohl, www.youtube.com/watch?v=bwy_4NYZCk4, abgerufen am 15.6.2017.

Die hier beschriebenen Agitationsbestrebungen der AfD veranschaulichen die Gefahr einer völkisch-nationalistischen Mobilisierung in den unterschiedlichen Schichten und Milieus der Arbeitnehmerschaft. Die Gewerkschaften stehen daher vor der Aufgabe, wirksame Gegenkonzepte zu dieser sozialpopulistischen Agitation von rechts zu entwickeln.

Literatur

Decker, Frank (2016): Die »Alternative für Deutschland« aus der vergleichenden Sicht der Parteienforschung, in: Häusler, A. (Hrsg.): Die Alternative für Deutschland. Programmatik, Entwicklung und politische Verortung, Wiesbaden, S. 7-23.

Dubet, François (2016): Verteilungskämpfe à la française, in: Süddeutsche Zeitung vom 6.7.

Geis, Matthias (2015): Alexander Gauland: Populist mit Stil, in: DIE ZEIT Nr. 27.

Häusler, Alexander/Roeser, Rainer (2015): Die rechten »Mut«-Bürger. Entstehung, Entwicklung, Personal & Positionen der »Alternative für Deutschland«, Hamburg.

Nachtwey, Oliver (2016): Die Abstiegsgesellschaft. Über das Aufbegehren in der regressiven Moderne, Berlin.

Priester, Karin (2016): Rechtspopulismus – ein umstrittenes theoretisches und politisches Phänomen, in: Virchow, F./Langebach, M./Häusler, A. (Hrsg.): Handbuch Rechtsextremismus, Wiesbaden, S. 533-560.

Reinfeld, Sebastian (2013): »Wir für euch«. Die Wirksamkeit des Rechtspopulismus in Zeiten der Krise, Münster.

Harald Kolbe

Warum wirkt die Ideologie des Rechtspopulismus?

Im Jahr 1848 erschien eine Broschüre mit folgender Aussage: »Die Mittelstände, der kleine Industrielle, der kleine Kaufmann, der Handwerker, sie alle bekämpfen die Bourgeoisie, um ihre Existenz als Mittelständler vor dem Untergang zu sichern. Sie sind konservativ, mehr noch sie sind reaktionär, denn sie suchen das Rad der Geschichte zurückzudrehen.«

Marx beschreibt hier im Kommunistischen Manifest das Kleinbürgertum, das gegen die sich neu bildende Klasse des modernen Besitzbürgertums, die Bourgeoisie, aufbegehrt. Dieses Kleinbürgertum macht auch den Kern der AfD, von PEGIDA und anderen rechtspopulistischen Gruppierungen aus. Deren Anhänger kommen aus der Mitte der Gesellschaft, vom national-konservativen, wirtschaftsliberalen und christlich-fundamentalistischen Flügel der CDU/CSU und FDP. So war Alexander Gauland einst Leiter der Staatskanzlei beim damaligen hessischen CDU-Ministerpräsidenten Wallmann und bis 2013 CDU-Mitglied. Die AfD-Europaabgeordnete Beatrix von Storch ist Mitglied der neoliberalen Friedrich-August-von-Hayek-Gesellschaft und der AfD-Chefideologe Marc Jongen war langjähriger Assistent des reaktionären Philosophieprofessors und Nietzsche-Anhängers Peter Sloterdijk.

Aber auch Arbeitnehmer_innen wählen AfD und unter ihnen viele Gewerkschaftsmitglieder. Schon in einer Broschüre aus dem Jahr 1982 mit dem Titel »Der Einfluss rechtsradikalen Gedankengutes auf die Arbeitnehmer« untersuchte der Faschismusforscher Reinhard Kühnl dieses Phänomen. Es handelt sich also offensichtlich um kein neues Problem – aber um ein sich vergrößerndes und verschärfendes.

Wir wissen aus den Studien von Richard Stöss u.a. sowie Wilhelm Heitmeyer u.a., dass es ein stabiles rechtes Wählerpotenzial von 10-12% gibt und dass bis zu 30% der Bevölkerung für rechtspopulistische Argumente zugänglich sind. Ein Blick in die jüngere Geschichte der Bundesrepublik zeigt das beispielhaft an den Wahlergebnissen rechtpopulistischer und extrem rechter Parteien. Die NPD war in den 1960er Jahren in den Landtagen von Niedersachsen, Baden-Württemberg, Hessen, Bayern, Schleswig-Holstein und Rheinland-Pfalz vertreten. Die Partei

»Die Republikaner« war in den 1980er und 1990er Jahren sowohl im EU-Parlament (1989-94) als auch in den Landesparlamenten von Berlin (1989-90) und Baden-Württemberg (1992-2001) vertreten. Die rechtspopulistische »Schill-Partei« war in Hamburg von 2001 bis 2004 an einer CDU-geführten Regierung beteiligt.

Neu ist, dass auch Arbeitnehmer_innen und Gewerkschaftsmitglieder verstärkt in Größenordnungen von bis zu 25% rechtspopulistisch wählen. Hier sind es besonders jugendliche männliche Wählerschichten, die unter anderem in Sachsen-Anhalt überproportional AfD gewählt haben. Das ist besorgniserregend.

Warum wirkt die Ideologie des Neoliberalismus und des Rechtspopulismus?

Es gibt objektive Faktoren, die direkt existenziell bedrohlich auf die Bevölkerung wirken, und solche, die indirekte Bedrohungsszenarien unterstützen oder verstärken; beides sind wirksame Resonanzfelder für populistische Ideologien und deren Propaganda.

Ein wichtiges Merkmal ist die Spaltung der Gesellschaft mit der Folge, dass die sozial ausgegrenzten oder diskriminierten Gesellschaftsgruppen als Drohkulisse für die anderen Bevölkerungsschichten wirken. In Deutschland sind 20% der Erwerbstätigen in sogenannten prekären Arbeitsverhältnissen beschäftigt und von Arbeitslosigkeit ist etwa ein Drittel der Beschäftigten schon einmal betroffen gewesen und hat existenziell bedrohliche Arbeitslosenphasen durchlebt. Ca. 5 Millionen Haushalte haben keinerlei Vermögen, also finanzielle Rücklagen oder sind sogar verschuldet. In den USA leben 44 Millionen Haushalte von staatlichen Lebensmittelzuweisungen; in Griechenland, Italien und Spanien sind 50% aller Jugendlichen ohne Arbeit und ohne eigenes Einkommen; in der EU gibt es 20 Millionen offiziell registrierte Arbeitslose. Diese wenigen sozialen Kennziffern markieren die Spaltungslinien aller entwickelten kapitalistischen Marktwirtschaften. Dadurch werden Unsicherheiten erzeugt, soziale Unsicherheiten, die wiederum in andere Formen der Unsicherheit umgedeutet werden können – ein ideales Feld für rechtspopulistische Propaganda.

Ein weiteres Merkmal besteht darin, dass rechtspopulistische Wertvorstellungen und Gesellschaftsmodelle an Alltagserfahrungen in einer kapitalistischen Marktwirtschaft anknüpfen können. Eine Marktwirtschaft ist primär eine ökonomisch geprägte Gesellschaft – der Begriff Wirtschaftsstandort drückt das prägnant aber falsch aus – mit den Elementen von Konkurrenz und Wettbewerb. Das Ziel von Konkurrenz ist die Ausschaltung von Konkurrenten und das Überleben des Stärkeren, das Ergebnis von Wettbewerb sind Gewinner und Verlierer: es kann nur einen (Export)Weltmeister geben.

Diese Ungleichheit, die sich in den Gegensatzpaaren Gewinner-Verlierer und Starke-Schwache exemplarisch ausdrückt, wird von den Rechtspopulisten zu einer Ungleichwertigkeit zwischen den Menschen weiterentwickelt. Damit stellen sie sich ausdrücklich gegen die Werte der europäischen Aufklärung und die daraus resultierenden Werte der Französischen Revolution sowie die Allgemeinen Menschenrechte: »Alle Menschen sind frei und gleich an Würde und Rechten geboren.« Dabei werden bewusst unscharfe Formulierungen verwendet und falsche Analogien gebildet. Aus der Tatsache, dass jeder Mensch ein Individuum ist und somit nie identisch-gleich mit einem anderen Menschen, wird auf eine soziale Ungleichheit geschlossen, wobei das Biologische übertragen wird auf ethnische Gruppen. Das ist gedanklich ein Widerspruch in sich, denn wenn Individuen unterschiedlich sind, dann auch die Individuen ethnisch definierter Gruppen, und wenn man Gruppen ethnisch differenziert, warum dann nicht auch soziale Klassen und Schichten innerhalb solcher Gruppen? Damit würde allerdings das Problem auftauchen, dass es in allen diesen Gruppen und über die Gruppenzugehörigkeit hinweg vergleichbare soziale Klassen und Schichten gibt, d.h. unabhängig von der ethnischen Zugehörigkeit. Die Besonderheit der ethnischen Zugehörigkeit wäre nicht mehr begründet; die Begriffe der Nationalität oder der Volkszugehörigkeit würden in diesem Zusammenhang ihre Bedeutung als zentrales ideologisches Argumentationsmuster verlieren.

Damit würde die Erzeugung äußerer, ethnisch definierter Feindbilder in Form anderer Völker, Kulturen, Religionen ein unbrauchbares politisches Konzept, um Probleme hier im Land zu lösen. Die Lösung, gegen die äußere Bedrohung nach innen zusammenzustehen als ein Volk, wäre unglaubwürdig. An die Stelle des Nationalen als identitätsstiftendes Moment würde das die Nationen übergreifende Soziale treten.

Verstärkende Effekte in Politik und Medien

Ein vom Neoliberalismus gepflegtes und von den Mainstreammedien willig übernommenes Lösungskonzept sozialer Probleme, an das rechtspopulistische Agitation anknüpft, ist die Erzeugung innerer Feindbilder und die Pflege von Ressentiments. Schuldige an sozialer Unsicherheit und sozialen Schieflagen sind vor allem »Sozialbetrüger« und »Asylanten«, die sich ungerechtfertigt Sozialleistungen erschwindeln. Es ist der Staat mit der Verschwendung von Steuergeldern, die den arbeitenden Menschen abgenommen wurden. Es sind die Gewerkschaften mit ihren zu hohen Lohnforderungen, die den Wirtschaftsstandort und die Wettbewerbsfähigkeit bedrohen. Es sind unfähige Politiker, denen die Kosten ihrer Prestigebauten regelmäßig explodieren, ohne dass jemand zur Verantwortung gezogen wird.

Interessanterweise gibt es bei der Bestimmung innerer Feinde ein Tabu: die herrschende ökonomische Elite, die soziale Schicht der Unternehmer und der Vermögenden. Ihnen gelingt das Kunststück, öffentlich unsichtbar zu bleiben, obwohl sie bei politischen Entscheidungsträgern ständig präsent sind. Das entspricht einer Strategie, bei der bestehende soziale Interessenkonflikte zwischen Arbeitgebern und Arbeitnehmern bzw. zwischen Unternehmerverbänden und Gewerkschaften ausgeblendet und in Gegensätze zwischen »wir« und »die« uminterpretiert werden. Statt sich mit den wirklich Mächtigen anzulegen, werden von Rechtspopulisten opportunistisch Ersatzgegner sowohl im Innern, aber bevorzugt nach außen gesucht. Es handelt sich im Grunde um eine Verlagerung des Verteilungskonfliktes zwischen Kapital und Arbeit in einen Konflikt zwischen »Wir und die Fremden«. Wobei mit dem »wir« in völliger Ausblendung der Realität eine homogene »Volksgemeinschaft« konstruiert wird, die es so nicht gibt und nie gab. Auch hier gibt es fatale Anknüpfungspunkte sowohl bei der CDU – »Wir sind ein Volk« (1990) – als auch bei der SPD – »Erst kommt das Land, dann die Partei« (Gerhard Schröder 1998). All das bildet den Nährboden für Nationalismus und Rassismus.

Am Beispiel der großen meinungsbildenden Talkshows von Anne Will, Frank Plasberg, Maybritt Illner und Sandra Maischberger im Jahr 2016 wird das deutlich. Von 109 Sendungen hatten nur zehn ein sozialpolitisches Thema wie Rente oder Mindestlohn, dagegen 45 Themen wie Terror, Asyl, AfD, Flüchtlinge, Einwanderung und zehn waren ganz auf die Person der Kanzlerin zugeschnitten. Zur Hälfte wurde demnach das Themenspektrum der Rechtspopulisten bedient. Man kann nur spekulieren, was die öffentlich bestimmenden Themen wären, würden sie die Hälfte der Mediendiskussionen einnehmen.

In den Leitmedien zog sich diese Thematik durch das gesamte Jahr, angefangen mit der Silvesternacht in Köln über das Lastwagenattentat in Nizza, die Amokläufe von München, Ansbach und Würzburg, die Diskussion über Burkaverbote im September, das Lastwagenattentat in Berlin und zum Jahresende wieder das Thema Köln (wo mangels aktueller Gewaltbilder die Aufnahmen aus dem Vorjahr gezeigt wurden). So wurde psychologisch der Eindruck erweckt, diese Gesellschaft sei ständig von (islamistischem) Terror bedroht, die Bürger ihres Lebens nicht mehr sicher und härtere Gesetze notwendig.

Dabei sei daran erinnert, dass die Erzeugung von Angst im öffentlichen Raum und Bedrohung der öffentlichen Sicherheit in der Vergangenheit von staatlichen Stellen selbst mit unterstützt, ja sogar aktiv betrieben wurde. Als 1978 ein Sprengstoffanschlag auf das Gefängnis im niedersächsischen Celle erfolgte, sollte er den Mitgliedern der Terrorgruppe Baader-Meinhof angelastet werden, bis sich schließlich herausstellte, dass der Verfassungsschutz im Auftrag der Landesregierung den Anschlag selbst durchgeführt hatte. Ferner sei auch darauf hingewiesen, dass die Terrorzelle des »Nationalsozialistischen Untergrunds« (NSU) zwischen 2000 und 2011 insgesamt zehn Morde begehen konnte; und dies unter den Augen der Geheimdienste, deren Rolle in diesem Zusammenhang immer noch viele Fragen aufwirft.

Genug der Analyse und des Lamentierens – was tun?

Der Mensch hat die Eigenschaft, einerseits den sicheren Status quo des Hier und Jetzt zu erhalten und unkalkulierbare Veränderungen abzuwehren. Der Mensch hat andererseits das Bedürfnis, seine Situation zu verändern, zu verbessern, Alternativen zu suchen. Damit er nicht zu rückwärtsgewandtem Politikversprechen überläuft, müssen wir wirkliche und glaubhafte Alternativen zur herrschenden Politik bieten.

Darauf spekuliert auch die AfD mit ihrem Namen, obwohl sie gar keine Alternativen hat. So formulierte die einstige Vorsitzende Frauke Petry: »Es kann doch gar keinen Zweifel geben, dass die Flüchtlinge die

Sozialkassen nicht etwa ent-, sondern noch zusätzlich sehr stark belasten werden. Aber auch ohne die weitere Verschärfung durch die Flüchtlinge brechen für die Rentenkassen schwere Zeiten an. An einer weiteren Verlängerung der Lebensarbeitszeit führt daher kein Weg vorbei. Das ist brutal, genauso, dass man vermutlich über eine weitere Kürzung der Renten wird reden müssen.« (Welt, 14.6.2016) In der Rentenpolitik als einem zentralen Feld der Sozialpolitik hat die AfD das gleiche Konzept anzubieten wie die von ihr bekämpften »etablierten« Parteien, von Alternative keine Spur.

Zum Thema Mindestlohn heißt es im AfD-Parteiprogramm: »Der gesetzliche Mindestlohn ist mit dem Wesen der Sozialen Marktwirtschaft eng verbunden. (...) Die Alternative für Deutschland befürwortet es daher, den gesetzlichen Mindestlohn beizubehalten.« Die Gewerkschaften haben es nach zehnjährigem Bemühen geschafft, dass es einen gesetzlichen Mindestlohn gibt. Die AfD hat dafür nichts getan; da ist es einfach, sich mit fremden Federn zu schmücken und etwas zu unterstützen, was es schon gibt. Interessant ist dabei, dass die AfD es vermeidet, einen konkreten Euro-Betrag zu nennen.

Unter dem Kapitel Klimaschutz heißt es im AfD-Programm: »Das Klima wandelt sich, solange die Erde existiert. Kohlendioxid [CO_2] ist kein Schadstoff, sondern ein unverzichtbarer Bestandteil allen Lebens. Je mehr es davon in der Atmosphäre gibt, umso kräftiger fällt das Pflanzenwachstum aus. Die Wahrnehmung des CO_2 nur als Schadstoff werden wir beenden und alle Alleingänge Deutschlands zum Reduzieren der CO_2-Emissionen unterlassen. Klimaschutzorganisationen werden nicht mehr unterstützt.« Offensichtlich existieren Erderwärmung und CO_2-Belastung für die AfD gar nicht; da stören dann natürlich auch Klimaschutzorganisationen.

Bleibt noch das Feindbild Islam. In einem eigenen Programmabschnitt zum Thema Moscheen heißt es: »Das Minarett lehnt die AfD als islamisches Herrschaftssymbol ebenso ab wie den Muezzinruf.« In Deutschland gibt es 175 Minarette. Das scheint also das Hauptproblem zu sein. Als ob es ohne sie auch nur einen Euro mehr Rente, Hartz-IV-Satz oder Kindergeld geben würde oder die Mietpreise gesenkt würden. Es handelt sich um ein großes Ablenkungsmanöver, bei dem fremde Kulturen herhalten müssen, um von den sozialen Problemen abzulenken.

Alternativen zur neoliberalen Zerstörung unserer sozialen, natürlichen und kulturellen Lebensgrundlagen sind bei der AfD nicht zu finden.

Sie finden sich dagegen in den Vorstellungen der Gewerkschaften und ihren Alternativmodellen für eine soziale, solidarische und demokratische Gesellschaft, durchaus auch mit utopischen Elementen:

- Alternativen im sozialen Bereich: solidarische Renten- und Krankenversicherung (Stichwort: Bürgerversicherung),
- Alternativen bei den Staatsfinanzen: Vermögens- und Erbschaftssteuern,
- Alternativen zur Wirtschaftspolitik: Investitionen in die öffentliche Infrastruktur statt einfach nur für eine unsinnige »schwarze Null« zu sparen,
- Alternativen im Betrieb: für mehr Mitbestimmung und Demokratie in der Wirtschaft, für gute Arbeit statt immer neue Rekordrenditen.

Die Gewerkschaften haben noch am ehesten Zugang zu den Menschen, nämlich durch ihre Mitglieder, Vertrauensleute und Betriebsräte in den Betrieben. Sie haben im Unterschied zu den Parteien noch eine große Glaubwürdigkeit unter den Kolleg_innnen.

Ferner scheinen sich aber auch neue Koalitionen anzudeuten: Hermann Winkler, Sprecher der ostdeutschen CDU-Abgeordneten im EU-Parlament und ehemaliger Staatsminister in Sachsen, merkte in einem Interview an: »Wenn die SPD mit der Linkspartei koalieren kann, kann die CDU dies künftig auch mit der AfD. In Sachsen-Anhalt hätte das schon Sinn gemacht. Wenn es eine bürgerliche Mehrheit gemeinsam mit der AfD gibt, sollten wir mit ihr koalieren. Sonst steuern wir auf eine linke Republik zu.« (Super Illu vom 5.10.2016) Entsprechend ist im Positionspapier der CDU-Landtagsfraktion Sachsen-Anhalt zu lesen: »Abgrenzen statt ausgrenzen – keine Front gegen die AfD bilden«. Und der CDU-Fraktionsvorsitzende Siegfried Borgwardt sekundiert: »Es wäre ein Fehler, Gespräche per se abzulehnen. Diskussionsangebote der AfD müssten im Einzelfall geprüft werden.« (Magdeburger Volksstimme vom 19.1.2017)

Dies sind die bekannten Versuchsballons, erste vorsichtige Schritte der Annäherung zwischen den bürgerlichen Parteien mit dem Ziel, zukünftige Koalitionsmöglichkeiten auszuloten.

Tammo Grabbert

Die Deutschlandabschaffer – von Sarrazin zur AfD

Zur Genese rechtspopulistischer Argumentationsmuster in Deutschland

Das 2010 erschienene Buch »Deutschland schafft sich ab. Wie wir unser Land aufs Spiel setzen« von Thilo Sarrazin polarisierte von Anfang an: Auf der einen Seite wurde es von Experten,[1] Stimmen aus den Medien und manchem Politiker scharf kritisiert, Sarrazins Lesungen wurden regelmäßig von Protestkundgebungen begleitet. Auf der anderen Seite steht der enorme Erfolg des Buches. Der Bestseller ist eines der erfolgreichsten Sachbücher eines deutschsprachigen Autors in der jüngeren Vergangenheit.[2] Davon, dass das Buch nicht nur gekauft, sondern mit seinen Inhalten zumindest sympathisiert wurde, zeugen hohe Zustimmungsraten in Umfragen, deutschlandweit ausverkaufte Lesungen und zahlreiche wohlwollende Leserbriefe in Zeitungen und Magazinen.

Sarrazin selbst sowie einige ihm wohlgesonnene Rezipienten erklärten immer wieder, er hätte in seinem Buch lediglich faktenbasierte Zusammenhänge für die wichtigen Diskussionen um Demografie, Sozialstaat und Integration in Deutschland präsentiert. Dass es sich bei »Deutschland schafft sich ab« jedoch um keine seriöse wissenschaftliche Arbeit handelte, zeigten bald schon verschiedene wissenschaftliche Publikationen, die Sarrazins Überlegungen mit Erkenntnissen des aktuellen Forschungsstandes zu seinen Themen konfrontierten.[3]

Dennoch wirkt das Buch bis heute nach, werden zum Beispiel politisch Andersdenkende aus rechtspopulistischen Kreisen als »Deutschlandabschaffer« bezeichnet. Die Thesen Sarrazins haben Eingang in die rechtspopulistische Argumentation gefunden, wie in die der 2013 gegründeten Partei »Alternative für Deutschland« (AfD).

---

[1] Aus Gründen der besseren Lesbarkeit wird im Text die männliche Form gebraucht, gemeint sind aber immer beide Geschlechter.

[2] www.handelsblatt.com/unternehmen/it-medien/lukratives-buch-wie- sarrazin-millionaer-wurde/6647994.html [25.6.2017]

[3] Siehe z.B. Foroutan (2010), Haller/Niggeschmidt (2012), Schneiders (2013).

Im Folgenden werden die wichtigsten Thesen aus »Deutschland schafft sich ab« den entsprechenden empirischen Erkenntnissen gegenübergestellt.[4] In einem zweiten Schritt werden Standpunkte der AfD auf inhaltliche Parallelen zu den Thesen Sarrazins untersucht. Abschließend folgt eine Problematisierung der diesbezüglich zu beobachtenden Entwicklungen in Deutschland.

Das Buch »Deutschland schafft sich ab«

Thilo Sarrazin nimmt in seinem Buch eine hierarchische Kategorisierung der deutschen Gesellschaft nach ökonomischem, kulturellem und sozialem Nutzen verschiedener Gruppen vor. Die dabei vorgenommene pauschale Strukturierung der deutschen Gesellschaft in wertekonforme Leistungsträger, deviante Transferhilfeempfänger und integrationsunwillige und -unfähige muslimische Migranten entspricht nicht den empirischen Realitäten. So beobachten Soziologen schon seit vielen Jahren eine zunehmende Ausdifferenzierung der Gesellschaft sowie eine Pluralisierung der Lebensformen (vgl. Geißler 2014). Seit den 1970er Jahren geht mit dem wirtschaftlichen Strukturwandel ein sozialer Wandel einher, der zu einer großen Vielfalt von Lebensauffassungen und Lebensweisen geführt hat (vgl. Merkle 2009). Im Unterschied zur Darstellung bei Sarrazin sind weniger als 15% aller in Deutschland lebenden Muslime in einem religiös verwurzelten Milieu, das sich durch vormoderne Traditionen, kulturelle Isolation und strenge religiöse Wertvorstellungen auszeichnet, zu verorten (ebd.: 79).

Biologismus, Eugenik[5] und die »demographische Katastrophe«

Nicht nur vermeintlich eindeutige kulturelle Unterschiede und ökonomische Nützlichkeit dienen Sarrazin zur Abgrenzung von der Unterschicht und von Muslimen. Mit seiner Interpretation einer genetisch bedingten Vererbung von Intelligenz und angeblich kulturalistisch gebundener Merkmale wie Leistungsbereitschaft, Bildungsfähigkeit oder Zivili-

---

[4] Die Ausführungen im ersten Teil dieses Beitrages basieren auf dem Aufsatz »Worüber Thilo Sarrazin schweigt« von Grabbert/Lange (2011).

[5] »Eugenik« bezeichnet eine Erbgesundheitslehre, nach der im Genpool einer bestimmten Bevölkerung als positiv definierte Eigenschaften gestärkt und als negativ definierte Eigenschaften reduziert werden sollen.

sationsgrad führt er eine weitere Ebene ein, die seine Vorstellung von kulturellen und ökonomischen Differenzen auf biologischer Basis stützt und manifestiert. Zentral ist dabei die Behauptung, Intelligenz sei »zu 50 bis 80 Prozent erblich« (Sarrazin 2010: 91). Davon ausgehend konstatiert Sarrazin aufgrund der überproportional hohen Geburtenrate von Unterschichtsangehörigen und muslimischen Migranten – die er beide als Bevölkerungsgruppen mit unterdurchschnittlicher Intelligenz beschreibt – einen kontinuierlichen Rückgang des intellektuellen Potenzials der deutschen Gesellschaft (ebd.: 91f.). Diese »Verdummungsthese« wurde inzwischen eindeutig als falsches Verständnis genetischer Vererbungsvorgänge widerlegt, u.a. von der Intelligenzforscherin Elsbeth Stern (2010). Die genetische Begründung sozialer Ungleichheit wird gemeinhin als »Biologismus« bezeichnet (vgl. Anz 2001). Die Behauptung, bestimmte (negative) Merkmale einer Gruppe seien angeboren bzw. unveränderlich, wird wiederum allgemein als »Rassismus« verstanden (vgl. Fredrickson 2004: 143).

Welche »Abschaffung« Deutschlands Sarrazin angesichts der fehlenden Rede von einer Vernichtung durch Krieg, Naturkatastrophen oder einer politischen Auflösung des Landes in seinem Buch befürchtet, erschließt sich aus den vorangegangenen Ausführungen: Neben einer »Verdummung« der Einwohner und einem damit einhergehenden Rückgang der wirtschaftlichen Wettbewerbsfähigkeit Deutschlands, sieht er die Gefahr eines »Kulturabbruchs« (Sarrazin 2010: 286) durch die überproportionale Vermehrung muslimischer Migranten bei gleichzeitiger Schrumpfung der autochthonen deutschen Bevölkerung. Da diese demographische Entwicklung durch »Fäulnisprozesse im Inneren der Gesellschaft« bzw. durch staatliche Grundsicherung für arme (Migranten-) Familien hausgemacht sei, kommt Sarrazin zu dem Schluss, »die Deutschen schaffen sich ab« (ebd.: 7).

Da Sarrazin nun aber »kein Fremder im eigenen Land werden« möchte (ebd.: 309) und »Deutschland als Land der Deutschen« (ebd.: 18) erhalten will, beschwört er den »Selbstbehauptungswillen als Nation« (ebd.) und die Verteidigung »unseres Volkscharakters« (ebd.: 330). Denn »wer sich stärker vermehrt, wird am Ende Europa besitzen. Wollen wir das?« (ebd.: 320). Um diesen angeblich drohenden Untergang zu verhindern, plädiert Sarrazin dafür, Zuwanderung nur noch durch einen stark erschwerten Ehegattennachzug sowie für Hochqualifizierte zu ermöglichen, und diese ansonsten – insbesondere von Menschen aus dem

Nahen und Mittleren Osten sowie aus Afrika – grundsätzlich zu unterbinden (ebd.: 328f.).

Die nahezu vollständige Beendigung von Zuwanderung würde den Schrumpfungsprozess der deutschen Bevölkerung – und die damit einhergehenden sozialen und ökonomischen Folgekosten (vgl. Grabbert 2008) – allerdings dramatisch beschleunigen. Als einzige »Lösung« sieht Sarrazin stattdessen die Erhöhung der Geburtenrate in Deutschland auf das Niveau der Bestandshaltung an (Sarrazin 2010: 343). Diese Option ist allerdings als höchst unrealistisch zu bewerten und würde den Bevölkerungsrückgang nicht mehr aufhalten (vgl. Bucher/Schlömer/Lackmann 2004). Sarrazin will die Geburtenrate aber zudem nur bei Familien aus der Ober- und Mittelschicht mithilfe staatlicher Steuerung erhöhen, um »eine dysgenisch wirkende Geburtenstruktur zu verhindern« (Sarrazin 2010: 378).

Das Konzept Sarrazins, durch staatliche Steuerung der Geburtenrate bestimmter Bevölkerungsgruppen einen vermeintlich qualitativ hochwertigeren Genpool zu erzeugen, bezeichnet Bühl (2010: 137) als »eindeutig eugenisch«. Sarrazin knüpft somit direkt an Überlegungen an, die zur Katastrophe des Holocaust beigetragen haben.

Der Geschichts- und Kulturwissenschaftler Thomas Etzemüller hat bereits in einem 2008 publizierten Aufsatz die Mechanismen und Funktionen von »demographischen Katastrophendiskursen« analysiert. Seine Erkenntnisse lesen sich wie eine Blaupause zu »Deutschland schafft sich ab«. Etzemüller zeigt auf, dass das Szenario des Untergangs eines ganzen Volkes bereits seit etwa 200 Jahren dem gleichen Argumentationsmuster folgt. Dabei wird die Ursache für die drohende demographische Katastrophe in der überproportionalen Vermehrung von Unterschichtsangehörigen, geistig Minderbemittelten und devianten Personen gesehen, bei gleichzeitiger Schrumpfung der »wertvollen« Mittel- und Oberklasse. In der ersten Hälfte des 20. Jahrhunderts verband sich dieser Diskurs mit rassenbiologischen bzw. eugenischen Theorien, die, ergänzt um die Befürchtung der Verdrängung durch geburtenfreudigere Völker, in Deutschland schließlich von den Nationalsozialisten aufgegriffen wurden. Laut Etzemüller ist die demographische Frage auch heute noch latent mit der eugenischen Frage verknüpft, »wenn beklagt wird, dass Kinder die mangelnde Bildung ihrer Eltern gewissermaßen ›erben‹ würden, oder wenn Immigranten geradezu die sozial-moralische Zersetzung einer Bevölkerung zugeschrieben wird. Solchen Problemgruppen soll durch eine aktive Geburtenpolitik der bürgerlichen Mittelschicht der Raum versperrt werden« (Etzemüller 2008: 7). Dieser Diskurs greift besonders, wenn die bürgerliche Lebenswelt infolge sozialen Wandels Veränderungen unterworfen wird: »Fast alle Texte zur Bevölkerungsfrage lesen sich – in Negativform – wie ein Wertekatalog bürgerlicher Lebensweise.« (ebd.: 8)

Vorstellungen von Integration, das Migrantenbild und die Rolle des Islams

Die in »Deutschland schafft sich ab« vertretenen Vorstellungen von Integrationsprozessen sowie dem Integrationsgrad von (muslimischen) Migrantengruppen sind sowohl im Hinblick auf den theoretischen als auch auf den empirischen aktuellen Wissensstand weitgehend unhaltbar. So betrachtet Sarrazin Integration ausschließlich als »Bringschuld von Migranten« (Sarrazin 2010: 327). Integration ist aber immer als zweiseitiger Prozess zwischen den Einwanderern und der aufnehmenden Mehrheitsgesellschaft zu verstehen, wobei letztere die Aufgabe hat, gleichstellende Zugangsrechte zu schaffen (vgl. Oswald 2007: 132ff.). Verschiedene Ungleichheitsbedingungen wie strukturelle oder institutionelle Diskriminierung, die beispielsweise die Zugänge und Chancen von Migranten bezüglich Bildung, Wohnung oder Arbeit begrenzen, spielen in Deutschland nach wie vor eine bedeutende Rolle (vgl. Flam 2007, Gestring/Janßen/Polat 2006). Diese Seite von Integrationsprozessen ignoriert Sarrazin jedoch vollständig. Integrationsprobleme sieht er nur bei den muslimischen Einwanderern, denen er mangelnden bzw. sinkenden Integrationswillen bei gleichzeitiger Tendenz zur Abgrenzung, wohnräumlichen Segregation und Bildung von »Parallelgesellschaften« unterstellt (vgl. Sarrazin 2010: 286-307). Demgegenüber stellen Erkenntnisse aus der Migrationsforschung über die Integration von muslimischen bzw. türkischen Migranten einen signifikanten Bildungsaufstieg in der zweiten Generation, höhere Bildungsaspirationen als in der deutschstämmigen Bevölkerung, mehrheitlich gute Deutschkenntnisse bzw. eine deutliche Verbesserung der Sprachkenntnisse sowie eine Arbeitsmarktintegration, die besser ist als die von Sarrazin suggerierte, fest (vgl. Deutsche Islam Konferenz 2009, Foroutan 2010). Auch die Rede von der »muslimischen Parallelgesellschaft« ist empirisch nicht haltbar (vgl. Gestring 2005, Janßen/Polat 2005). Muslimische Migranten werden in »Deutschland schafft sich ab« als klare Bedrohung der deutschen Nation und Kultur dargestellt. Viele seien gewalttätig, kriminell und betrügerisch (Sarrazin 2010: 296, 302f.). Ihre Kultur sei mit der deutschen nicht vereinbar (vgl. ebd.: 258). Dass als Reaktion die Aggressionen der Mehrheitsbevölkerung gegenüber muslimischen Migranten wachsen sowie Vorbehalte größer würden, hätte folglich »gute Gründe« (ebd.: 265, 292). Schließlich unterstellt Sarrazin ihnen noch ein degeneriertes Erbgut: »Ganze Clans haben eine lange Tradition von Inzucht und entsprechend viele Behinderungen. Es ist bekannt, dass der Anteil der angeborenen Behinderungen unter den türkischen und kurdischen Migranten weit überdurchschnittlich ist.« (ebd.: 316)

Diese Darstellung der in Deutschland lebenden Muslime ist als eindeutig diffamierend und rassistisch zu bezeichnen. Sie negiert die vielfältigen Interessen, Identitäten, Lebenswelten und Integrationsgrade der Einwanderer und fokussiert sich ausschließlich und in überzogener Weise auf die negativen Aspekte. Sehr deutlich wird hier nochmals die Sündenbockfunktion, schließlich ist für den Rechtspopulismus »nichts (...) so erfolgreich wie ein umfassendes Feindbild« (Perger 2010: 313).

Zu dem in »Deutschland schafft sich ab« konstruierten Feindbild gehört ein weiterer zentraler Faktor: die Religion. Sarrazin beschreibt den Islam als »rückständig«, »autoritär«, »vormodern« und »antidemokratisch« (Sarrazin 2010: 266f.). Es handele sich »um eine sehr abgeschlossene Religion und Kultur (...), deren Anhänger sich für das umgebende westliche Abendland kaum interessieren« (ebd.: 270). Darüber hinaus gäbe es einen wachsenden Trend zum Fundamentalismus bzw. eine Dominanz des Islamismus (ebd.: 269), wobei der Islam als Ganzes »nicht gedacht werden kann ohne Islamismus und Terrorismus« (ebd.: 277). Der Islam wird dabei als Antagonist des Westens inszeniert, der »eine direkte Bedrohung unseres Lebensstils« (ebd.: 266) darstelle. Folglich müssten »wir« den Islam auch nicht als Teil »unserer« Gesellschaft anerkennen (ebd.: 270).

Auch diesen Behauptungen sind empirische Erkenntnisse gegenüberzustellen. Demnach macht die Integration von Muslimen in Deutschland seit vielen Jahren große Fortschritte, beispielsweise hinsichtlich Sprachkompetenz, Bildung und Erwerbsbeteiligung oder auch einem hohen Anteil von Freizeitkontakten zu Nicht-Muslimen (vgl. Bertelsmann Stiftung 2017; Foroutan 2010).

Von Sarrazin zur AfD

Laut einer Befragung des Meinungsforschungsinstituts Emnid konnten sich infolge der Publikation von »Deutschland schafft sich ab« 18% der Deutschen vorstellen, eine von Thilo Sarrazin geführte Partei zu wählen.[6] Das Potenzial für eine rechtspopulistische Partei in Deutschland, die explizit die Thesen Sarrazins aufgreifen würde, war also am Vorabend der Gründung der AfD groß.

Konsequenterweise bot Bernd Lucke, Mitbegründer der AfD, nur einen Monat nach der Parteigründung am 6. Februar 2013 Thilo Sarrazin einen Führungsposten in der AfD an, den dieser aber mit Verweis auf seine SPD-Mitgliedschaft ablehnte (vgl. Amann 2017: 30f.). Dennoch gilt Sarrazin mit seinen Thesen heute als geistiger Vater der AfD (vgl. Decker 2015). Er selbst bekundete damals, die Partei verfolge die richtigen Ansätze: »Meine Bücher haben die Themen Einwanderung und Euro geistig vorsortiert, das hat sich die AfD zunutze gemacht.« (zitiert nach Amann 2017: 31)

Die Journalistin Melanie Amann hat für ihr Buch »Angst für Deutschland« (2017) über die AfD ein Gespräch mit Thilo Sarrazin geführt, in dem sie schreibt, dass dieser heute – nachdem die Partei sich zunehmend radikalisiert hat – keine Wahlempfehlung für die AfD mehr geben würde: »Ich kann keine völkischen Ideologen in öffentliche Ämter wählen.« (zitiert nach ebd.: 32) Allerdings konstatiert Amann auch: »Dabei klingen auch die völkischen Töne der AfD noch immer ein wenig nach Sarrazin.« (ebd.) So sprechen AfD-Politiker heute von »kulturfremden« Neuzugewanderten oder von »Deutschland-Abschaffern«, benutzen also eindeutig Begriffe aus Sarrazins Büchern. Sarrazin antwortete auf die Frage Amanns, ob es eine Verbindung zwischen den Äußerungen von AfD-Politikern und seinen Thesen gäbe: »Es wird wohl so sein, dass diese Menschen (…) und ich ein Gefühl teilen. Aber wir geben ihm eben auf unterschiedliche Art Ausdruck. (…) Es ist wie bei Fußballfans im Stadion. Da sitzen brave Familienväter mit solidem Beruf und tadellosen Manieren in derselben Fankurve mit dumpfen Hooligans. Der Familienvater hat mit dem Hooligan nicht das Geringste zu tun. Aber beide jubeln eben für dieselbe Sache (…).« (ebd.: 33f.)

---

[6] www.fr-online.de/politik/spezials/zulauf-fuer-die-sarrazin-partei/-/1472610/4619490/-/index.html [22.2.2011].

Sarrazins Thesen im AfD-Programm...

Wofür genau »jubeln« nun Sarrazin und die AfD gemeinsam? Im Wahlprogramm der AfD zur Bundestagswahl 2017 lassen sich dafür einige Beispiele finden. Insbesondere die Kapitel 6, »Der Islam im Konflikt mit der freiheitlich-demokratischen Grundordnung«, und 7, »Willkommenskultur für Kinder: Familienförderung und Bevölkerungsentwicklung«, weisen Parallelen zu Sarrazins Thesen auf.[7]

Bereits der Titel des Kapitels über den Islam unterstellt diesem, mit dem Grundgesetz nicht vereinbar zu sein, da er »unsere Rechtsprechung nicht respektiert oder sogar bekämpft und einen Herrschaftsanspruch als alleingültige Religion erhebt« (ebd.: 34). Entsprechend beginnt das Kapitel folgendermaßen: »Der Islam gehört nicht zu Deutschland. In der Ausbreitung des Islam und der Präsenz von über 5 Millionen Muslimen, deren Zahl ständig wächst, sieht die AfD eine große Gefahr für unseren Staat, unsere Gesellschaft und unsere Werteordnung.« (ebd.: 34) Darüber hinaus warnt die AfD vor der weiteren Ausbreitung »muslimischer Parallelgesellschaften«, die sich dem deutschen Rechtsstaat entzögen, und konstatiert: »Islamische Staaten wollen durch Bau und Betrieb von Moscheen den Islam in Deutschland verbreiten und ihre Macht vergrößern. Sie führen und unterstützen einen Kulturkrieg.« (ebd.: 35) Minarett und Muezzin-Ruf werden »als islamisches Herrschaftszeichen« abgelehnt, denn: »Es handelt sich hierbei um religiösen Imperialismus.« (ebd.) Noch deutlicher wird die AfD im neunten Kapitel ihres Bundestagswahlprogramms. Im Unterpunkt 9.1, »Deutsche Leitkultur statt ›Multikulturalismus‹«, findet sich folgende Formulierung: »Der in Europa bereits stattfindende Kulturkampf zwischen Abendland und dem Islam als Heilslehre und Träger von nicht integrierbaren kulturellen Traditionen und Rechtsgeboten kann nur abgewendet werden durch ein Bündel von defensiven und restriktiven Maßnahmen, die eine weitere Zerstörung der europäischen Werte des Zusammenlebens aufgeklärter Bürger verhindern.« (ebd.: 47)

Wie in Sarrazins Bestseller wird »der Islam« im AfD-Wahlprogramm als Bedrohung für die Existenz Deutschlands sowie »unsere« Lebensweise beschrieben und ist die Rede von »muslimischen Parallelgesellschaften«. Der Islam bzw. die Muslime werden also sowohl bei Sarra-

---

[7] Anders als Sarrazin verzichtet die AfD in ihrem Programm allerdings auf eine Rechtfertigung für soziale Ungleichheit, entsprechend finden sich darin auch keine Thesen über Intelligenz-Vererbung.

zin als auch bei der AfD nicht als integraler Bestandteil der Gesellschaft, sondern als bedrohliche Antagonisten gesehen. Zudem behaupten beide eine auf aggressive, territoriale Expansion ausgerichtete Politik des Islams bzw. islamischer Staaten.

Im siebten Kapitel des AfD-Wahlprogramms, das sich der Bevölkerungspolitik in Deutschland widmet, finden sich ebenfalls starke Parallelen zu den Äußerungen Sarrazins. So wird in der Rede von einer demografischen »Selbstabschaffung« und der Betitelung des Unterpunktes 7.1, »Deutschland nicht abschaffen« (ebd.: 37), sogar direkt Bezug auf Sarrazins Buchtitel genommen. Eine soziale Differenzierung zwischen intelligenten bzw. leistungsstarken und wenig intelligenten bzw. leistungsschwachen Mitgliedern der Gesellschaft nimmt die AfD allerdings nicht vor. Sie unterscheidet lediglich die ethnische Zugehörigkeit, wenn sie von der »Schrumpfung unserer angestammten Bevölkerung um mehr als 250.000 Personen pro Jahr« (ebd.) spricht. Da die Gesamtbevölkerungszahl Deutschlands seit Jahren aufgrund des Zuzugs aus dem Ausland stabil ist, wird offenkundig, dass die AfD Migranten generell nicht als vollwertige Mitglieder der Gesellschaft betrachtet.

In ähnlichem Wortlaut wie bei Sarrazin liest man bei der AfD: »Wir wollen das Land unserer Väter und Mütter nicht irgendjemandem hinterlassen, der dieses Erbe verschleudert oder ausplündert, sondern unseren Nachkommen, denen wir unsere Werte vorgelebt und mitgegeben haben.« (ebd.) Wie in »Deutschland schafft sich ab« wird Zuwanderung als mögliche Lösung der demografischen Herausforderungen grundsätzlich abgelehnt.

Sarrazin und die AfD befürchten also beide den Untergang Deutschlands durch ein angenommenes allmähliches »Aussterben der Deutschen« bei gleichzeitiger (islamischer) Masseneinwanderung. Dabei schließen sie per se die Möglichkeit einer erfolgreichen Integration von (muslimischen) Migranten aus. Entsprechend fordert die AfD in ihrem Programm eine »nationale Bevölkerungspolitik« und bezeichnet den »Erhalt des eigenen Staatsvolkes« als »vorrangige Aufgabe der Politik« (ebd.: 37). Um das Ziel steigender Geburtenzahlen zu erreichen, plant die AfD, finanzielle Anreize für Familien – freilich nur der »einheimischen Bevölkerung« – zu schaffen (ebd.). Anders als Sarrazin, der ebenfalls für eine staatliche Steuerung der Geburtenrate durch finanzielle Anreize für »deutsche« Familien eintritt, wenn auch nur aus der Ober- und Mittelschicht, möchte die AfD auch einkommensschwache Familien fördern.

Dem auf Geflüchtete bezogenen Begriff der »Willkommenskultur« setzt sie dabei eine »Willkommenskultur für Kinder« entgegen. Abgesehen davon propagiert die AfD allerdings ebenso wie Sarrazin traditionelle Werte wie Ehe und Familie aus Vater, Mutter und Kindern und möchte diese durch verschiedene Maßnahmen – u.a. in der Schulbildung – gegenüber anderen Lebensentwürfen stärken (ebd.: 37f.).

Aussagen von AfD-Politikern: Das Beispiel Alexander Gauland

Auch in Interviews, Wahlkampfreden oder Presseerklärungen beziehen sich AfD-Politiker immer wieder direkt oder indirekt auf die Thesen Thilo Sarrazins. Als ein Beispiel hierfür sei Alexander Gauland angeführt, der stellvertretende Parteivorsitzende und einer der Fraktionsvorsitzenden im Bundestag. Wie Sarrazin verweist Gauland häufig auf eine angeblich bald drohende Herrschaftsübernahme durch Zuwandernde in Deutschland: »Ich will nicht in einer muslimischen Gesellschaft leben, dafür haben wir schließlich 1683 die Türken vor Wien aufgehalten.« (Gauland 2016) Oder: »Der Bevölkerungsaustausch in Deutschland läuft auf Hochtouren. Die deutschfeindlichen Grünen wollen ihn noch beschleunigen.« (Gauland 2017a) Bei einem Auftritt im Wahlkreis der Bundeskanzlerin sagte Gauland den Zuhörern: »Das Asylrecht ist zu einem Einwanderungsrecht für die Armen dieser Welt geworden. Es ist eine schleichende Landnahme. Allmählich werden Sie hier keinen Platz mehr haben.« (Gauland 2017b)

Schließlich begrüßte Gauland das per Dekret von US-Präsident Donald Trump erlassene, stark umstrittene Einreiseverbot für Muslime und forderte selbiges für Deutschland. In Missachtung des Grundgesetzes, das die Glaubensfreiheit garantiert und Diskriminierung aufgrund von Herkunft oder religiöser Haltungen untersagt, will Gauland einen kompletten Einreisestopp aus muslimischen Ländern, in denen kein Krieg herrscht (Gauland 2017c). Auch Sarrazin hatte in »Deutschland schafft sich ab« einen Zuwanderungsstopp für Muslime gefordert.

Was ist das Problem?

Wie oben gezeigt, hält die Mehrheit der Behauptungen von Sarrazin einer wissenschaftlichen Prüfung nicht stand. Anders als häufig kolportiert wurde, lieferte das Buch auch keinen ernsthaften und konstruktiven Beitrag zur Integrationsdebatte, zumal es auf falschen Vorstellungen über Integrationsprozesse basiert. Nichtsdestotrotz stimmten bis zu 60%

der Bevölkerung den Thesen Sarrazins zu.[8] Da gemäß dem Thomasschen Theorem Phänomene, die von Menschen als real definiert werden, auch reale Folgen haben (Thomas/Thomas 1928: 572), befürchteten z.B. Grabbert und Lange bereits 2011, dass der Sarrazin-Diskurs mit Blick auf die Konstruktion des Feindbilds »Moslem« bzw. »Islam« die Islamfeindlichkeit in Deutschland weiter verstärken könnte und zudem die – zum Teil erfolgreiche – Verschleierung rassistischer und diskriminierender Äußerungen über Migranten und Unterschichtsangehörige als vermeintlich empirische Tatsachen zu wachsender Akzeptanz und Legitimation von Ressentiments führen und somit in mancherlei Hinsicht zu einer Enttabuisierung der öffentlichen Debatte beitragen könnte (ebd.: 20).

Heute, sieben Jahre nach der Erstveröffentlichung von »Deutschland schafft sich ab«, sind, neben der 2013 erfolgten Gründung der AfD, u.a. folgende signifikante Entwicklungen im Bereich des Rechtspopulismus zu verzeichnen, die einen kontextuellen Bezug zu Sarrazins Thesen haben:

- Möglicherweise auch aufgrund des großen finanziellen Erfolgs des Buches wurden und werden viele weitere Bücher publiziert, die eine ähnliche Ausrichtung verfolgen. Einige dieser Bücher sind ebenfalls zu Bestsellern avanciert. Die Debatte um die große Zahl an Geflüchteten aus arabisch-muslimischen Ländern wirkt dabei seit 2015 augenscheinlich verkaufsfördernd. In den Buchhandlungen findet man nun überall Titel wie »Deutschland im Jahr 2030: Ein Land konvertiert zum Islam« (Berlach 2016), »Geplanter Untergang: Wie Merkel und ihre Macher Deutschland zerstören« (Nienaber 2016), »Umvolkung: Wie die Deutschen still und leise ausgetauscht werden« (Pirinçci 2016), »Mekka Deutschland: Die stille Islamisierung« (Ulfkotte 2015) oder auch den Roman »PROPHEZEIUNG: Der Tag, an dem Deutschland beschloss zu sterben« (Straub 2017).
- Ende 2014 entstand die Organisation »Patriotische Europäer gegen die Islamisierung des Abendlandes« (Pegida), die die These einer drohenden Machtübernahme des Islams schon im Namen trägt. Pegida, die seither regelmäßig montags in Dresden und anderen Städten demonstriert, ist eine explizit islam- und fremdenfeindliche Organisation, bei der die Übergänge zwischen Rechtspopulismus und Rechts-

[8] Ergebnis einer repräsentativen Umfrage des Allensbach-Instituts. Quelle: www.derwesten.de/incoming/viele-deutsche-empfinden-muslime-als- last-id3775558.html, 30.9.2010 [25.6.2017].

extremismus fließend sind. Das Verhältnis zur AfD ist zwiegespalten. Während Teile der Partei sich öffentlich von Pegida distanzieren, sympathisieren andere wiederum ganz offen mit der rassistischen Bewegung (vgl. Vorländer et al. 2015; Wagner 2015).

- Bereits Ende 2010 wurde das Monatsmagazin »Compact« gegründet, welches sich durch eine »rechtspopulistische und antiamerikanische Orientierung sowie eine Neigung zu verschwörungstheoretischen Argumentationsweisen« (Häusler 2015: 29f.) auszeichnet und regelmäßig Artikel über die vermeintliche Kolonisierung Europas durch den Islam veröffentlicht. Das Magazin behauptet, von der Bundesregierung und den etablierten Medien vermeintlich verschwiegene Wahrheiten aufzudecken, zeigt große Nähe zu Pegida und wirbt seit 2015 offen für die AfD (Fuchs/Zimmermann 2016). Mit »Mut zur Wahrheit« führt es sogar den gleichen Slogan wie die Partei. Die populistischen und tendenziösen Titel, die das Magazin in seinem Online-Shop auch als Plakate anbietet, werden zudem häufig auf Pegida-Demonstrationen gezeigt.[9] Gegen den allgemeinen Trend bei Presseerzeugnissen stieg die Auflage von Compact seit 2010 auf mittlerweile 80.000 (ebd.). Der YouTube-Kanal des Magazins wurde inzwischen fast 12 Millionen Mal aufgerufen.[10] Das Magazin veranstaltet zudem jedes Jahr Konferenzen, an denen bis zu tausend Personen teilnehmen. Im November 2013 hielt auch Thilo Sarrazin auf einer solchen Konferenz eine Rede.[11]
- Jenseits der Form der Printpublikationen werden antiislamische, rechtspopulistische und rechtsextremistische Ideen ebenso im Internet verbreitet. Auch hier lassen sich immer wieder Elemente der Thesen Sarrazins finden, vor allem hinsichtlich des angeblich kurz bevorstehenden demographischen Untergangs Deutschlands bzw. der vermeintlich drohenden Eroberung Europas durch Muslime. So rich-

---

[9] Beispiele für Titel des Magazins, aus denen der Jargon Sarrazins spricht: »Asyl. Die Flut. So wird Deutschland abgeschafft«, »Fremd im eigenen Land. Wie wir unsere Heimat verlieren«, »Islam. Gefahr für Europa«, »Kalifat BRD«, »Invasion aus Afrika. 20 Millionen auf dem Weg nach Europa«. Weitere Titel lauten z. B.: »Asyl. Unsere Toten. Wir trauern um die Opfer der Multikulti-Politik«, »Terrorists welcome. Merkel gibt Mördern Asyl«, »1000 Jahre Deutsches Reich. Unsere Geschichte, unsere Leistungen, unser Stolz«. Alle unter: www.compact-online.de/ [16.6.2017]

[10] Kanalinfo auf YouTube unter: www.youtube.com/user/COMPACTTV/about [16.06.2017]

[11] Quelle: www.tagesspiegel.de/kultur/unter-rechtspopulisten-thilo-sarrazin-als-stargast-bei-homophoben-treffen/9121518.html, 25.11.2013 [25.6. 2017].

tet sich beispielsweise »Politically Incorrect«, das zu den populärsten politischen Blogs in Deutschland zählt, explizit gegen die vermeintliche Islamisierung Europas. Der Weblog wurde 2004 von Stefan Herre gegründet, der als eine der einflussreichsten Personen der rechten und islamfeindlichen Szene in Deutschland angesehen wird. Die Inhalte des Blogs sind eindeutig islamfeindlich, rassistisch und teilweise rechtsextremistisch. Muslime werden darin u.a. »als Gesindel, Abschaum und Türkendreck beschimpft und zum bewaffneten Kampf gegen den Islam aufgerufen« (Geyer/Schindler 2011). Im ersten Halbjahr 2017 hatte das Blog durchschnittlich ca. 10.000 Besucher pro Tag, womit es zu den 400 meistbesuchten Webseiten in Deutschland gehört.[12] Im Internet hat sich in den sozialen Medien und Kommentarspalten von Nachrichtenseiten die Diskussion inzwischen so sehr verselbständigt und radikalisiert, dass sie kaum noch zu kontrollieren ist. Da viele der Beiträge beleidigend, rassistisch oder fremdenfeindlich sind und teilweise – in Fällen wie Volksverhetzung, Verleumdung oder Aufrufen zu Gewalttaten – auch rechtlich fraglich sein können, halten zahlreiche Online-Medien inzwischen die Kommentarfunktion bei Artikeln über Geflüchtete, Muslime oder Einwanderung geschlossen.

Die Entwicklungen der letzten Jahre haben auch Auswirkungen auf die politischen Einstellungen und Wahlentscheidungen in der Bevölkerung in Deutschland. So ist die AfD seit ihrer Gründung 2013 in 13 Bundesländern in das Landesparlament eingezogen und stellt mittlerweile insgesamt fast 10% aller Landtagsabgeordneten. Bei der Bundestagswahl im September 2017 zog sie schließlich mit 12,6% in den Bundestag ein. Insofern ist sie »wohl die erfolgreichste Partei auf der politisch weit rechten Seite in der Geschichte der Bundesrepublik« (Schroeder et al. 2017: 1).

Die Anzahl der in Deutschland lebenden Muslime wird inzwischen vom »Durchschnittsbürger« mit 20 Millionen total überschätzt – tatsächlich sind es weniger als fünf Millionen.[13] Und die im November 2016 erschienene Studie der Friedrich-Ebert-Stiftung, »Gespaltene Mitte – Feindselige Zustände«, weist eine weitverbreitete muslimfeindliche Einstellung bei 19% der Bevölkerung nach sowie einen Anstieg von Vorurteilen gegenüber Asylsuchenden von 44% in 2014 auf 50% in 2016 (ebd.: 2). Außerdem

[12] www.alexa.com/siteinfo/pi-news.net [17.6.2017].

[13] Deutschlandfunk: Zahl der Muslime in Deutschland, 6.1.2017, www.deutschlandfunk.de/zahl-der-muslime-in-deutschland-wie-viel-millionen-sind-es.886.de.html?dram:article_id=375505 [17.6.2017].

stellt die Studie fest: »Besonders auffällig sind die menschenfeindlichen Meinungen unter Befragten, die mit den Ideen der AfD sympathisieren: Ihre Anhänger und Anhängerinnen stimmen mehrheitlich fremdenfeindlichen (68%), muslimfeindlichen (64%) und antiziganistischen Meinungen (59%) sowie Abwertungen von asylsuchenden (88%) und arbeitslosen Menschen (68%) zu. Dass menschenfeindliche Meinungen folgenreich sein können, zeigt die Studie ebenfalls: Die Zustimmungen zu den verschiedenen Facetten der Gruppenbezogenen Menschenfeindlichkeit gehen überzufällig mit einer höheren allgemeinen Gewaltbereitschaft und -billigung einher.« (ebd.) Diese steigende Gewaltbereitschaft findet ihre Entsprechung in einem deutlichen Anstieg rechter Gewalttaten und fremdenfeindlicher Angriffe sowie von jeweils rund 1.000 Angriffen auf Asylbewerberunterkünfte in den Jahren 2015 und 2016.[14]

Literatur

Alternative für Deutschland (2017): Programm für Deutschland. Beschlossen auf dem Bundesparteitag in Köln am 22./23. April 2017. Online unter: www.afd.de/wp-content/uploads/sites/111/2017/06/2017-06-01_AfD-Bundestagswahlprogramm_Onlinefassung.pdf [18.6.2017].

Amann, Melanie (2017): Angst für Deutschland. Die Wahrheit über die AfD: wo sie herkommt, wer sie führt, wohin sie steuert, München.

Anz, Thomas (2001): Biologismus und Kulturalismus, in: Literaturkritik.de, 7. Online unter: www.literaturkritik.de/public/rezension.php?rez_id=3938 [6.2.2011].

Berlach, Michael (2016): Deutschland im Jahr 2030: Ein Land konvertiert zum Islam, CreateSpace Independent Publishing Platform.

Bertelsmann Stiftung (2017): Integration von Muslimen in Deutschland macht deutliche Fortschritte. Online unter: www.bertelsmann-stiftung.de/de/presse/pressemitteilungen/pressemitteilung/pid/integration-von-muslimen-in-deutschland-macht-deutliche-fortschritte/ [31.8.2017].

Bucher, Hansjörg/Schlömer, Claus/Lackmann, Gregor (2004): Die Bevölkerungsentwicklung in den Kreisen der Bundesrepublik Deutschland zwischen 1990 und 2020, in: Informationen zur Raumentwicklung, 3/4, S. 107-126.

Bühl, Achim (2010): Islamfeindlichkeit in Deutschland, Hamburg.

Bundesamt für Migration und Flüchtlinge (2009): Migrationsbericht. Online unter: www.bamf.de/SharedDocs/Anlagen/DE/Publikationen/Migrationsberichte/migrationsbericht-2009.pdf?__blob=publicationFile [4.2.2011].

Decker, Frank (2015): AfD, Pegida und die Verschiebung der parteipolitischen Mitte, in: Aus Politik und Zeitgeschichte 40, Bonn.

---

[14] Zeit Online: Politische Straftaten auf Höchststand, 24. April 2017, www.zeit.de/gesellschaft/zeitgeschehen/2017-04/polizeiliche-kriminalstatistik-bundesinnenministerium-gewaltkriminalitaet-wohnungseinbrueche-jugendkriminalitaet [17.6.2017]

Deutsche Islam Konferenz (2009): Muslimisches Leben in Deutschland. Online unter: www.bmi.bund.de/SharedDocs/Downloads/DE/Themen/Politik_Gesellschaft/DIK/vollversion_studie_muslim_leben_deutschland_.pdf;jsessionid=3F35E432F6CCEC4A38ADC2A88D303304?__blob=publicationFile [4.2.2011].

Etzemüller, Thomas (2008): Und ewig stürzt die Kurve ab, in: Einblicke, 48, S. 4-8.

Flam, Helena (Hrsg.) (2007): Migranten in Deutschland, Konstanz.

Foroutan, Naika (Hrsg.) (2010): Sarrazins Thesen auf dem Prüfstand, Berlin.

Fredrickson, George M. (2004): Rassismus. Ein historischer Abriß, Hamburg.

Friedrich-Ebert-Stiftung (Hrsg.) (2016): Gespaltene Mitte – Feindselige Zustände. Unter: www.fes-gegen-rechtsextremismus.de/pdf_16/Gespaltene%20Mitte_Feindselige%20Zust%C3%A4nde.pdf [25.6.2017].

Fuchs, Christian/Zimmermann, Fritz (2016): »Compact«: Hauspost für die Wütenden, in: Die Zeit Online, 18. Juni 2016. Online unter: www.zeit.de/2016/25/afd-compact-juergen-elsaesser [16.6.2017].

Gauland, Alexander (2016): Interview in Zeit Online, 28.4.2016: »Hitler hat den Deutschen das Rückgrat gebrochen«. Unter: www.zeit.de/2016/17/alexander-gauland-afd-cdu-konservatismus/seite-3 [11.6.2017].

Gauland, Alexander (2017a): Pressemeldung vom 5.4.2017. Unter: www.afd.de/alexander-gauland-erschreckende-zahlen-der-bevoelkerungsaustausch-laeuft/ [11.6.2017].

Gauland, Alexander (2017b): Gauland warnt vor »schleichender Landnahme« durch Flüchtlinge, unter: www.welt.de/politik/deutschland/article165400361/Gauland-warnt-vor-schleichender-Landnahme-durch-Fluechtlinge.html [11.6.2017].

Gauland, Alexander (2017c): Gauland sieht Islam als Gefahr. AfD-Vize fordert Einreisestopp für Muslime, unter: www.tagesschau.de/inland/gauland-einreiseverbot-101.html [11.6.2017].

Geißler, Rainer (2014): Die Sozialstruktur Deutschlands, Wiesbaden.

Gestring, Norbert (2005): Parallelgesellschaften – ein Kommentar, in: Gestring, Norbert/Glasauer, Herbert/Hannemann, Christine/Petrowsky, Werner/Pohlan, Jörg (Hrsg.), Jahrbuch StadtRegion 2004/05, Wiesbaden.

Gestring, Norbert/Janßen, Andrea/Polat, Ayça (2006): Prozesse der Integration und Ausgrenzung. Türkische Migranten der zweiten Generation, Wiesbaden.

Geyer, Steven/Schindler, Jörg (2011): »Politically Incorrect«. Im Netz der Islamfeinde. In: Frankfurter Rundschau, 14.9.2011. Online unter: www.fr.de/politik/rechtsextremismus/politically-incorrect-im-netz-der-islamfeinde-a-1214346 [17.6.2017].

Grabbert, Tammo (2008): Schrumpfende Städte und Segregation, Berlin.

Grabbert, Tammo/Lange, Dirk (2011): Worüber Thilo Sarrazin schweigt. Herausforderungen der Politischen Bildung in der Migrationsgesellschaft, in: dms – der moderne staat – Zeitschrift für Public Policy, Recht und Management, Heft 1/2011, S. 7-27.

Häusler, Alexander/Roeser, Rainer (2015): »Erfurt ist schön deutsch – und schön deutsch soll Erfurt bleiben!« Das politische Erscheinungsbild der Partei »Alternative für Deutschland« (AfD) in Thüringen. Online unter: www.fes-gegen-rechtsextremismus.de/pdf_16/Presse-Handout-2016.pdf [18.6.2017].

Haller, Michael/Niggeschmidt, Martin (Hrsg.) (2012): Der Mythos vom Niedergang der Intelligenz: Von Galton zu Sarrazin: Die Denkmuster und Denkfehler der Eugenik, Wiesbaden.

Halm, Dirk/Liakova, Marina/Yetik, Zeliha (2007): Pauschale Islamfeindlichkeit? In: Jäger, Siegfried/Halm, Dirk (Hrsg.): Mediale Barrieren, Münster, S. 5-10.

Heitmeyer, Wilhelm (2010): Krisen – Gesellschaftliche Auswirkungen, individuelle Verarbeitungen und Folgen für die Gruppenbezogene Menschenfeindlichkeit, in: Ders. (Hrsg.), Deutsche Zustände, Folge 8, Berlin, S. 13-48.

Janßen, Andrea/Polat, Ayça (2005): Zwischen Integration und Ausgrenzung: Lebensverhältnisse türkischer Migranten der zweiten Generation, Oldenburg.

Ködel, Carolin (2007): Unheimliche Gäste. Die Gegenwelt der Muslime in Deutschland. Anti-integrative Integrationsdiskurse, in: Jäger, Siegfried/Halm, Dirk (Hrsg.), Mediale Barrieren, Münster, S. 201-228.

Merkle, Tanja (2009): Lebenswelten in Deutschland. Ergebnisse aktueller Studien von Sinus Sociovision, in: Lange, Dirk/Polat, Ayça (Hrsg.), Unsere Wirklichkeit ist anders. Migration und Alltag, Bonn, S. 62-79.

Müller, Marianne/Werding, Martin (2007): Zur Lage der gesellschaftlichen Mitte in Deutschland, in: Ifo Schnelldienst, 9, S. 25-30.

Nienaber, Ralf (2016): Geplanter Untergang: Wie Merkel und ihre Macher Deutschland zerstören, Düsseldorf.

Oswald, Ingrid (2007): Migrationssoziologie, Konstanz.

Perger, Werner A. (2010): Völkischer Populismus in Europa, in: Heitmeyer, Wilhelm (Hrsg.), Deutsche Zustände, Folge 8, Berlin, S. 305-314.

Pirinçci, Akif (2016): Umvolkung: Wie die Deutschen still und leise ausgetauscht werden, Steigra.

Sarrazin, Thilo (2010): Deutschland schafft sich ab. Wie wir unser Land aufs Spiel setzen, München.

Schneiders, Thorsten Gerald (2013): In schlechtes Licht gerückt. Das Araberbild bei Thilo Sarrazin, in: ders. (Hrsg.): Die Araber im 21. Jahrhundert. Politik, Gesellschaft, Kultur. Wiesbaden, S. 391-412.

Schroeder, Wolfgang/Weßels, Bernhard/Neusser, Christian/Berzel, Alexander (2017): Parlamentarische Praxis der AfD in deutschen Landesparlamenten, Berlin.

Stern, Elsbeth (2010): Sarrazin-Debatte. Was heißt hier erblich? In: Paukos, 2, S. 22-23.

Straub, Jakob (2017): PROPHEZEIUNG: Der Tag, an dem Deutschland beschloss zu sterben, Altenglan.

Thomas, William Isaac/Thomas, Dorothy Swaine (1928): The Child in America: Behavior Problems and Programs, New York.

Ulfkotte, Udo (2015): Mekka Deutschland: Die stille Islamisierung, Rottenburg am Neckar.

Vorländer, Hans/Herold, Maik/Schäller, Steven (2015): PEGIDA: Entwicklung, Zusammensetzung und Deutung einer Empörungsbewegung, Wiesbaden.

Wagner, Bernd (2015): Zeitdiagnostische Überlegungen zu rechtsradikalen und neo-völkischen Entwicklungen in Deutschland, in: Journal EXIT-Deutschland. Zeitschrift für Deradikalisierung und demokratische Kultur 1, 2015, S. 1-61.

Tim Ackermann

Der Antisemitismus der AfD

»Israel ist unsere Zukunft.« Diese Äußerung von Marcus Pretzell, dem ehemaligen Landesvorsitzenden der AfD in Nordrhein-Westfalen, auf dem »Europa-Kongress« der Partei unter dem Titel »Freiheit für Europa« in Koblenz im Januar 2017 löste heftige Debatten in der AfD aus (vgl. Tagesschau 2017). Auch Frauke Petry äußerte im April 2017 in einem Interview mit der Tageszeitung »Die Welt«, dass »die AfD einer der wenigen politischen Garanten jüdischen Lebens« (Die Welt, 2017) in Deutschland sei.

Diese Beispiele zeigen, wie Teile des nationalkonservativen Flügels in der AfD versuchen, sich vom traditionellen Antisemitismus der extremen Rechten in Deutschland abzugrenzen. Sie vertreten demonstrativ eine pro-israelische wie anti-antisemitische Position und bemühen sich – bisher weitgehend erfolglos – darum, jüdische Menschen in Deutschland zu vereinnahmen. Dieses Vorgehen hat Vorläufer in den älteren rechtspopulistischen Parteien in Deutschland (vgl. Klare et al. 2011), und auch in anderen extrem rechten Parteien in Europa sind ähnliche Positionierungen zu finden (vgl. Klare et al. 2012). In diesem Zusammenhang stellt sich die Frage nach einer »deutschen Rechten ohne Antisemitismus« (vgl. ebd.).

Gleichzeitig ist die Liste der antisemitischen Vorfälle und ihrer Verharmlosung in der AfD lang (für eine Zusammenstellung vgl. Riebe 2016, Riebe 2017). Auch auf die genannte Äußerung von Pretzell folgten heftige Debatten in der Partei. Insbesondere der Fall des baden-württembergischen AfD-Landtagsabgeordneten Wolfgang Gedeon zeigt die widersprüchlichen Positionen innerhalb der AfD und das taktische Umgehen mit dem Thema. Nachdem antisemitische Publikationen Gedeons in den Fokus der Öffentlichkeit gerieten, kam es zum Streit über den Umgang damit in der AfD-Landtagsfraktion. Dabei wurde der Antisemitismus Wolfgang Gedeons massiv verharmlost, Konsequenzen erfolgten nur auf massiven öffentlichen Druck und die inhaltliche Auseinandersetzung wurde von machttaktischen Manövern überlagert. Durch den Konflikt erfolgte eine Spaltung der Fraktion, das freiwillige Ausscheiden Gedeons aus der Landtagsfraktion und schließlich die Wiedervereinigung der beiden Fraktionen. Dennoch war Wolfgang Gedeon Delegierter auf dem Bundesparteitag der AfD im April 2017 in Köln. Auch der ehemalige Bundestagsabgeordnete Martin Hohmann hat eine neue Heimat in der AfD gefunden. Er hatte im Jahr 2003 in einer Rede antisemitische Ressentiments geäußert und wurde daraufhin aus der CDU-Bundestagsfraktion und aus der CDU ausgeschlossen. Heute ist er für die AfD Kreistagsabgeordneter in Fulda. Diese Beispiele zeigen, dass die AfD alles andere als frei von Antisemitismus ist.

Frauke Petry stellt diese widersprüchliche Haltung in ihrer Person wunderbar dar. Im Jahr 2016 sprach sie sich in einem Interview mit der israelischen Tageszeitung *Yedioth Ahronoth* gegen Antisemitismus und Kritik an Israel aus (vgl. Ynetnews 2016), andererseits forderte sie im gleichen Jahr die Rehabilitierung des Begriffs »völkisch« ein (vgl. Correctiv 2017). Dieser Begriff ist untrennbar mit rassistischem und antisemitischem Denken verbunden und war ein zentrales weltanschauliches Element des Nationalsozialismus.

Es stellt sich die Frage, was hinter dem Versuch von Teilen der AfD steckt, sich als anti-antisemitische Partei darzustellen, und in welchem Verhältnis diese Positionierung zu anderen Positionen der Partei steht.

Instrumentelle Funktion der Israelsolidarität und des Anti-Antisemitismus

Der nationalkonservative Flügel der AfD verfolgt mit dem Versuch der öffentlichen und demonstrativen Positionierung als pro-israelisch und anti-antisemitisch mehrere Ziele. Vor dem Hintergrund der zentralen inhaltlichen Bedeutung des Antisemitismus für die Parteien der traditionellen extremen Rechten sowie des Konsens der Ächtung des Antisemitismus durch die etablierten Parteien in Deutschland, soll diese Ausrichtung einer Ächtung der Partei als »rechtsextrem« entgegenwirken. Die positive Bezugnahme auf Israel und die jüdische Bevölkerung in Deutschland dient, wie bei anderen Parteien der extremen Rechten in Europa, dazu »die historischen und ideologischen Verbindungen zum Faschismus und Nationalsozialismus [zu] verleugnen und aus der politischen Isolation hervor[zu]treten« (Grimm/Kahmann 2017: 52).

Dabei wird Israel instrumentalisiert als angeblicher Verbündeter gegen »den Islam«. Der zu Beginn erwähnte Satz von Marcus Pretzell auf dem »Europa-Kongress« der AfD lautet in Gänze: »Israel ist unsere Zukunft in der Form, wie man mit dem Islam umgeht.« Hier wird der israelische Staat »lediglich als Bündnispartner im Abwehrkampf gegen Muslime und den Islam in Stellung gebracht« (Grigat 2017: 15). Unter diesem Blickwinkel wird zum einen die multikulturelle Gesellschaft Israels, die Stellung der muslimischen Minderheit in Israel und der Umgang Israels mit dem Islam verzerrt dargestellt.[1] Zum anderen wird in dieser Betrachtung Israel und seine Geschichte von Nationalsozialismus und Holocaust abgekoppelt, was sich insbesondere in der Geschichtspolitik der AfD und ihren Versuchen zur Umwertung der erinnerungspolitischen Debatten zeigt.

Wenn Frauke Petry in einem Interview mit der Tageszeitung *Die Welt* davon spricht, dass »die AfD einer der wenigen politischen Garanten jüdischen Lebens auch in Zeiten illegaler, antisemitischer Migration nach Deutschland ist« (Die Welt 2017), dann dient diese Anbiederung an die jüdische Bevölkerung in Deutschland einer Fokussierung der Antisemitismus-Kritik auf – zweifelsohne vorhandenen (vgl. Wetzel 2012) – muslimischen Antisemitismus.[2] Dabei wird jedoch ausgeblendet, dass der Großteil der antisemitisch motivierten Straftaten nach wie vor von rechtsmotivierten Tätern verübt wird.[3] Ebenso werden damit die in der deutschen Mehrheitsbevölkerung vorhandenen antisemitischen Einstellungsmuster verharmlost.[4] Und diese sind bei Anhänger_innen der

---

[1] 20,4% der Bevölkerung Israels bestehen aus arabischen Israelis, was ca. 1,8 Millionen Menschen entspricht. Ein Großteil dieser Bevölkerungsgruppe ist muslimisch, sodass 17,6% der Bevölkerung, also ca. 1,5 Millionen Menschen, in Israel Muslime sind. Die arabische Sprache ist neben dem Hebräischen ebenfalls Amtssprache (vgl. BpB 2016).

[2] Muslimischer Antisemitismus wird auch von jüdischen Menschen in Deutschland als Problem wahrgenommen. Rund 70% der Befragten einer Studie zu jüdischen Perspektiven auf den Antisemitismus in Deutschland äußern die Sorge, dass der Antisemitismus in Deutschland aufgrund der antisemitischen Einstellungen unter den Flüchtlingen ansteigen werde. Allerdings sind 84% der Ansicht, dass der Antisemitismus in Deutschland auch ohne Flüchtlinge ein Problem sei, und rund drei Viertel der Befragten machen sich ernsthafte Sorgen wegen des Erstarkens von rechtspopulistischen Strömungen (vgl. Zick et al. 2017: 4).

[3] Von den 1.366 offiziell registrierten antisemitischen Straf- und Gewalttaten im Jahr 2015 – die tatsächliche Zahl dürfte darüber liegen – sind 1.246, also über 90%, von Tätern aus dem Bereich »rechtsmotivierter politischer Kriminalität« begangen worden (vgl. Deutscher Bundestag 2017: 40ff.).

[4] Die Zustimmungsrate zu klassischem Antisemitismus, der Juden »zu viel Einfluss« unterstellt und mit antisemitischen Stereotypen arbeitet, lag im Jahr 2016 bei rund fünf Prozent. Allerdings zeigt ein Drittel der deutschen Bevölkerung zumindest anti-

AfD besonders stark ausgeprägt: Bei ihnen ist die Zustimmung zu klassischem Antisemitismus fast fünfmal so stark wie bei Menschen ohne Symphatie für die AfD (vgl. Hövermann/Groß 2016: 174).

Die Kritik insbesondere des muslimischen Antisemitismus und der positive Bezug auf Israel sollen der AfD einen »Anschluss an demokratische, feministische und antisemitismuskritische Debatten über den (radikalen) Islam« (Grimm/Kahmann 2017: 53) ermöglichen. Allerdings betreibt sie im Zusammenhang mit ihrer rassistischen Propaganda gegen Einwanderung nach Deutschland und gegen Geflüchtete die »Stärkung und Legitimierung der islamfeindlichen Inhalte und einer kulturell überformten rassistischen Agitation« (Klare et al. 2012: 204). Es geht im Kern also schlicht um die Rechtfertigung des eigenen antimuslimischen Rassismus: »Die Kritik am Antisemitismus unter Muslimen ist dann instrumentell und nicht Gegenstand ernsthafter Reflexionen, wenn sie primär der moralischen Begründung einer migrationsfeindlichen und nationalistischen Politik dient, die die Zuwanderung von Menschen aus islamischen Ländern pauschal verbieten möchte.« (Grimm/Kahmann 2017: 53)

Dieser Zweck zeigt sich auch im Grundsatzprogramm der AfD: »Einer islamischen Glaubenspraxis, die sich gegen die freiheitlich-demokratische Grundordnung, unsere Gesetze und gegen die jüdisch-christlichen und humanistischen Grundlagen unserer Kultur richtet, tritt die AfD klar entgegen.« (AfD 2016: 48) Bezeichnenderweise ist dies die einzige Stelle im kompletten Grundsatzprogramm, in der positiv auf eine jüdisch-christliche Kultur Bezug genommen wird. Eben genau da, wo sie für eine antimuslimische Haltung benutzt werden kann. Ansonsten orientiert sich die AfD an der »abendländische[n] christliche[n] Kultur« (ebd.: 6) und der »religiösen Überlieferung des Christentums« (ebd.: 47).

Die instrumentelle und strategische Positionierung als anti-antisemitische Partei hat für die AfD also mehrere wichtige Funktionen. Zum einen möchte man sich gegenüber Kritik immunisieren und eine Distanzierung vom Nationalsozialismus demonstrieren. Zum anderen dient diese Ausrichtung der Legitimierung einer rassistischen und nationa-

semitische Tendenzen. Die Zustimmung zu Formen des sekundären Antisemitismus liegt bei 26% der Bevölkerung. Die Forderung nach einem »Schlussstrich« wird jedoch von der Hälfte der Deutschen in der einen oder anderen Form unterstützt. Bei israelbezogenem Antisemitismus lag die Zustimmungsrate bei ca. 40% (vgl. Deutscher Bundestag 2017: 55ff.).

listischen Abschottungspolitik gegenüber Einwanderung, Asylsuchenden und Geflüchteten.

Allerdings sind die pro-israelischen und anti-antisemitischen Aussagen bei der AfD relativ überschaubar und in der Partei keinesfalls Konsens. So stimmte beim AfD-Bundesparteitag im April 2017 die Mehrheit der Delegierten dafür, sich mit einem Antrag der Parteispitze zur Stärkung der deutsch-israelischen Freundschaft nicht zu befassen. Die Begründung war, dass das Problem mit israelischen »Kriegsverbrechern« zu komplex sei, um es auf dem Bundesparteitag zu behandeln (vgl. Tagesspiegel 2017b). Deutlich ist, dass der nationalkonservative Flügel der AfD mit anderen Flügeln der Partei noch immer um die inhaltliche Ausrichtung ringt. Überdies stehen diese Positionierungen in deutlichem Widerspruch insbesondere zu der geschichtspolitischen Programmatik der AfD, die auf Erinnerungs- und Schuldabwehr basiert.[5]

Die Geschichts- und Erinnerungspolitik der AfD

Die AfD hat sowohl in ihrem Grundsatzprogramm 2016 als auch in ihrem Wahlprogramm 2017 für die Bundestagswahl eine Umorientierung der Erinnerungskultur in Deutschland programmatisch verankert: »Die aktuelle Verengung der deutschen Erinnerungskultur auf die Zeit des Nationalsozialismus ist zugunsten einer erweiterten Geschichtsbetrachtung aufzubrechen, die auch die positiven, identitätsstiftenden Aspekte deutscher Geschichte mit umfasst« (AfD 2016: 48; AfD 2017: 46). Damit unterstellt sie, dass der Nationalsozialismus und der Holocaust die einzigen Momente der deutschen Geschichte sind, die öffentlich wahrgenommen werden und an die erinnert wird. Zugleich macht sie deutlich, dass sie den erinnerungspolitischen Konsens der BRD – in dem die Erinnerung an Nationalsozialismus und Holocaust wichtige Elemente der

[5] Der Antisemitismus der AfD ließe sich auch in dem in der Partei weit verbreiteten Antiamerikanismus sowie in den verschwörungstheoretischen Welterklärungsmodellen vieler Anhänger_innen und Funktionär_innen finden. In diesem Beitrag musste sich aus Platzgründen auf direktere Formen des Antisemitismus beschränkt werden. Zum Zusammenhang von Antisemitismus mit den in der AfD verbreiteten Formen von Antiamerikanismus und Verschwörungstheorien vgl. Grimm/Kahmann 2017 sowie Riebe 2017.

politischen Bildung und Kultur im Rahmen der Demokratieerziehung sind – nicht teilt.

Diese angestrebte Neuausrichtung der Geschichtsbetrachtung in Deutschland wird in zugespitzter Form in der Rede deutlich, die Björn Höcke – Fraktionsvorsitzender der AfD im Thüringer Landtag und wichtiger Vertreter des völkisch-nationalistischen Flügels – auf Einladung der Jugendorganisation der Partei, der Jungen Alternative (JA), im Januar 2017 in Dresden gehalten hat. In dieser Rede forderte er eine »erinnerungspolitische Wende um 180 Grad« (Tagesspiegel 2017a). Was er problematisch findet, benennt Höcke in dieser Rede ebenfalls. So spricht er davon, dass sich das »deutsche Volk« ein »Denkmal der Schande in das Herz seiner Hauptstadt gepflanzt hat« (ebd.), womit er das *Denkmal für die ermordeten Juden Europas* in Berlin meint. Er bezeichnet die Erinnerungspolitik als »dämliche Bewältigungspolitik« (ebd.) und spricht von »der dann nach 1945 begonnenen systematischen Umerziehung« (ebd.), womit er offen das Vokabular der extremen Rechten benutzt (vgl. Ackermann 2015: 299). Was er will, macht Höcke ebenfalls klar. Er fordert eine »Erinnerungskultur, die uns vor allen Dingen und zu allererst mit den großartigen Leistungen der Altvorderen in Berührung bringt.« (ebd.)

Diese Rede führte zwar zu einem Parteiausschlussverfahren gegen Björn Höcke, allerdings ist dies alles andere als Konsens in der Partei. So befürwortete Alexander Gauland, einer der beiden Bundessprecher der AfD, am Tag nach diesem Beschluss des Parteivorstandes eine Kandidatur Höckes zum Deutschen Bundestag (vgl. Reuters 2017).

Die Neuausrichtung der Geschichtspolitik in Deutschland wird nicht nur von dem offen völkisch-nationalistischen Flügel der AfD betrieben. Auch der bereits erwähnte Vorstoß von Frauke Petry zur Rehabilitierung des Begriffs »völkisch« geht in die Richtung der Enttabuisierung und Normalisierung von Elementen des Nationalsozialismus. Und selbst die angeblich liberal-konservative Spitzenkandidatin für die Wahl zum deutschen Bundestag, Alice Weidel, beklagt den »Schuldkult« in Deutschland (vgl. Gegen die Alternative für Deutschland 2017). Dieser Begriff verharmlost den historischen Nationalsozialismus sowie seine Folgen und gehört zu den Kampfbegriffen der extremen Rechten (vgl. Suermann 2015). Diese Positionierung ist also, wenn auch in unterschiedlich starker Ausprägung, flügelübergreifender Konsens in der AfD. In dieser Erinnerungsabwehr zeigt sich ein sekundärer Antisemitismus, der auf Schuldabwehr sowie die Entschuldung der »eigenen Nation« zielt.

Mit ständigen, medial ausgewalzten erinnerungspolitischen Tabubrüchen wird der Möglichkeitsraum für antisemitische Äußerungen in Deutschland erweitert (vgl. den Beitrag von Allmendinger in diesem Band sowie Wodak 2016). Wenn die Erinnerung an den Holocaust, den größten Zivilisationsbruch der Menschheitsgeschichte, aus dem Bewusstsein schwindet, entsteht Raum für aggressiven Nationalismus, rassistische Ausgrenzung und eine Normalisierung antisemitischer Ressentiments in der Mitte der Gesellschaft.

Pro-israelische Geschichtsrevisionisten

Wie diese beiden Elemente – eine pro-israelische Positionierung bei gleichzeitiger antisemitischer geschichtspolitischer Schuldabwehr – zusammengehen können, zeigt das Beispiel einer Israelreise des Blogs *Politically Incorrect,*[6] an dem auch AfD-Mitglieder teilgenommen haben. Die Teilnehmenden begreifen sich als pro-israelisch, da sie »in Israel ein Vorbild [sehen], weil der Staat sich im Dauerkonflikt mit seinen muslimischen Nachbarländern befindet« (Maurer 2017: 22). Dem entsprechend lassen sie während der Reise ihrem antimuslimischen Rassismus freien Lauf: »Invasoren, Invasionäre, Eindringlinge, Barbaren – so (...) nennen Teilnehmer der Reise Muslime« (ebd.) und üben beim Schießtraining den »Häuserkampf« gegen sie. Dahingegen ist die Positionierung für Israel vollkommen losgelöst von der geschichtlichen Verbindung des Landes mit Nationalsozialismus und Holocaust und führt auch nicht zu einer Reflexion auf den eigenen Antisemitismus. Bei einer Führung durch die weltweit bedeutendste Gedenkstätte für den Holocaust, *Yad Vashem,* vertreten Teilnehmer, darunter auch ein AfD-Funktionär, ein antisemitisches und geschichtsrevisionistisches Weltbild. Dabei wird die deutsche Schuld am Holocaust relativiert, »die Deutschen« als Opfer dargestellt und »Kreise[n] des amerikanischen Establishments« (ebd.: 28) für den Holocaust verantwortlich gemacht. Der inkognito mitgereiste Journalist Marco Maurer kommt zu dem Schluss, dass »[m]indestens zwei

---

[6] Die populistische, neokonservative Internetplattform Politically Incorrect (PI) bezeichnet sich selbst als »proamerikanisch« und »proisraelisch«. Allerdings scheint diese Positionierung ebenfalls instrumentell zu sein, das strategische Ziel liegt im Schulterschluss mit vermeintlichen Feinden »des Islam« bzw. »der Muslime« (vgl. Klare et al. 2011).

(...) antisemitisches, rechtsextremes Gedankengut« (ebd.: 30) vertreten. Hier steht ein aus instrumentellen Gründen positives Verhältnis zu Israel unvermittelt neben einem antisemitischen Weltbild, in dem die deutsche Verantwortung für den Holocaust mindestens relativiert wird.

Eine Abkehr vom Antisemitismus der extremen Rechten und eine pro-israelische Positionierung sehen anders aus. Für beides wäre eine Anerkennung der deutschen Schuld am Holocaust und die Anerkennung des moralischen Imperativs, »dass Auschwitz nicht noch einmal sei« (Theodor W. Adorno), notwendig.

Fazit

Die scheinbare und medial inszenierte Abkehr vom Antisemitismus und die Zuwendung zu Israel dienen der AfD und insbesondere ihrem nationalkonservativen Flügel als strategisches Instrument der demonstrativen Abgrenzung von der extremen Rechten. Mit dieser Selbstdarstellung will man sich selbst in Richtung der gesellschaftlichen Mitte rücken und einer Ausgrenzung als extrem rechte Partei entgegenwirken. Zugleich wird über die Thematisierung muslimischen Antisemitismus die Rechtfertigung ihres antimuslimischen Rassismus sowie ihrer völkisch-nationalistischen und rassistischen Politik betrieben.

Diese öffentliche Ausrichtung der AfD kann weitgehend als nichts anderes als eine Modernisierung der Inszenierungsformen, sprich eine geänderte Außendarstellung aus instrumentellen Gründen gesehen werden. Dies zeigt zum einen der halbherzige Kurs der Parteiführung bei der Distanzierung von antisemitischen Positionen innerhalb der AfD, die erst bei zu großem öffentlichem Druck erfolgt. Zum anderen öffnet gerade die auf Schuldabwehr basierende geschichts- und erinnerungspolitische Ausrichtung der Partei gesellschaftliche Räume für eine offenere Äußerung antisemitischer Ressentiments. Diese Mischung führt gerade nicht zu einer Eindämmung des Antisemitismus in Deutschland, im Gegenteil: »Nicht trotz, sondern wegen pro-israelischer und antisemitismuskritischer Bekundungen, die eine politische und gesellschaftliche Isolation der AfD verhindert haben, kann sie als Katalysator für die Verfestigung antisemitischer Ressentiments in der deutschen Bevölkerung und für eine zunehmende Enttabuisierung und Normalisierung von Antisemitismus in der gesellschaftlichen Debatte wirken.« (Grimm/Kahmann 2017: 56)

Dementsprechend scheint die Anbiederung von Teilen der AfD an die jüdische Bevölkerung in Deutschland die Mehrheit davon auch nicht zu überzeugen. Josef Schuster, der Präsident des Zentralrats der Juden, stellt in einem Interview mit der Wochenzeitung *Die Zeit* fest: »Wenn das jüdische Leben in Deutschland der Verteidigung durch die AfD bedürfte, hätte ich längst gesagt, alle Juden sollen Deutschland verlassen. Dann wäre ein jüdisches Leben hier nur schwer vorstellbar.« (Zeit Online 2017)

Die Gewerkschaften des Deutschen Gewerkschaftsbundes (DGB) haben sich seit der Befreiung vom Nationalsozialismus zum Antifaschismus bekannt und treten Rassismus und Antisemitismus in der deutschen Gesellschaft sowie in den Betrieben (vgl. beispielsweise DGB Rechtsschutz 2016) entgegen. Auch zu Israel hat der DGB früh Stellung bezogen und die Bundesregierung aufgefordert, diplomatische Beziehungen zu Israel aufzunehmen (vgl. DGB NRW 2009: 10f.). Die ersten offiziellen Kontakte deutscher Gewerkschafter nach Israel gab es bereits 1957, also noch vor der offiziellen Anerkennung Israels durch die Bundesrepublik. Jugenddelegationsreisen vom DGB und Histadrut, dem israelischen Gewerkschaftsdachverband, finden seit 1963 bis zum heutigen Tag statt und seit 1975 gibt es sogar ein offizielles Partnerschaftsabkommen zwischen den beiden Gewerkschaftsdachverbänden (vgl. DGB 1995; DGB NRW 1996; DIG 2009). Diese Zusammenarbeit ermöglichte zahlreiche Begegnungen insbesondere junger deutscher, israelischer und auch palästinensischer Gewerkschafter_innen und ist die Grundlage vielfältiger Partnerschaften. Dementsprechend wendet sich der DGB im Rahmen der internationalen Gewerkschaftsverbände entschieden gegen Boykottaufrufe gegen Israel (vgl. Presseportal 2007; DIG 2009).

Diese gewerkschaftliche Zusammenarbeit und Solidarität geht von dem Gedenken an den Holocaust aus und beinhaltet ein aktives Eintreten gegen heutigen Antisemitismus. Zugleich ist sie allerdings auch in die Zukunft gerichtet und schließt ein gegenseitiges Lernen von gewerkschaftlichen Handlungsstrategien angesichts aktueller Herausforderungen ein. Am 14.9.2017 bekräftigte die DGB-Jugend NRW die Partnerschaftsvereinbarung mit der Histadrut Tel Aviv-Jaffo, mit der seit vielen Jahren regelmäßig (Jugend-)Delegationen stattfinden. In dieser gemeinsamen Vereinbarung werden die Grundsätze der Zusammenarbeit folgendermaßen definiert:

- Antisemitismus bekämpfen – Solidarität mit Israel und den israelischen Gewerkschaftskolleg_innen leben!

- Einseitiger Weltsicht entgegentreten!
- Erfolgreiche Konzepte aktueller Gewerkschaftsarbeit erfahren, Formen kollektiven und genossenschaftlichen Wirtschaftens kennenlernen!
- Boykottbestrebungen entgegentreten!

(vgl. DGB-Jugend NRW und Histadrut Tel Aviv Jaffo 2017)

Auch in der Bildungsarbeit der Gewerkschaften und insbesondere der Gewerkschaftsjugend spielt die Erinnerung an den Nationalsozialismus und den Holocaust eine große Rolle. Die DGB-Jugend hat 2015, zum 70. Jahrestag der Befreiung des KZ Auschwitz, zusammen mit anderen Jugendverbänden eine Gedenkstättenfahrt nach Auschwitz mit ca. 1.000 Jugendlichen und jungen Erwachsenen durchgeführt. Das Motto lautete »Nie wieder Auschwitz!«.

Das Gedenken an den Nationalsozialismus und den Holocaust sowie das Eintreten gegen Antisemitismus in der deutschen Gesellschaft ist leider auch heute noch notwendig. Dazu gehört nach wie vor auch die Bekämpfung der AfD.

Literatur/Quellen

Ackermann, Tim (2015): USA. In: Gießelmann, Bente/Heun, Robin/Kerst, Benjamin/Suermann, Lenard/Virchow, Fabian (Hrsg.): Handwörterbuch rechtsextremer Kampfbegriffe. Schwalbach/Ts., S. 298-314.

AfD – Alternative für Deutschland (2016): Programm für Deutschland. Das Grundsatzprogramm der Alternative für Deutschland.

AfD – Alternative für Deutschland (2017): Programm für die Wahl zum Deutschen Bundestag am 24.9.2017.

BpB – Bundeszentrale für politische Bildung (2016): Israel kurzgefasst. Bonn.

Correctiv (2017): Faktencheck: Frauke Petry und das Völkische – was stimmt? Online unter: correctiv.org/blog/ruhr/artikel/2017/04/21/will-petry-den-begriff-voelkisch-wieder-salonfaehig-machen/ (zuletzt aufgerufen am 16.6.2017).

Deutscher Bundestag (2017): Bericht des unabhängigen Expertenkreises Antisemitismus. Online unter: dip21.bundestag.de/dip21/btd/18/119/1811970.pdf (zuletzt aufgerufen am 16.6.2017).

Deutscher Gewerkschaftsbund (DGB) (1995): 20 Jahre Partnerschaft zwischen DGB und Histadrut. o.O.

Deutscher Gewerkschaftsbund Landesbezirk NRW (DGB NRW) (1996): Mut zur Begegnung. Der Deutsch-Israelische Jugendaustausch zwischen dem DGB-Landesbezirk Nordrhein-Westfalen und der Histadrut Tel Aviv-Yaffo. Düsseldorf.

DGB Rechtsschutz (2016): Betriebsrat Hasco: Erfolgreicher Widerstand gegen Antisemitismus. Online unter: www.dgbrechtsschutz.de/recht/arbeitsrecht/betriebsraete-und-personalraete/betriebsrat-hasco-erfolgreicher-widerstandgegen-antisemitismus/ (zuletzt aufgerufen am 16.6.2017).

DGB-Jugend NRW und Histadrut Tel Aviv Jaffo (2017): Bekräftigung der Partnerschaftsvereinbarung (unveröffentlicht).

Deutsch-Israelische Gesellschaft (DIG) (2009): Am 11. Juni 2009 sprachen die beiden Gewerkschaftschefs Ofer Eini und Michael Sommer über die »verlässliche Partnerschaft« zwischen Histadrut und DGB. Online unter: www.digberlin.de/am-11-juni-2009-sprachen-ofer-eini-und-michael-sommer-uber-die-verlassliche-partnerschaft-zwischen-histadrut-und-dgb/ (zuletzt aufgerufen am 16.6.2017).

Die Welt (2017): »AfD ist einer der wenigen Garanten jüdischen Lebens«, Online unter: www.welt.de/politik/deutschland/article163446354/AfD-ist-einer-der-wenigen-Garanten-juedischen-Lebens.html (zuletzt aufgerufen am 16.6.2017).

Gegen die Alternative für Deutschland (2017): Alice Weidel redet von »Schuldkult«. Online unter: www.facebook.com/GegenDieAlternativeFuerDeutschland/photos/a.414040782034323.1073741828.358546407583761/1175787145859679/?type=3 (zuletzt aufgerufen am 16.6.2017).

Grigat, Stephan (2017): Von Österreich lernen. Die FPÖ als Vorbild der AfD und Antisemitismuskritik in Zeiten islamistischer Mobilmachung. In: Grigat, Stephan (Hrsg.): AfD & FPÖ. Antisemitismus, völkischer Nationalismus und Geschlechterbilder. Baden-Baden, S. 9-26.

Grimm, Marc/Kahmann, Bodo (2017): AfD und Judenbild. Eine Partei im Spannungsfeld von Antisemitismus, Schuldabwehr und instrumenteller Israelsolidarität. In: Grigat, Stephan (Hrsg.): AfD & FPÖ. Antisemitismus, völkischer Nationalismus und Geschlechterbilder. Baden-Baden, S. 41-59.

Hövermann, Andreas/Groß, Eva (2016): Menschenfeindlicher und rechtsextremer – Die Veränderung der Einstellungen unter AfD-Sympathisanten zwischen 2014 und 2016. In: Zick, Andreas/Küpper, Beate/Krause, Daniela (Hrsg.): Gespaltene Mitte — feindselige Zustände. Rechtsextreme Einstellungen in Deutschland 2016. Bonn, S. 167-183.

Klare, Heiko/Killguss, Hans-Peter/Puls, Hendrik/Sturm, Michael (2012): Eine Rechte ohne Antisemitismus? Neue Inszenierungsformen des Rechtspopulismus in Westeuropa. In: Gebhart, Richard/Klein, Anne/Meier, Marcus (Hrsg.): Antisemitismus in der Einwanderungsgesellschaft. Beiträge zur kritischen Bildungsarbeit. Weinheim und Basel, S. 192-2018.

Klare, Heiko/Steinke, Bernhard/Sturm, Michael (2011): Eine »deutsche Rechte ohne Antisemitismus«? Online unter: www.hagalil.com/archiv/2011/04/27/pro-nrw/ (zuletzt aufgerufen am 23.8.2014).

Maurer, Marco (2017): Auf die rechte Tour. Unser Reporter verreiste mit Lesern von »PI-News«, Deutschlands einflussreichster rechter Website – ausgerechnet nach Israel. In: Neon-Magazin, Februar 2017, S. 20-30.

Presseportal (2007): Kölner Stadt-Anzeiger: DGB distanziert sich von Israel-Boykott. Online unter: www.presseportal.de/pm/66749/1045597 (zuletzt aufgerufen am 16.6.2017).

Reuters (2017): AfD-Machtkampf – Gauland schlägt Höcke für Bundestag vor. Online unter: de.reuters.com/article/deutschland-afd-idDEKBN15T1F3 (zuletzt aufgerufen am 16.6.2017).

Riebe, Jan (2016): Wie antisemitisch ist die AfD? Online unter: www.belltower.news/artikel/wie-antisemitisch-ist-die-afd-11021 (zuletzt aufgerufen am 15.6.2017).

Riebe, Jan (2017): Die AfD und der Antisemitismus. Online unter: www.belltower.news/artikel/die-afd-und-der-antisemitismus-%E2%80%93-teil-1-12285 und www.belltower.news/artikel/die-afd-und-der-antisemitismus-%E2%80%93-teil-2-12297 (zuletzt aufgerufen am 11.7.2017).

Suermann, Lenard (2015): Schuld-Kult. In: Gießelmann, Bente/Heun, Robin/Kerst, Benjamin/Suermann, Lenard/Virchow, Fabian (Hrsg.): Handwörterbuch rechtsextremer Kampfbegriffe. Schwalbach/Ts., S. 269-281.

Tagesschau (2017): Europas neue Rechte streiten über Israel. Online unter: www.tagesschau.de/inland/populisten-koblenz-101.html (zuletzt aufgerufen am 16.6.2017).

Tagesspiegel (2017a): »Gemütszustand eines total besiegten Volkes«. Höcke-Rede im Wortlaut. Online unter: www.tagesspiegel.de/politik/hoecke-rede-im-wortlaut-gemuetszustand-eines-total-besiegten-volkes/19273518-all.html (zuletzt aufgerufen am 16.6.2017).

Tagesspiegel (2017b): Co-Chef Jörg Meuthen attackiert – um Petry wird es einsam. Online unter: www.tagesspiegel.de/politik/newsblog-zur-afd-co-chef-joerg-meuthen-attackiert-um-petry-wird-es-einsam/19702798.html (zuletzt aufgerufen am 16.6.2017).

Wetzel, Juliane (2012): »Informierter Verdacht«. Antisemitismus unter Muslimen in Deutschland als empirisches Problem und mediale Zuschreibung. In: Gebhart, Richard/Klein, Anne/Meier, Marcus (Hrsg.): Antisemitismus in der Einwanderungsgesellschaft. Beiträge zur kritischen Bildungsarbeit. Weinheim und Basel, S. 29-43.

Wodak, Ruth (2016): Politik mit der Angst. Zur Wirkung rechtspopulistischer Diskurse. Wien.

Ynetnews (2016): German party seeks to end circumcisions and ritual slaughter. Online unter: www.ynetnews.com/articles/0,7340,L-4793393,00.html (zuletzt aufgerufen am 16.6.2017).

Zeit Online (2017): Zentralrat der Juden warnt vor AfD. Online unter: www.zeit.de/politik/deutschland/2017-07/antisemitismus-zentralrat-afd-josef-schuster-judenhass?print (zuletzt aufgerufen am 23.7.2017).

Zick, Andreas/Hövermann, Andreas/Jensen, Silke/Bernstein, Julia (2017): Jüdische Perspektiven auf Antisemitismus in Deutschland. Ein Studienbericht für den Expertenrat Antisemitismus. Bielefeld.

Ulrich Eith

Die AfD in Baden-Württemberg. Mehr als nur politischer Protest?

Die Landtagswahlen vom 13. März 2016 in Baden-Württemberg, Rheinland-Pfalz und Sachsen-Anhalt hatten bundesweite Aufmerksamkeit auf sich gezogen. In erster Linie galt diese dem Abschneiden der rechtspopulistischen Alternative für Deutschland (AfD) angesichts der sprunghaft angestiegenen Flüchtlingszahlen über den Jahreswechsel 2015/16. Bereits vor den Wahlen zeigten Umfragen, dass die AfD von den damit verbundenen Ängsten und Abwehrhaltungen wird profitieren können. In Baden-Württemberg erzielte sie 15,1%, in Rheinland-Pfalz 12,6% und in Sachsen-Anhalt als zweitstärkste Partei sogar 24,3%. Nach ihrem Erfolg bei den Bundestagswahlen 2017 mit einem Ergebnis von 12,6% lässt sich eine längerfristige Etablierung in der Parteienlandschaft nicht mehr ausschließen. Bereits ihr vorheriges Abschneiden in Baden-Württemberg, einem Bundesland mit reichlich Erfahrung mit Parteien vom äußersten rechten Rand, kann zur Erklärung dieser Entwicklung aufschlussreiche Hinweise liefern.

Rechtsextreme und rechtspopulistische Wahlerfolge im Südwesten

Baden-Württemberg weist einen überdurchschnittlich hohen Lebensstandard und eine regelmäßig unterdurchschnittliche Arbeitslosigkeit auf. Der Südwesten zählt zu den wirtschaftsstärksten Regionen in Deutschland und Europa. Am bekanntesten ist sicherlich die Automobil- und Zulieferindustrie sowie der Maschinen- und Anlagenbau. Baden-Württemberg beheimatet weltweit bekannte Industriekonzerne wie Daimler, Bosch, ZF Friedrichshafen oder auch SAP sowie zahlreiche mittelständische Unternehmen, die in ihren Bereichen nicht selten Weltmarktführer, »hidden champions«, sind.

Auch politisch kennzeichnete das Bundesland über Jahrzehnte hinweg sehr stabile Verhältnisse. Von 1952, der Gründung des Bundeslandes, bis zur Landtagswahl 2011 stellte allein die CDU in unterschiedlichen

Koalitionskonstellationen den Ministerpräsidenten, mehrfach auch mit absoluter Mehrheit. Seit 2011 regiert als Ministerpräsident Winfried Kretschmann von den Grünen. Die Landtagswahl 2011 erfolgte im medialen Windschatten der Auseinandersetzungen um das Bahn- und Infrastrukturprojekt »Stuttgart 21« sowie des Reaktorunfalls in Fukushima. Die CDU sackte unter Ministerpräsident Stefan Mappus auf 39,0% der Wählerstimmen ab und lag damit deutlich hinter den gemeinsamen Stimmenanteilen von Grünen (24,2%) und SPD (23,1%). 2016 gelang dem amtierenden grünen Ministerpräsidenten Kretschmann mit 30,3% die Wiederwahl. Die Grünen gingen aus der Wahl als stärkste Partei hervor, während die CDU auf 27,0% und die SPD auf 12,7% abrutschten. Die AfD erzielte aus dem Stand 15,1%, gewann im Wahlkreis Mannheim I – vormals eine der wenigen SPD-Hochburgen im Land – sowie in Pforzheim das Direktmandat und zog mit 23 Abgeordneten in den Stuttgarter Landtag ein.

In der Geschichte Baden-Württembergs ist die AfD bereits die dritte Partei am äußersten rechten Rand, die die 5%-Hürde überspringen und damit in den Landtag einziehen konnte. 1968 kam die NPD auf 9,8%. Die in Teilen rechtsextremen Republikaner erzielten 1992 10,9% und wurden 1996 mit immerhin noch 9,1% wiedergewählt. Die Wahlerfolge der NPD zwischen 1966 und 1968, die damals auch in anderen Bundesländern Mandate erringen konnte, standen in Baden-Württemberg strukturell noch in der Tradition nationalsozialistischer Wahlerfolge. Die Rechtsextremen profitierten zudem von den gesellschaftlichen Polarisierungen durch die 68er-Bewegung, vom Schock über die erste Wirtschaftskrise im bisherigen Wirtschaftswunderland Deutschland sowie von der Tatsache, dass angesichts der Großen Koalitionen in Bonn und Stuttgart die politische Oppositionsrolle in Bund und Land unterbesetzt war.

Anders stellten sich die Erfolge der Republikaner in den 1990er Jahren dar. Überdurchschnittlich erfolgreich waren sie in Wahlkreisen mit einem hohen Anteil an produzierendem Gewerbe, bei Arbeitern, Gewerkschaftsmitgliedern, jüngeren Männern und Kirchenfernen. Katalysatorisch wirkten 1992 ein spürbarer Unmut über die in Bund und Land regierende CDU, nochmals angeheizt durch die seit Monaten ungelöste Asylproblematik, 1996 die von der SPD inszenierte Aussiedlerdebatte. Beide Themen ermöglichten es den Republikanern, mit mehr oder minder offen ausländerfeindlichen Positionen als Plattform für Unzufriedenheit zu punkten.

Besonders auffällig sind überdies die regionalen Unterschiede der Wahlerfolge der Republikaner. Eine stabile Verankerung gelang ihnen vor allem in den einstmals protestantisch-pietistisch geprägten Landesteilen Württembergs im Nordschwarzwald und in Nordwürttemberg rund um Stuttgart, aber auch in einzelnen katholischen Regionen Oberschwabens. Deutlich niedrigere Zustimmungswerte bekamen sie im katholisch-liberal geprägten Südbaden. Dies legt die Frage nach möglichen Besonderheiten der regionalen politischen Kulturen nahe. Vieles deutet darauf hin, dass der zunächst religiös begründete rigide moralische Anspruch in den traditionell pietistischen Gegenden zusammen mit der dort verbreiteten hohen sozialen Kontrolle in seiner säkularen Form die Ausprägung von stark gesinnungsethischen politischen Orientierungen befördert hat.

Im Einzelfall kann dies dann sowohl zu engagierter politischer Partizipation als auch zu Politikferne, zu Formen politischer Frustration bis hin zur Akzeptanz von dichotomen Freund-Feind-Wahrnehmungen führen. Kommt dann noch eine fehlende oder aufgeweichte parteipolitische Einbindung hinzu, bieten sich für autoritäre Politikforderungen und Sündenbocktheorien, zumal gepaart mit traditionell-konservativen Gesellschaftsbildern, vielfache Anknüpfungspunkte.

Die AfD bei der Landtagswahl 2016

Die Ausgangslage der Landtagswahl am 13. März 2016 war bestimmt durch zwei gegensätzliche Besonderheiten. Bundespolitisch dominierte die Flüchtlingsthematik. Befördert nicht zuletzt durch die massive, anhaltende öffentliche Kritik der CSU-Spitze an der Flüchtlingspolitik der Bundeskanzlerin Angela Merkel war mit einem Wahlerfolg der zentral auf die Instrumentalisierung von Fremdenängsten setzenden AfD zu rechnen. Zudem waren die CDU und gerade auch der baden-württembergische Spitzenkandidat Guido Wolf in der Bredouille, sich zwischen Merkel und Seehofer positionieren zu müssen. Durch die Entscheidung von Wolf, in der Endphase des Wahlkampfs öffentlich auf Distanz zum Merkel-Kurs zu gehen, verlor die CDU im größeren Umfang bürgerlich-liberale Wählerstimmen an Winfried Kretschmann und die Grünen.

Landespolitisch stellte sich die spannende Frage nach dem Abschneiden des grünen Ministerpräsidenten, der sich in den ersten fünf Regierungsjahren seit 2011 gerade auch in bürgerlichen Wählerkreisen eine enorme Reputation erworben hatte. Die Sensation eines zweiten Wahlsiegs war zunächst allerdings angesichts der strukturellen Vorteile der CDU in Baden-Württemberg nicht allzu wahrscheinlich. Die Kontroversen um die Flüchtlingspolitik eröffnete Kretschmann dann aber die erfolgreich genutzte Chance, sich im Land als verlässlicher Befürworter der liberalen Politik der Bundeskanzlerin zu präsentieren. Unterstützt durch einen perfekten Wahlkampf gelang ihm tatsächlich die Wiederwahl zum Ministerpräsidenten in Koalition mit der zweitplatzierten Union.

Die AfD inszenierte sich im Wahlkampf als Protestpartei gegen den etablierten Politikbetrieb. Sie profitierte von Überfremdungsängsten, die mit den Themen Flüchtlingszuzug, Asyl und Islam verbunden sind, und propagierte ein Gesellschafts- und Familienbild vergangener Jahrzehnte. Über zwei Drittel ihrer Wähler_innen nennen als Wahlmotiv den Wahltagsumfragen zufolge Unzufriedenheit mit den anderen Parteien, über 90% der AfD-Wähler_innen sehen die Partei näher an den Sorgen und relevanten Themen der Bürger. Überdurchschnittlich gewählt wurde die AfD von Männern, von Wähler_innen mittleren Alters und Personen mit formal geringerer Bildung. Hinsichtlich der regionalen Verteilung der AfD-Stimmenanteile gleichen diese am ehesten dem Muster der Erfolge der Republikaner. In den pietistisch-württembergischen Wahlkreisen konnte die AfD besser abschneiden als im katholisch-badischen Südwesten.

Hinzu kommt allerdings, dass die AfD eine auffällig große Unterstützung in einzelnen Stimmbezirken mit hohem Anteil von Spätaussiedlern aus dem russischen Sprachraum mobilisieren konnte, die in großen Teilen in den frühen 1990er Jahren nach dem Zusammenbruch der UdSSR nach Deutschland gekommen waren. In entsprechenden Stadtteilen in Pforzheim, Lahr, Villingen-Schwenningen, Ulm oder auch Mannheim bekam die AfD bis zu 40%, in Pforzheim und Mannheim I gelang gerade auch mit Unterstützung der Russlanddeutschen der Gewinn des Direktmandats. Nicht wenige dieser seit etwa 25 Jahren in Deutschland lebenden Spätaussiedler fühlen sich hier bis heute nicht vollständig akzeptiert und integriert. Bezeichnenderweise haben russischsprachige Medien bei diesen Gruppen einen nach wie vor hohen Verbreitungsgrad. Bei vielen herrscht zudem ein sehr konservatives Geschlechter- und Familienbild vor, was die traditionell engen Verbindungen zur Union aufgrund der gesellschaftspolitischen Neuausrichtung der CDU unter Merkel hat in Teilen erodieren lassen. Die ankommenden Flüchtlinge werden weithin als Bedrohung und Konkurrenz erlebt. In dieser Situation stößt die AfD – übrigens mit Wahlwerbung in Deutsch und Russisch – mit ihren Forderungen nach einem sofortigen Flüchtlingsstopp und ihrem konservativen Familien- und Gesellschaftsbild, inklusive einer latenten Homophobie und der Polemisierung gegen eine Politik der Gleichstellung von Frauen, auf große Resonanz.

Im öffentlichen Auftreten hat die AfD in Baden-Württemberg geschickt eine große Bandbreite unterschiedlicher Wählergruppen von bürgerlichen Unzufriedenen bis hin zu politischen Extremisten angesprochen. Sie praktizierte dieselbe Doppelstrategie, wie sie auch im Bund immer wieder zu beobachten ist. Der AfD-Spitzenkandidat Jörg Meuthen, Professor an einer Fachhochschule für öffentliche Verwaltung im Land, gab sich betont bürgerlich in Anzug und Krawatte und vermied offen ausländerfeindliche oder gar rassistische Parolen. Diese erfolgten von regionalen Vertretern seiner Partei etwa mit Kontakten zu rechtsextremen Submilieus wie der Identitären Bewegung oder auch bei Gastauftritten des öffentlich die Grenze zum Rechtsextremismus immer wieder überschreitenden Björn Höcke aus Thüringen. Wie bereits bei der Europawahl 2014 unterschied sich somit die Wahlkampfstrategie der AfD auch bei diesen Landtagswahlen nach Ost und West – in Baden-Württemberg gab sich die AfD nach außen bürgerlich moderat, in Sachsen-Anhalt hatte sie sehr viel offener eine ausländerfeindliche Ausrichtung.

Die Landtagsabgeordneten der AfD in Baden-Württemberg sind öffentlich bislang vor allem durch ihre fraktionsinternen Auseinandersetzungen aufgefallen. Schon wenige Wochen nach Beginn der Legislaturperiode eskalierte der Streit um die Faktionsmitgliedschaft des AfD-Abgeordneten Wolfgang Gedeon wegen seiner antisemitischen Positionen. Der Fraktionsvorsitzende Meuthen betrieb erfolglos dessen Parteiausschluss, was im Juli 2016 zur zeitweiligen Spaltung der AfD-Fraktion im Landtag führte. In die Auseinandersetzung griff auch Frauke Petry ein, die zu dieser Zeit zusammen mit Meuthen als Bundessprecherin der AfD amtierte und bezeichnenderweise wiederum mit ihrem Co-Sprecher in öffentliche Auseinandersetzungen verstrickt war. Nachdem die beiden Fraktionen im Herbst 2016 ihre Spaltung überwinden konnten, endeten die Auseinandersetzungen um die Haltung zu fremdenfeindlichen und rechtsextremen Haltungen jedoch keineswegs. Austritts- und Ausschlussdiskussionen von oder über einzelne

Fraktionsmitglieder der AfD bestimmen immer wieder die öffentliche Präsenz der Partei. Auch wenn die AfD-Fraktion im ersten Jahr ihrer parlamentarischen Repräsentanz knapp 300 kleine Anfragen auf den Weg gebracht hat – teilweise zur eigenen Information, teilweise als parlamentarisches Kampfinstrument –, so ist sie dennoch bislang den öffentlichen Nachweis, ernsthafte und konstruktive parlamentarische Arbeit zu betreiben, schuldig geblieben.

Hat die AfD eine Chance auf längerfristige Etablierung im Parteiensystem?

Bislang hat die AfD Erfolg als Sammelbecken für unterschiedlichen Protest. Zum einen bündelt sie die Unzufriedenheit bürgerlich-konservativer Wählergruppen, die ihren christdemokratischen Identifikationskern durch den gesellschaftspolitischen Modernisierungskurs der Bundeskanzlerin Angela Merkel zunehmend infrage gestellt sehen.

Diese Modernisierungsskeptiker sehen den unter Merkel erfolgten Ausbau der Kleinkinderbetreuung als Bedrohung ihres traditionellen Familienbilds. Die Abschaffung der Wehrpflicht, der Atomausstieg, die Klimaschutzpolitik und die schrittweise Gleichstellung gleichgeschlechtlicher Lebensgemeinschaften werden aus dieser Sicht als abzulehnende Zugeständnisse an einen grünen Zeitgeist gebrandmarkt. Nicht zuletzt steht die liberale, humane Flüchtlingspolitik 2015/16 von Merkel im direkten Gegensatz zur jahrzehntelang propagierten, in der Sache dennoch keineswegs zutreffenden Selbstvergewisserung konservativer Wählerkreise: »Deutschland ist kein Einwanderungsland«.

Zum Zweiten ist es der AfD gelungen, über bürgerliche Kreise hinaus in rechtspopulistische und auch rechtsextreme Wählerkreise einzudringen und die bisherigen Parteien am äußersten rechten Rand politisch zu marginalisieren. Seit Jahren beherrscht die Führungsriege der AfD die Doppelbödigkeit politischer Positionierungen und Forderungen, zum einen rechtsextreme Gruppen direkt anzusprechen, zum anderen sich als vermeintliches Opfer überinterpretierender Medien davon aber auch wieder zu distanzieren. Die Inszenierung dieser vermeintlichen Opferrolle wiederum belegt für die eigenen Anhänger die von der AfD verbreiteten Verschwörungs- und Sündenbock-Theorien hinsichtlich des sogenannten politischen Establishments und der Medien.

Eine dritte relevante Wählergruppe besteht aus grundsätzlich politisch Unzufriedenen und Protestierenden gegen die Verfahrensweisen und Kompromisse des demokratisch-pluralistischen Politikbetriebs. Je nach politischer Gelegenheitsstruktur waren solche Wähler_innen zu anderen Zeiten auch schon mal bei anderen Protestparteien wie den Grünen in deren Anfangszeiten, der Linkspartei, den Piraten oder auch anderen rechten Kleinstparteien zu finden.

Die nachhaltige Etablierung der AfD im Parteiensystem wird aller bisherigen Erfahrung nach erstens in besonderer Weise davon abhängen, ob sie sich zur Bindung ihrer bürgerlich-konservativen Wähler_innen glaubhaft gegenüber rechtsextremen Positionen abgrenzen kann. Zumindest im Westen der Republik war dies bislang eine unverzichtbare Voraussetzung. Dementsprechend hatten die AfD und Jörg Meuthen den baden-württembergischen Landtagswahlkampf 2016 noch mit einem bemüht bürgerlichen Image geführt. Die anhaltenden Auseinandersetzungen in der AfD-Landtagsfraktion allerdings zeigen, dass eine kompromisslose Abgrenzung gegenüber rechtsextremen Positionen keineswegs von allen Fraktionsmitgliedern geteilt wird.

Darüber hinaus sind zwischenzeitlich etliche Querverbindungen von Meuthen und Teilen seiner Landtagsfraktion zum Rechtsextremismus offen zutage getreten. Verschiedene Fraktionsmitarbeiter – ob parlamentarischer Berater, persönlicher Referent oder auch Pressesprecher – weisen eine politisch zweifelhafte, zum Teil rechtsextreme Vergangenheit auf. Zum Beispiel beendete der neue Fraktionssprecher laut unwidersprochenen Medienberichten einen Brief an die AfD-Fraktion im Landtag mit »fröhlichen rechtspopulistischen Grüßen in die Runde«. Und auch an anderer Stelle ist Meuthen von seiner vormals herausgestellten Distanz zum rechtsextremen Milieu abgerückt. In den heftigen, selbstzerfleischende Züge annehmenden Auseinandersetzungen mit seiner damaligen Co-Vorsitzenden Frauke Petry – die ihrerseits den öffentlichen Schulterschluss etwa mit Marine Le Pen und Geert Wilders suchte – hat sich Jörg Meuthen unter anderem mit Björn Höcke gegen sie verbündet, der wiederholt durch rassistische Äußerungen aufgefallen ist und so etwas wie den Brückenkopf der AfD ins rechtsextreme Milieu darstellt.

Zweitens, Proteststimmungen haben eine vergleichsweise kurze Halbwertszeit, dann zieht die Protestkarawane weiter. Will die AfD ihre Erfolge verstetigen, erfordert dies einen für die Öffentlichkeit nachvollziehbaren Wandel von einer Protest- zur Programmpartei, die dann wegen ihrer inhaltlichen Positionen und eben nicht aus Protest gegen andere Parteien gewählt wird. Diesen Wandel haben in der Geschichte der Bundesrepublik bislang allerdings nur die seinerzeit ebenfalls als Protestpartei gegründeten Grünen erfolgreich bewältigt. Notwendig hierfür sind nicht nur konstruktive inhaltlich-programmatische Vorstellungen. Unverzichtbar ist auch eine Professionalisierung des gesamten Führungspersonals. Neue aussichtsreiche Protestparteien sind häufig attraktiv für machtbewusste, teilweise auch egomane, selbstverliebte Persönlichkeiten mit einem unterentwickelten Gespür für die Notwendigkeiten zum politischen Kompromiss und zum geschlossenen Auftreten. Genau an diesem Punkt sind zuletzt die Piraten gescheitert. Deren Führungsriege verstrickte sich immer tiefer im erbitterten gegenseitigen Konkurrenzkampf, anstatt zu demokratischen Spielregeln des erfolgreichen Aushandelns und einer gemeinsamen Linie zu finden. Die bislang heftigen und anhaltenden Auseinandersetzungen zwischen den Führungspersönlichkeiten der AfD (siehe etwa den Austritt Petrys und Pretzells aus der Partei nach der Bundestagswahl 2017) belegen, dass auch diese Partei noch einen weiten Weg zur erfolgreichen politischen Professionalität zurückzulegen hat. Parteien mit erkennbaren persönlichen Intrigen und Anfeindungen – nicht zu verwechseln mit innerparteilicher Lager- oder Flügelbildung – haben bislang jedenfalls in Deutschland mittelfristig noch nie Erfolg gehabt.

Und dennoch hat die AfD eine Chance, nicht zuletzt befördert durch ihren erfolgreichen Einzug in den Deutschen Bundestag. Das Beispiel Baden-Württemberg zeigt, dass es Gruppen und Milieus in unserer Gesellschaft gibt, die sich schwer tun mit veränderten gesellschaftlichen Realitäten, die mit den alten nationalstaatlichen Rezepten die aktuellen Probleme der Globalisierung und der internationalen Bedrohung meinen in den Griff bekommen zu können und die eine enorme Resistenz gegenüber politischen Veränderungsprozessen aufweisen. Die Reformen der CDU unter der Vorsitzenden Angela Merkel haben manche Wählergruppen überfordert und verunsichert, teilweise auch parteipolitisch fast schon heimatlos zurückgelassen. Genau um diese Wählerpotenziale haben sich alle demokratischen Traditionsparteien in ihrer Konzentration auf die vermeintlich wahlentscheidenden modernen Mittelschichten in den letzten Jahren viel zu wenig gekümmert. Gelingt es nicht, auch diese Gruppen für anstehende Veränderungen zu gewinnen, werden sie sich weiter von den etablierten Parteien abwenden. Bislang war Deutschland im Vergleich zu vielen europäischen Nachbarländern eine stabile Parteiendemokratie. Es liegt an den demokratischen Parteien, das Vertrauen in ihre Fähigkeiten zum Erkennen, Diskutieren und Lösen der anstehenden Probleme zu erhalten.

Literatur

Eith, Ulrich (2015): Baden-Württembergs Parteiensystem im Wandel, in: Der Bürger im Staat, Heft 4: Fünf Jahre Rot-Grün, 65. Jg., S. 248-255.

Eith, Ulrich (2015): Von Wyhl bis Karlsruhe – Bürgerproteste, Neue Soziale Bewegungen und die Gründung der Grünen, in: Gassert, Philipp/Weber, Reinhold (Hrsg.): Filbinger, Wyhl und die RAF. Die Siebzigerjahre in Baden-Württemberg. Schriften zur politischen Landeskunde Baden-Württembergs Bd. 42, Stuttgart, S. 110-132.

Eith, Ulrich (2003): Die Republikaner in Baden-Württemberg. Mehr als nur populistischer Protest, in: Werz, Nikolaus (Hrsg.): Populismus, Opladen, S. 243-261.

Eith, Ulrich (2001): Regierungsperioden und politische Dominanz in Baden-Württemberg: Die CDU als »Landespartei«, in: Hirscher, Gerhard/Korte, Karl-Rudolf (Hrsg.): Aufstieg und Fall von Regierungen, München, S. 249-277.

Forschungsgruppe Wahlen (2017): Wahl in Baden-Württemberg. Eine Analyse der Landtagswahl vom 13. März 2016, Mannheim.

Sold, Rüdiger (2017): Rechtsextremismus in der AfD. Mehr als ein Geschmäckle, faz.net 2017 (www.faz.net/aktuell/politik/inland/afd-mitarbeiter-mit-zweifelhafter-vergangenheit-15076937.html, zuletzt abgerufen 30.6.2017).

Vahrenkamp, Robert/Wegschaider, Klaudia (2017): Populäre Wahlen. Mobilisierung und Gegenmobilisierung der sozialen Milieus bei der Bundestagswahl 2017, Gütersloh.

Wenzel, Uwe/Rosenzweig, Beate/Eith, Ulrich (2015): Rechter Terror und Rechtsextremismus. Aktuelle Erscheinungsformen und Ansätze der politischen Bildungspraxis, Schwalbach.

Jan König/Mirko Kurmann

Wie erklärt sich der Erfolg der AfD im ländlichen Raum?

Rechtspopulismus in Mecklenburg-Vorpommern

2016 erreichte die rechtspopulistische Partei Alternative für Deutschland (AfD) 20,8% aller gültigen Stimmen zur Wahl des Landesparlaments in Mecklenburg-Vorpommern (MV) – kaum mehr als drei Jahre nach der Gründung des dortigen Landesverbands (Geisler/Jacobsen 2016). Als zweitstärkste Fraktion überholte sie damit die CDU im Schweriner Landtag und stellt nominell die Oppositionsführung, mit unklarem Ausgang für die politische Kultur im Nordosten Deutschlands. Bei einer genaueren Betrachtung der Wählerschaft offenbart sich nicht das »eine« AfD-Wählerprofil, wenngleich Männer mittleren Alters aus dem Arbeitermilieu in der Wählerschaft überrepräsentiert sind (Müller/Rohalf 2016: 49). Bemerkenswert ist, dass die größte Wählerwanderung aus dem Milieu der Nichtwähler stammt und dass insbesondere die ländlichen Regionen des Landes für die AfD votieren (ebd.). Wie erklärt sich dieser Erfolg für die AfD, bzw. der von ihr vertretenen rechtspopulistischen Inhalte, im ländlichen Raum Mecklenburg-Vorpommerns?

Dieser Frage wird im Folgenden nachgegangen. Dafür wird auf das theoretische Modell der politischen Gelegenheitsstrukturen und deren Anwendung auf rechtspopulistische Parteien durch Cas Mudde zurückgegriffen (Mudde 2007: 232). Solche Gelegenheitsfenster bezeichnen Anreizpunkte für kollektives Handeln im politischen System (ebd.: 233). Mudde identifiziert institutionelle, parteipolitische und kulturelle Gelegenheitsstrukturen, die helfen können, den Wahldurchbruch von rechtspopulistischen Parteien zu verstehen (ebd.: 255). Institutionelle Gelegenheitsstrukturen beziehen sich dabei auf formale Begebenheiten, wie das Wahl-, Parteien- oder föderale System. Je niedrigschwelliger die Hürden, desto mehr Gelegenheitsfenster existieren. Parteipolitische Gelegenheitsstrukturen betreffen die Besetzung von Themen in der politischen Arena. Sofern eine neue Partei ein bisher nicht besetztes Thema aufgreift und dies in den Augen der Wähler zu »ihrem« Thema machen kann, ist auch dies ein Gelegenheitsfenster. Kulturelle Gelegenheitsstrukturen betreffen die politische Kultur in einem geographischen Raum. Wenn beispielsweise rechtspopulistische Akteure keiner Stigmatisierung durch politische Gegner ausgesetzt sind, kann auch dies der Partei helfen (ebd.: 233). Hier aufbauend fügen Nestler und Rohgalf die Ebene der diskursiven Gelegenheitsstrukturen hinzu, die sich auf in der Gesellschaft und den Medien geführte Diskurse beziehen (Nestler/Rohgalf 2014: 391).

Hier wird die Leitthese verfolgt, dass die AfD mehrere solcher Gelegenheitsstrukturen in MV vorfinden und nutzen konnte, was zu ihrem Wahlerfolg führte. Konkret bedeutet dies, dass die Partei Sorgen des ländlichen Raumes ansprach und große diskursiv behandelte Themen, wie die Ankunft vieler Geflüchteter in den Jahren 2015 und 2016 im ländlichen Raum Mecklenburg-Vorpommerns parteipolitisch vereinnahmen konnte.

Zur Bearbeitung von Leitfrage und Leitthese ist eine Erläuterung notwendig, was hier unter Rechtspopulismus bzw. rechtspopulistischen Parteien verstanden wird. Die von uns im Beratungskontext angewendete Definition besagt, dass Rechtspopulismus eine Strategie bzw. Ideologie darstellt, deren zentrales Merkmal darin besteht, andere politische Akteure als korrupte Elite zu diskreditieren und sich selbst als die einzige moralische Vertretung des »unterdrückten Volkswillens« zu betrachten. Zusätzlich zu diesem moralischen Alleinvertretungsanspruch konstruieren Rechtspopulist_innen die Idee eines einheitlichen Volkes, welches durch äußere Einflüsse, beispielsweise Asylsuchende, in Gefahr gebracht wird. Politische Parteien, die diese Strategie bzw. Ideologie systematisch verfolgen, werden in der Konsequenz als rechtspopulistisch identifiziert. Konkret gilt dies für die Alternative für Deutschland.

Strukturelle Probleme des ländlichen Raums und dessen Idealisierung durch die AfD

Die OECD beschreibt die am gängigsten benutzte Definition für den ländlichen Raum als Landkreise mit weniger als 150 Einwohner_innen pro Quadratkilometer (OECD 2007: 33), was auf den überwiegenden Teil Mecklenburg-Vorpommerns zutrifft. Allerdings lässt dieser Definitionsansatz keine Rückschlüsse auf die politisch-kulturellen Begebenheiten zu. So existiert im sozialen Nahraum von ländlichen Räumen häufig eine spezifische politische Kultur, die sich von städtischen Gebieten unterscheidet. Zunächst sind ländliche Räume, insbesondere in Mecklenburg-Vorpommern, ethnisch sehr homogen geprägt. Dies zeigt sich z.B. an der Ausländerquote im Bundesland, die lange Zeit unter 2% lag (StatA MV 2016: 4). Weiter existiert aufgrund der geringeren Bevölkerungsdichte eine weitaus schwächer ausgeprägte Anonymität im sozialen Umgang miteinander und daraus folgend ausgeprägte personelle Überschneidungen in beruflichen Kontexten, Personenämtern und Vereinstätigkeiten. In der Folge ist es möglich, dass sich in solchen ländlichen Strukturen sogenannte Etabliertenvorrechte und hierarchische Beziehungen von länger eingesessenen Bürgern gegenüber später zugezogenen Menschen herausbilden (Wichmann 2011: 22). Bei der Auseinandersetzung mit rechtsextremen Vorfällen kann die Präferenz entstehen, diese intern zu regeln oder sogar zu verdrängen (ebd.: 22). Für die Gemeinwesenberatung gegen Rechtsextremismus stellen solche Mechanismen eine Herausforderung dar. In der Folge können sich rechtsextreme Machtansprüche und sogar Vormachtstellungen herausbilden. Dies gilt insbesondere für Mecklenburg-Vorpommern, das seit Jahrzehnten mit heftigen rechtsextremen Ansiedlungsstrategien konfrontiert ist (Röpke 2015: 190).

Auch auf der Makroebene existieren im ländlichen Raum spezielle Herausforderungen und Problemlagen. Die Soziologin Claudia Neu (2016) spricht hier von ökonomischen Strukturschwächen, ausgeprägter Langzeitarbeitslosigkeit und negativen Auswirkungen des demografischen Wandels auf die ländlichen Regionen. Dies gilt in besonders dramatischer Weise für Mecklenburg-Vorpommern als das ländlichste Bundesland Deutschlands, das seit der Wiedervereinigung ca. 14% seiner Bevölkerung verloren hat (Regierung MV 2017). Verschärfend kommt hinzu, dass dieser Abwanderungsprozess insbesondere die Bevölkerungsschichten im arbeitsfähigen Alter betrifft. Ein Drittel der mecklenburgisch-vorpommerschen Bevölkerung lebt mittlerweile in Rente (ebd.). Die Administrative reagierte auf die Herausforderungen des demografischen Wandels mit zwei Kreisgebietsreformen, welche die 1994 noch 35 Landkreise auf mittlerweile sechs Landkreise und zwei kreisfreie Städte zusammenkürzte (Klüter 2017: 3). In der Folge entstanden Landkreise mit einer mitunter dreistelligen Anzahl an Gemeinden, die der Leiter des Forschungsbereiches Regionale Geographie an der Universität Greifswald als demokratisch unregierbar beschreibt (ebd.: 28). Zusätzlich entfernten sich so die konkreten Machtzentren und Ansprechpartner räumlich von vielen ansässigen Bürgern und ließen die Möglichkeiten partizipativer Rückkopplung schrumpfen. Daniel Trepsdorf als Leiter des Regionalzentrums für demokratische Kultur Westmecklenburg spricht hier von einer »Demokratie-Entleerung«, die rechtspopulistische Akteure stärken kann (Ackeret 2016).

Diese konkreten Herausforderungen können parteipolitische Gelegenheitsstrukturen darstellen, sofern sie von einer (neuen) Partei aufgegriffen und thematisch vereinnahmt werden. Insbesondere die Kreisgebietsreform und die anhaltend hohe Arbeitslosigkeit stellen Chancen für eine sich etablierende, rechtspopulistische Oppositionspartei wie die AfD dar.

Bei der Betrachtung des Wahlprogramms der AfD MV zur Landtagswahl 2016 fällt jedoch auf, dass diese Themen eher randständig und wenig konkret erwähnt werden. In insgesamt 142 Forderungspunkten wird der ländliche Raum nur drei Mal explizit erwähnt. So wird eine bessere Investition in die Infrastruktur, insbesondere der Breitbandzugänge, des ländlichen Raumes gefordert und die Stärkung der Kommunen angemahnt (AfD MV 2016: 11, 16, 20). Konkrete Inhalte und Konzepte bleiben jedoch aus, ebenso finden die oben angesprochenen Themen von Kreisgebietsreform bis demografischer Wandel keine Erwähnung. Stattdessen findet sich als positiv konnotierter Gegenentwurf eine implizite Idealisierung des (ländlichen) Zusammenlebens in MV durch die Hervorhebung von Begriffen wie Heimat, Heimatliebe, Kulturlandschaft, Tradition und Gemeinschaftsleben in »schönen Dörfern« (ebd.: 11). Auch im Wahlkampf vor Ort wurden die obigen Themen eher unterschwellig behandelt.

Ausnahmen bildeten die an den Landwirten ausgerichtete Forderung zur Aufhebung der EU-Sanktionen gegenüber Russland (Kamann/Sturm 2016) und insbesondere die versuchte Vereinnahmung der Bürgerproteste gegen die Schließung der Kinderklinik in Wolgast in Vorpommern, die als stellvertretend für den stetigen Verlust an Infrastruktur in der Region angesehen wurde. Der dortige Direktkandidat Ralph Weber sprach dabei von einer »besonders schlechten Behandlung« der Region (Spanhel 2016) und versuchte so, das Thema parteipolitisch zu vereinnahmen.

Dennoch zeigt sich, dass die konkreten Themen und Herausforderungen des ländlichen Raumes in Mecklenburg-Vorpommern kein zentrales Thema des AfD-Wahlkampfes bildeten. Stattdessen fokussierte die Partei ihre Kampagne auf die Debatte um die »Flüchtlingskrise« und deren Auswirkungen auf die Region.

Die thematische Vereinnahmung der »Flüchtlingskrise« im Kontext des ländlichen Raums

Die Ankunft vieler geflüchteter Menschen in den Jahren 2015 und 2016 führte zu einer breiten gesellschaftlichen Debatte in Gesellschaft und Medien, während bei den sogenannten etablierten Parteien ein weitgehender Konsens im Umgang mit dieser »Krise« bestand. Im Kontext der politischen Gelegenheitsstrukturen zeigen sich entsprechend sowohl parteipolitische als auch diskursive Opportunitäten, um Wähler für eine rechtspopulistische Partei zu mobilisieren.

Konkret nutzte die AfD in Mecklenburg-Vorpommern dieses Gelegenheitsfenster bei der Landtagswahl 2016 und baute ihren Wahlkampf überwiegend auf das Themenfeld Flucht und Asyl auf, um dieses für sich zu vereinnahmen. Dieses Erklärungsmuster für den Erfolg der AfD findet sich auch in den Wahlanalysen nach der Landtagswahl in MV (Forschungsgruppe Wahlen 2016). Darüber hinaus spielen Besonderheiten und spezifische Rahmenbedingungen des ländlichen Raums in MV eine nicht zu unterschätzende Rolle.

Wie oben erwähnt, kann die politische Kultur im ländlichen Raum spezifische Andockpunkte für rechtes Gedankengut bieten. Auf dieser Grundlage haben sich in MV seit Jahren rechtsextreme Strukturen in der Politik und im sozialen Raum verankert (Röpke 2015). Diese gut vernetzte Szene instrumentalisierte bereits in den Jahren vor der »Flüchtlingskrise« öffentlichkeitswirksam das Themenfeld Asyl (Endstation Rechts 2013). So betrieben rechtsextreme Akteure, speziell die NPD, in den Jahren 2013 und 2014 eine gezielte »Antiasylkampagne«. Zudem führte die NPD-Landtagsfraktion unter anderem 2013 und 2014 jeweils eine Kundgebungstour zum Thema Asyl in verschiedenen Orten in MV durch. Dabei wurde immer wieder von rechtsextremen Akteuren versucht, lokale Proteste gegen Flüchtlingsunterkünfte zu bestärken oder gegebenenfalls selbst zu initiieren (Abteilung Verfassungsschutz 2013: 64ff.). Ebenfalls im Jahr 2013 gab die NPD einen von ihrem Landtagsabgeordneten Michael Andrejewski geschriebenen »Leitfaden zum Umgang mit Asylanten in der Nachbarschaft« heraus, welcher im Zuge der Kommunalwahl flächendeckend in Vorpommern verteilt wurde (Andrejewski 2013).

Mit Beginn des Jahres 2015 fokussierte sich die rechtsextreme Szene in Mecklenburg-Vorpommern bei Demonstrationen und in der Agitation fast ausschließlich auf das Thema Geflüchtete. Es folgte im Laufe des Jahres ein wahrhafter Demonstrations- und Aufmarschmarathon, bei dem eine weit höhere Mobilisierung als in den Jahren zuvor erreicht werden konnte (Abteilung Verfassungsschutz 2015: 18). So fanden im Herbst und Winter 2015 in den Landkreisen Ludwigslust-Parchim, Nordwestmecklenburg und der kreisfreien Stadt Schwerin durchschnittlich zwei bis drei rechtsextreme Demonstrationen pro Woche statt. Die NPD trat aufgrund des laufenden Verbotsverfahrens nur selten explizit als Partei in Erscheinung. Ein großer Teil der Demonstrationen wurde unter dem Label »MVgida« oder vermeintlich eigenständiger regionaler Gruppen wie z.B. »Wismar wehrt sich« durchgeführt. Durch die hohe Anzahl rechtsextremer Veranstaltungen gerade auch in kleinen Städten und Dörfern wurde die politische Debatte um die »Flüchtlingskrise« an vielen Orten in Mecklenburg-Vorpommern zusätzlich aufgeladen und zugespitzt. Dies führte zu einer zunehmenden Politisierung, insbesondere in den ländlichen Gemeinwesen. Diese Entwicklung geschah bis dahin weitgehend ohne Zutun der AfD.

Die AfD begann ab 2015, ihren thematischen Fokus immer stärker auf das Themenfeld Flucht und Asyl zu legen. Damit konnte sie sowohl in der Wahl der Themen als auch in der Art der Ansprache die von der rechtsextremen Szene gesetzten Impulse aufgreifen und von den dabei geschürten Vorurteilen profitieren. Überspitzt formuliert brauchte die AfD das Thema Flucht und Asyl in MV nicht selbst auf die Straße zu tragen. Sie konnte sehr erfolgreich als direkte Nutznießerin die geschürte Stimmung durch die rechtsextreme Szene aufnehmen, sich selbst in die Reihe der »harten Asylkritiker« stellen und sich bei einer formalen Abgrenzung von offen neonazistischen Gruppierungen als rechts-konservative Alternative mit einem »bürgerlichem Habitus« zur NPD profilieren. Dementsprechend stellte sich die AfD auch personell so auf, dass sie sowohl für Menschen mit einem rechtsextremen und völkischen als auch für solche mit einem bürgerlich-konservativen Weltbild Identifikationsfiguren anbot. Der Greifswalder Juraprofessor Ralph Weber, der zum nationalistisch-völkischen Flügel der Partei gezählt wird und mit rechtsextrem aufgeladenen Ausdrücken wie »Schuldkult« oder »Deutschland den

Deutschen« hantiert, kann als personelles Angebot an Wähler_innen am rechten Rand verstanden werden (Pergrande 2017; Cruzcampo 2017). Udo Pastörs, Landesvorsitzender der NPD in MV, stellte daher auch mit Bezug auf den Wahlkampf der AfD fest: »Viele Wählerinnen und Wähler sind jedoch den Verführungen erlegen, einer sogenannten Alternative für Deutschland ihre Zustimmung zu geben. Einer Partei, die eins zu eins nahezu alle Wahlkampfthemen unserer NPD zum Teil wörtlich abgeschrieben zu Markte getragen hat.« (Speit 2016: 42) Der bewusste Verzicht der NPD auf Direktkandidaten bei der Wahl spielte der AfD zusätzlich in die Hände. Dazu der NPD-Europaabgeordnete Udo Voigt: »So können wir der AfD zu mehr Direktmandaten verhelfen.« (Jansen 2016) Dies öffnete die parteipolitische Gelegenheitsstruktur für die AfD MV noch weiter, da sie damit die Opposition zum Umgang mit der »Flüchtlingskrise« völlig für sich vereinnahmen konnte.

Nun war der Anteil von Menschen mit Migrationshintergrund in Mecklenburg-Vorpommern 2015 mit etwa 5% immer noch sehr gering (Statistisches Bundesamt 2015: 44). Auch die Zahl der 2015 und 2016 nach MV gekommenen Geflüchteten ist mit weniger als 30.000 im Bundesvergleich sehr niedrig (BAMF 2015: 5). In diesem Kontext mag der Wahlerfolg der AfD, deren Fokus auf einer Angst vor Überfremdung durch Migration und Geflüchtete lag, widersprüchlich erscheinen. Am Ende erhielt sie drei Direktmandate in den ländlich geprägten Regionen Vorpommerns. Demnach scheint gerade der ländliche Raum eine ideale Projektionsfläche für das Schüren von irrationalen Überfremdungsängsten durch Rechtspopulisten zu bieten.

Die wiederholt belegte Kontakthypothese besagt, dass häufiger Kontakt und Austausch zu Mitgliedern anderer Gruppen die Vorurteile gegenüber dieser Gruppe reduzieren (van Dick 2014: 924). Im Umkehrschluss kann daraus gefolgert werden, dass dort, wo wenige Menschen einer Minderheit leben, Vorurteile gegenüber diesen gut gedeihen können. Wie bereits angedeutet, sind viele ländliche Gemeinwesen Mecklenburg-Vorpommerns ethnisch homogen geprägt. Vor der »Flüchtlingskrise« lebten dort nur sehr wenige Menschen mit Migrationshintergrund. Dies bot rechtspopulistischen und rechtsextremen Politiker_innen die Möglichkeit im Wahlkampf, ein mit deutlich negativen Assoziationen behaftetes Bild der geflüchteten Menschen zu zeichnen und damit Ängste zu generieren. So stellte Jürgen Falter zum Wahlerfolg der AfD in MV fest: »Ausländerfeindlichkeit funktioniert auch ohne Ausländer. (...) Diese

Wähler benötigen gar keine Konfrontation mit ihrem Feindbild. Sie müssen nur unterstellen, dass es zu einer Konfrontation kommen könnte.« (zitiert nach Hillenbrand 2016).

Hinzu kam, dass in vielen ländlichen Regionen den Alteingesessenen die ankommenden Geflüchteten umso stärker auffielen, je weniger Menschen mit Migrationshintergrund bereits vor Ort lebten. Bei Bürgerversammlungen und vom Regionalzentrum für demokratische Kultur Westmecklenburg organisierten Veranstaltungen zum Thema Flucht und Asyl wurde immer wieder die Einschätzung durch vor Ort lebende Menschen eingebracht, man halte die offiziellen Daten der Landkreise oder der Kommune zur Zahl der Geflüchteten für falsch. Die Zahlen deckten sich nicht mit ihren Beobachtungen, so die gängige Argumentation. Im Laufe des Jahres 2015 driftete die individuelle Wahrnehmung der Auswirkungen der »Flüchtlingskrise« immer stärker von den tatsächlichen Gegebenheiten in der Region ab. Unter diesen Umständen konnte eine »Massenimmigration« durch Geflüchtete und die Gefahr einer Überfremdung auch und gerade in MV durch die AfD im Wahlkampf erfolgreich konstruiert werden. Die diskursiven Gelegenheitsstrukturen (also der oben ausgeführte Diskurs) wurden erfolgreich von der Partei genutzt und parteipolitisch vereinnahmt.

Darüber hinaus spielte die AfD im Wahlkampf bewusst mit dem geringen Migrationsanteil. So wurden die vielfältig im Parteiprogramm verwendeten positiv-konnotierten Begrifflichkeiten zu Kultur, Tradition und Heimat als schützenswertes Alleinstellungsmerkmal des Bundeslandes im Wahlkampf eingebunden. Der ehemalige stellvertretende Fraktionsvorsitzende der AfD, Holger Arppe, der bis August 2017 im Amt war, sagte dabei: »Diese [gemeint sind die Ostdeutschen, Anmerkung der Autoren] sind mitnichten rechtsradikal, sondern wollen in ihrer Heimat keine Verhältnisse wie in Berlin, Hamburg oder Nordrhein-Westfalen. Eine solche strikte Ablehnung des Multikulti-Irrsinns ist den Deutschlandhassern in den Blockparteien natürlich ein Dorn im Auge. (...). Genau darum ist ein Erfolg der AfD so wichtig. Sie ist das Bollwerk gegen die Zerstörung unserer kulturellen Identität ...« (Arppe 2017). Hier wird suggeriert, dass seitens des Wählers nur die AfD die »traditionale Kulturregion« in Mecklenburg und Vorpommern schützen könne, um vermeintlich negative Verhältnisse wie in Hamburg oder Berlin abzuwenden. Diese Aussage stellt den diskursiven Versuch dar, den ländlichen Raum zu idealisieren und als Gegenentwurf zur durch »Multikulti« verkommenen Großstadt zu konstruieren. Die Vereinnahmung der Asyl-Thematik in Verbindung mit dieser Idealisierung der durch Eliten und »Fremde« bedrohten ländlichen Region offenbart einen zentralen Anhaltspunkt für den konkreten Wahlerfolg der AfD in den ländlichen Gebieten zwischen Elbe und Stettiner Haff. Die genutzten diskursiven und parteipolitischen Gelegenheitsstrukturen in diesem Kontext wurden vereinnahmt und erklären, wieso die Partei sich erfolgreich als Protestoption für die Menschen vor Ort etablieren konnte.

Fazit: Die Förderung von demokratischer Kultur und von Partizipationsmöglichkeiten im ländlichen Raum darf nicht aus den Augen verloren werden. Nur durch ein aktives partizipatives Einbinden der Menschen vor Ort kann den Gelegenheitsstrukturen für rechtspopulistische Akteur_innen entgegengetreten werden.

Literatur

Abteilung Verfassungsschutz (2013): Verfassungsschutzbericht 2013, Schwerin: Ministerium für Inneres und Sport Mecklenburg-Vorpommern.

Abteilung Verfassungsschutz (2015): Verfassungsschutzbericht 2015, Schwerin: Ministerium für Inneres und Sport Mecklenburg-Vorpommern.

Ackerert, Markus (2016): Krise in Deutschlands Nordosten – Der Staat zieht sich zurück. www.nzz.ch/international/krise-in-deutschlands-nordosten-der-staat-zieht-sich-zurueck-ld.136766 (Zugriff am 8.6.2017).

AfD MV (2016): Unser Programm zur Landtagswahl 2016. www.afd-mv.de/wp2016/AfD-MV_Wahlprogramm2016.pdf (Zugriff am 19.8.2016).

Andrejewski, Michael (2013): Leitfaden zum Umgang mit Asylanten in der Nachbarschaft. www.npd-mv.de/uploads/documents/2013/fb_20130819_leitfaden.pdf (Zugriff am 31.5.2017).

Arppe, Holger (2017): Ostbeauftragte Gleicke diffamiert Ostdeutsche. www.facebook.com/arpperostock/photos/a.1003788103048850.1073741828.1002689313158729/1431309213630068/?type=3&theater (Zugriff am 9.6.2017).

Barlen, Julian (2016): NPD und AfD: Der »Schweriner Weg« ist tot – es lebe der »Schweriner Weg!« www.endstation-rechts.de/news/kategorie/afd/artikel/npd-und-afd-der-schweriner-weg-ist-tot-es-lebe-der-schweriner-weg.html (Zugriff am 2.6.2017).

Bundesamt für Migration und Flüchtlinge (BAMF) (2015): Asylgeschäftsstatistik für den Monat Dezember 2015. www.bamf.de/SharedDocs/Anlagen/DE/Downloads/Infothek/Statistik/Asyl/201512-statistik-anlage-asyl-geschaeftsbericht.pdf?__blob=publicationFile (Zugriff am 8.6.2017).

Cruzcampo, Oliver (2017): »Deutschland den Deutschen« – AfD-Politiker Ralph Weber lässt Maske fallen. www.endstation-rechts.de/news/kategorie/afd/artikel/deutschland-den-deutschen-afd-politiker-ralph-weber-laesst-maske-fallen.html (Zugriff am 1.6.2017).

Endstation Rechts (2013): Hetze gegen Flüchtlinge: NPD schaltet in Angriffsmodus. www.endstation-rechts.de/news/kategorie/npd/artikel/hetze-gegen-fluechtlinge-npd-schaltet-in-angriffsmodus.html (Zugriff am 29.5.2017).

Forschungsgruppe Wahlen (2016): Landtagswahl in Mecklenburg-Vorpommern. www.forschungsgruppe.de/Wahlen/Wahlanalysen/Newsl_Meck_2016.pdf (Zugriff am 31.5.2017).

Geisler, Astrid/Jacobsen, Lenz (2016): Sehnsucht nach der zweiten Wende. www.zeit.de/politik/2016-08/afd-mecklenburg-vorpommern-landtagswahlkampf-leif-erik-holm-matthias-manthei (Zugriff am 8.6.2017).

Hillenbrand, Klaus (2016): Wähler in Mecklenburg-Vorpommern. Ist die AfD die neue Arbeiterpartei? In: die tageszeitung, 5.9.2016. www.taz.de/!5333476 (Zugriff am 8.6.2017).

Jansen, Frank (2016): Nazis machen Platz für AfD. In: Tagesspiegel, 27.6.2016. www.tagesspiegel.de/politik/wahl-in-mecklenburg-vorpommern-nazis-machen-platz-fuer-afd/13794354.html (Zugriff am 1.6.2017).

Kamann, Matthias/Sturm, Daniel Friedrich (2016): Wie die AfD von der Panik der Parteien profitiert. www.welt.de/politik/deutschland/article157651667/Wie-die-AfD-von-der-Panik-der-Parteien-profitiert.html (Zugriff am 8.6.2017).

Klüter, Helmut (2017): Einige Auswirkungen der Kreisgebietsreform in Mecklenburg-Vorpommern: Materialien zum Vortrag am 8.1.2017 in Wittenberge. www.google.de/url?sa=t&rct=j&q=&esrc=s&source=web&cd=1&ved=0ahUKEwjFg7yuya7UAhWKJFAKHa80CMIQFggnMAA&url=http%3A%2F%2Fwww.klaus-peter-schulze.de%2Fdownload%2F%3Ffile%3D20170117_analyse_kreisgebietsreform_mecklenburgvorpommern.pdf&usg=AFQjCNHVwiEWwfkrNBSsSxQgBNwnrdYAEg&sig2=N2l6_KWA3VdogXNmJL8dCA&cad=rja (Zugriff am 8.6.2017).

Mudde, Cas (2007): Populist Radical Right Parties in Europe, Cambridge.

Müller, Jan/Rohalf, Jan (2016): Die AfD – Protest oder Etablierung rechts der Mitte? In: Koschkar, Martin/Müller, Jan/ Nestler, Christian (Hrsg.): Die Landtagswahl in Mecklenburg-Vorpommern 2016 – Die Parteien im Wahlkampf und ihre Wähler, Universität Rostock, S. 42-51.

Nestler, Christian/Rohgalf, Jan (2014): Eine deutsche Angst – Erfolgreiche Parteien rechts von der Union: Zur AfD und den gegenwärtigen Gelegenheitsstrukturen des Parteienwettbewerbs, in: Zeitschrift für Politik, Nr. 4, S. 389-413.

Neu, Claudia (2016): Neue Ländlichkeit. Eine kritische Betrachtung. www.bpb.de/apuz/236826/neue-laendlichkeit-eine-kritische-betrachtung?p=all (Zugriff am 8.6.2017).

OECD (2007): OECD-Prüfbericht zur Politik für ländliche Räume – Deutschland. www.bmel.de/SharedDocs/Downloads/Landwirtschaft/LaendlicheRaeume/OECD-Pruefbericht.pdf?__blob=publicationFile (Zugriff am 8.6.2017).

Pauly, Marcel (2016): Die meisten Wähler holte die AfD von CDU und NPD. www.welt.de/politik/deutschland/article157952647/Die-meisten-Waehler-holte-die-AfD-von-CDU-und-NPD.html (Zugriff am 28.5.2017).

Pergrande, Frank (2017): AfD mahnt Abgeordneten ab. www.faz.net/-gpf-8xaol (Zugriff am 1.6.2017).

Regierung MV (2017): Daten und Fakten zur demografischen Entwicklung in Mecklenburg-Vorpommern. www.regierung-mv.de/Landesregierung/stk/Themen/Demografischer-Wandel/Daten-und-Fakten (Zugriff am 14.6.2017).

Röpke, Andrea (2015): Gefährlich verankert. Rechtsextreme Graswurzelarbeit, Strategien und neue Netzwerke in Mecklenburg-Vorpommern, SPD-Landtagsfraktion, Schwerin.

Spanhel, Hannah (2016): Warum auf Usedom fast jeder Dritte rechts wählte. www.stuttgarter-zeitung.de/inhalt.ferieninsel-usedom-vergessener-nordosten.0ba9054e-eef1-4813-9ff7-3d8b262902da.html (Zugriff am 8.6.2017).

Speit, Andreas (2016): Schuld sind immer die anderen. www.taz.de/!5343156 (Zugriff am 1.6.2017).

StatA MV (2016): Ausländische Bevölkerung in Mecklenburg-Vorpommern (Ausländerzentralregister) 2015. www.laiv-mv.de/static/LAIV/Abt4.Statistisches%20Amt/Dateien/Publikationen/A%20I%20Bev%C3%B6lkerungsstand/A143/A143%202015%2000.pdf(Zugriff am 14.6.2017).

Statistisches Bundesamt (2015): Bevölkerung und Erwerbstätigkeit. Bevölkerung mit Migrationshintergrund – Ergebnisse des Mikrozensus 2015. www.destatis.de/DE/Publikationen/Thematisch/Bevoelkerung/MigrationIntegration/Migrationshintergrund.html (Zugriff am 8.6.2017).

Van Dick, Rolf (2014): Kontakthypothese. In: Wirtz, Markus A. (Hrsg.): Dorsch – Lexikon der Psychologie, 18. Auflage, Bern.

Wichmann, Fabian (2011): Rechtsextremismus und Gemeinwesen – Community Coaching am Beispiel Pretzien. Grenzen und Potenzen der Intervention im ländlichen Raum. Magisterarbeit an der Universität Potsdam, Institut für Erziehungswissenschaft.

Rechtspopulismus in Betrieb und Gesellschaft

Katharina Nocun

Einmal Parallelgesellschaft und zurück

Das Beispiel Berlin

Die AfD inszeniert sich gerne als letztes Bollwerk gegen eine von ihr postulierte angebliche »Überfremdung« Deutschlands. Bereits die Präsenz unterschiedlicher kultureller Einflüsse gilt ihr als Bedrohung des Gemeinwesens. »›Multi-Kultur‹ ist Nicht-Kultur oder Parallelität von Kulturen und damit Ausdruck von Parallelgesellschaften, die stets zu innenpolitischen Konflikten und zur Funktionsunfähigkeit von Staaten führen.« (AfD-Wahlprogramm zur Bundestagswahl, Juni 2017, S. 47)

Die Konstruktion von »Parallelgesellschaften« als Bedrohung und die Selbstinszenierung als Bekämpferin eben dieser ist zentral für das völkische Selbstbild der AfD. In diesem Beitrag werden ausgewählte Forderungen der AfD zur Integrationspolitik vorgestellt und kritisch hinterfragt. Als Anschauungsbeispiel dient das Programm der AfD Berlin zur Abgeordnetenhauswahl 2016. Im Zentrum steht die Frage: Was bedeuten AfD-Forderungen für die Integrationspolitik?

Die AfD der Migrationshauptstadt

Berlin ist mit seinen 3,5 Millionen Einwohner_innen ein kultureller Meltingpot wie kaum eine andere Stadt Deutschlands. Laut dem Amt für Statistik Berlin-Brandenburg hat fast jede/r dritte Berliner_in einen Migrationshintergrund.[1] Darunter fallen all jene, die selbst oder bei denen mindestens ein Elternteil nicht mit deutscher Staatsangehörigkeit geboren wurde. Nähme man innerdeutsche Migrationsbewegungen und Migration in weiter zurückliegenden Generationen hinzu, wäre der Anteil noch höher.

Diese Zahlen bestätigen: Migration hat in Deutschland und Berlin eine lange Tradition. In der jüngeren Geschichte war zum einen der Zuzug von Gastarbeiter_innen nach 1950 und später Migration aus der ehemaligen Sowjetunion bedeutsam. Heute leben in Berlin u.a. 231.000 Men-

---

[1] Amt für Statistik Berlin-Brandenburg. Pressemitteilung vom 24. Mai 2017: www.statistik-berlin-brandenburg.de/pms/2017/17-05-24b.pdf

schen mit türkischem Migrationshintergrund, 80.000 Menschen mit polnischem und 52.000 mit russischem Migrationshintergrund.

Bei den Wahlen zum Berliner Abgeordnetenhaus am 18. September 2016 entfielen auf die AfD 14,2% der Stimmen. Von den 25 Mitgliedern der AfD-Fraktion im Abgeordnetenhaus sind nach einem Austritt noch 24 übrig. Die AfD ist in Berlin zudem in alle Bezirksverordnetenversammlungen (BVV) gewählt worden und hat das Anrecht, sieben Stadträte zu stellen.

Die AfD steht aufgrund zahlreicher Verflechtungen zwischen dem rechtsextremen Millieu und Parteifunktionären sowohl auf Bundes- als auch Länderebene in der Kritik. Im Interview mit dem rbb bestätigte etwa Thorsten Weiß, Berliner AfD-Abgeordneter und Landesvorsitzender der Jungen Alternative Berlin, eine Zusammenarbeit mit der vom Verfassungsschutz beobachteten rechtsextremen »Identitären Bewegung« (IB). Deren Mitglieder, so Weiß, »ticken gar nicht so unterschiedlich zu uns, sie drücken sich nur anders aus«.[2] An einer von der Polizei beendeten Aktion der IB vor dem Bundesjustizministerium war der Schatzmeister der Jungen Alternative, Jannik Brämer, beteiligt. Unter den Abgeordneten sind weitere Verbindungen zur rechtsextremen Szene Berlins bekannt. Nach öffentlichen Kontroversen um die Aktivität des AfD-Abgeordneten Kay Nerstheimer in der rechtsextremen und gewalttätigen »German Defense League«, als Vorsitzender der Berliner Sektion, ist dieser nicht mehr Mitglied der Fraktion. Aus der Partei ausgeschlossen wurde er jedoch nicht.

Inhaltlich bleibt die AfD Berlin in vielen Politikfeldern vage, bis auf einen Bereich: Das Thema Migration war wenig überraschend zentral für den Wahlkampf der AfD Berlin. Auf dem Landesparteitag am 3. April 2016 verabschiedete die Partei ein Wahlprogramm für Berlin mit einer entsprechend deutlichen Schwerpunktsetzung. Im Folgenden werden einige der wichtigsten Forderungen vorgestellt und kritisch beleuchtet.

---

[2] Zeit-Online: »AfD-Abgeordneter bestätigt Zusammenarbeit mit Identitärer Bewegung«, Beitrag vom 30.1.2017: www.zeit.de/politik/deutschland/2017-01/junge-alternative-afd-identitaere-bewegung-zusammenarbeit.

Räumliche Isolierung statt Integration

Eine wahrlich traurige Bilanz: Auch lange nach ihrer Ankunft in Berlin sind viele Geflüchtete noch immer in Massenunterkünften untergebracht. Die meisten dieser Unterkünfte sind in den Jahren 2015 und 2016 provisorisch und in aller Eile hergerichtet worden. So etwa die Gebäude des alten Tempelhofer Flughafens sowie ein altes C&A-Kaufhaus im Bezirk Neukölln. Die Lage in vielen Massenunterkünften ist ein Politikum. Der Flüchtlingsrat Berlin kritisierte, Bewohner_innen fehle es an Rückzugsmöglichkeiten und der beengte Raum fördere Konflikte.[3] Immer wieder kommt es zu Selbstmorden von Bewohner_innen. Die Politik entschuldigt sich mit dem Fehlen von Alternativen. Aufgrund des angespannten Wohnungsmarktes ist es für Geflüchtete in Berlin besonders schwierig, eine eigene bezahlbare Wohnung zu finden. Die einstige Notlösung Massenunterkunft ist daher für nicht wenige zur langfristigen Unterkunft geworden.

Statt jedoch eine Abschaffung der Massenunterkünfte und angemessenen Wohnraum zu fordern, verlangt die AfD eine Verlegung der Massenunterkünfte. »In Wohngebieten sollen aus Sicherheitsgründen keine Massenunterkünfte eingerichtet werden. Die bestehenden sind zeitnah zu räumen.« (AfD-Programm zur Berliner Abgeordnetenhauswahl 2016, S. 19) Für die Integration ist diese Forderung in vielerlei Hinsicht problematisch. In der Praxis liefe eine Verlagerung von Massenunterkünften aus Wohngebieten hin zu Randlagen auf eine Ghettoisierung von Migranten-Communities hinaus. Wenn Geflüchtete auch räumlich nicht mit der Gesellschaft um sie herum in Berührung kommen, werden der Integration Steine in den Weg gelegt. Hinzu kommt, dass wichtige Infrastruktureinrichtungen wie etwa Behörden, Sportstätten, Bibliotheken und Universitäten bei einer Verlegung der Unterkünfte in Randlagen oftmals unerreichbar wären. Angesichts der dichten Bebauung Berlins und der hohen Immobilien- und Grundstückspreise wäre es zudem keineswegs trivial, geeigneten Ersatz zu finden. Die von der AfD Berlin beabsichtigte Verbannung von Massenunterkünften in die Außenbezirke kann daher als politisch gewollte Behinderung von Integration verstanden werden.

---

[3] Flüchtlingsrat Berlin. Pressemitteilung vom 30.11.2015 www.fluechtlingsrat-berlin.de/print_pe2.php?post_id=740.

Falsche Anreize durch Betreuungsgeld

Kinder haben es vergleichsweise leicht, wenn sie in einen neuen Sprachraum ziehen. Einige Voraussetzungen sollten dennoch gegeben sein. Für das Erlernen der Sprache ist es – entgegen herrschender Vorurteile – nicht entscheidend, ob die Eltern daheim Deutsch sprechen. Viel wichtiger ist, dass die Kinder Gelegenheit haben, mit Gleichaltrigen die neue Sprache in ihren Alltag zu integrieren. Gerade dann, wenn im Alltag wenige Berührungspunkte zu Muttersprachlern vorhanden sind, können betreute Einrichtungen unterstützend wirken. Der Kontakt zu Muttersprachlern im Kindergarten ist zentral für die Förderung der Sprachkompetenz. Forderungen der AfD im Bereich der Familienpolitik drohen vor diesem Hintergrund massive Nebenwirkungen zu entfalten. »Der Staat darf seine Vorstellung von Kindeserziehung nicht an die Stelle der elterlichen Vorstellungen setzen. Die AfD Berlin lehnt eine staatliche Bevormundung bei der Wahl der Betreuungsform ab, sei es durch gesetzliche Regelungen oder finanzielle Lenkungsmittel.« (AfD-Programm zur Berliner Abgeordnetenhauswahl 2016, S. 8) Im Wahlprogramm der AfD zur Bundestagswahl heißt es: »Der Staat muss dafür die elterliche Betreuung genauso finanziell unterstützen wie Kitas und Tagesmütter.« (S. 39)

Eine finanzielle Entschädigung für die häusliche Betreuung von Kindern setzt Anreize, die Kinder nicht oder erst spät in die Kita oder den Kindergarten zu schicken. Diese Kinder haben dann mit deutlichen Nachteilen zu kämpfen. Denn wer erst in der Grundschule in eine neue Sprachumgebung eintaucht, kann den Rückstand nur schwer nachholen. Für die Integration würden ein Betreuungsgeld oder ähnliche Maßnahmen – ohne zusätzliche Auflagen – daher einen Rückschritt bedeuten.

Bildungsmaßnahmen auf Sparflamme

Die Wissenschaft liefert klare Erkenntnisse zu den Versäumnissen der Integrationspolitik zu Zeiten des deutschen Wirtschaftswunders. So hatte der Staat damals kaum Bemühungen unternommen, um Gastarbeiter_innen mithilfe von Sprachkursen beim Erlernen der deutschen Sprache zu unterstützen. Einen ähnlichen Kurs strebt die AfD heute an. Ginge es nach der AfD Berlin, sollten Asylbewerber aus Bürgerkriegsländern bevorzugt solche Bildungsmaßnahmen bekommen, die ihnen bei der Rückkehr helfen. »Die bereits nach Deutschland gelangten Bürgerkriegsflüchtlinge sind keine ›Neubürger‹, sondern temporär Schutzberechtigte, welche nach Wegfall des Fluchtgrundes wieder in ihre Heimat zurückkehren müssen. Bildungsmaßnahmen müssen daher auf eine Förderung der Rückkehr und die im Heimatland benötigten Fähigkeiten ausgerichtet sein.« (AfD-Programm zur Berliner Abgeordnetenhauswahl 2016, S. 19)

Es liegt nahe, dass intensive Deutschkurse sowie Fortbildungen für die Aufnahme einer bezahlten Tätigkeit in Deutschland nach Vorstellungen der AfD Berlin nicht zu solchen für eine Rückkehr notwendigen Bildungsmaßnahmen gehören. Ob die Annahme einer baldigen Rückkehr vieler Geflüchteter angesichts des anhaltenden Krieges und der immensen Zerstörung in syrischen Gebieten realitätsfern ist, wird sich noch zeigen. Fakt ist jedoch, dass Geflüchtete, die z.B. aufgrund ihrer Sexualität, politischen Einstellung oder Religion verfolgt werden, kaum realistische Chancen auf eine sichere Rückkehr haben. Ein auf die Rückkehr verengtes Bildungsprogramm ignoriert die Tatsache, dass diese Menschen für absehbare Zeit in Deutschland bleiben werden und auch heute bereits Teil dieser Gesellschaft sind. Diesen Menschen den Zugang zu Integrationsmaßnahmen zu verwehren, behindert deren Ankommen in der neuen Gesellschaft nachhaltig.

Eine derartig politisch verordnete Perspektivlosigkeit wäre besonders für Jugendliche schwer zu ertragen. Im Wahlprogramm der AfD zur Bundestagswahl 2017 werden explizit schulpflichtige geflüchtete Kinder und Jugendliche in den Fokus genommen. Darin heißt es: »Ziel der Beschulung schulpflichtiger Asylbewerber muss es sein, diese auf das Leben nach der Rückkehr in ihr Herkunftsland vorzubereiten und die Zeit bis zur Rückkehr sinnvoll zu überbrücken.« (S. 44)

Der Zugang zu Bildung ist nicht nur ein Menschenrecht. Zugang zu Bildung ist eine fundamentale Voraussetzung für eine gleichberechtigte gesellschaftliche Teilhabe. Die Allgemeine Schulpflicht meint in Deutschland keineswegs eine »Überbrückung« von Zeit. Sie hat vielmehr den Anspruch, Kinder und Jugendliche auf das Leben in dieser Gesellschaft vorzubereiten und ihnen die dafür notwendigen Werkzeuge an die Hand zu geben. Ein abgespecktes Schulprogramm für Kinder und Jugendliche abhängig von ihrem Aufenthaltsstatus wäre diskriminierend. Unterricht, der auf eine Rückkehr verengt wird, wird zudem wohl kaum die Sprachförderung in den Mittelpunkt stellen. Die AfD-Forderung nach Schaffung einer »Parallelgesellschaft« in den Klassenzimmern hätte dramatische Folgen für die Integration von Kindern und Jugendlichen.

Migrationsforschung in Gefahr

Ohne eine moderne Migrationsforschung verkommt Integrationspolitik zu einer Spielwiese für Vorurteile und Bauchgefühl. Erst die systematische Erforschung der Auswirkungen von Integrationsmaßnahmen bringt wichtige Impulse für die Weiterentwicklung der Praxis. Die AfD Berlin will bei der Migrationsforschung trotzdem – oder gerade deshalb – den Rotstift ansetzen. »Bereiche wie Migrationsforschung und Minderheitenstudien dürfen nicht auf Kosten anderer Fächer gefördert werden (...).« (AfD-Programm zur Berliner Abgeordnetenhauswahl 2016, S. 12) Die Umsetzung einer solchen Forderung könnte eine faktische Streichung jeglicher wissenschaftlicher Auseinandersetzung mit dem Phänomen Migration an Berliner Universitäten bedeuten. Das würde nicht nur die gelebte Wirklichkeit in Deutschland ignorieren. Es wäre auch ein massiver politischer Eingriff in die Freiheit der Wissenschaft. Integrationspolitik nach Bauchgefühl statt Faktenlage würde dadurch befördert, auf Kosten evidenzbasierter Integrationspolitik.

Fazit

»Deutschland ist aufgrund seiner geografischen Lage, seiner Geschichte, Bevölkerung und dichten Besiedelung kein klassisches Einwanderungsland, erst recht nicht als Ziel einer Masseneinwanderung, wie wir sie im Jahre 2015 erlebt haben.« (AfD-Grundsatzprogramm 2016, S. 58) Bereits die Grundannahme der AfD, Deutschland sei kein Einwanderungsland, leugnet historische Fakten. Deutschland hat in den letzten Jahrzehnten und Jahrhunderten immer wieder Migration erlebt. Bereits gegen Ende des 19. Jahrhunderts haben sich tausende polnische Gastarbeiter_innen im heutigen Ruhrgebiet niedergelassen. Allein die Tatsache, dass ein Drittel der Bewohner_innen der Hauptstadt einen Migrationshintergrund hat, zeigt: Migration ist in Berlin und Deutschland gelebte Lebensrealität.

Für die AfD ist das Schüren von Vorurteilen gegen Migrant_innen zentraler Bestandteil der Selbstinszenierung. Aus der Ablehnung von Integrationsmaßnahmen macht die AfD Berlin keinen Hehl. Der Spitzenkandidat der AfD Berlin, Georg Pazderski, gab im Interview an: »Wir müssen ihnen die Möglichkeiten geben, dass sie auf die Rückkehr vorbereitet werden. Nur eine Integration von Flüchtlingen soll nicht stattfinden.«[4] Die programmatischen Forderungen der AfD Berlin zeugen davon, dass die Partei die von ihr selbst stetig als Angstszenario genannten »Parallelgesellschaften« durch eine rigorose Ablehnung von für die Integration förderlichen Maßnahmen aktiv fördert: sei es nun durch einen Rückbau von Sprach- und Bildungsmaßnahmen oder durch eine räumliche Segregation oder durch den Rückbau der Forschung.

Doch die Erzählung der AfD ist nicht neu. Mehr als eine Million Menschen sind in den Jahren nach dem Fall der Mauer nach Deutschland gekommen. Der Bremer Senatsdirektor für Soziales sprach damals von einer »katastrophenartigen Situation« und der Spiegel titelte »Ansturm der Armen«. 1989 zogen die Republikaner mit 7,5% ins Berliner Abgeordnetenhaus ein. Die Bilder der rechtsextremen Anschläge auf Unterkünfte in Mölln und Lichtenhagen in diesen Jahren brannten sich in das kollektive Gedächtnis ein.

Parallelen zeigen sich auch in der Zunahme von rechtsextremer Gewalt. Experten warnen, dass durch rechtsextreme Parteien geschürte Vorurteile mit dazu beigetragen haben, dass die Gewalt stark angestiegen ist. Parteien wie etwa die AfD Berlin oder auch die Republikaner der 1990er Jahre grenzen sich nicht vom rechtsextremen Spektrum ab, sondern kooperieren mit rechtsextremen Gruppen – wie etwa heute mit der IB. Zentrale Forderungen werden dabei übernommen und Personen aus dem rechtsextremistischen Spektrum in Amt und Mandat gebracht.

Recherchen der Opferberatungsstelle ReachOut und der Berliner Register stellten für das Jahr 2016 eine deutliche Zunahme rechter Gewalttaten in Berlin fest.[5] Vor allem Migrant_innen sind Ziel der Gewalt. Im Umfeld von Geflüchtetenunterkünften wurden 41 Angriffe gemeldet. Rund 380 rassistische, rechtsextreme und antisemitische Attacken auf Personen wurden 2016 dokumentiert. Dabei wurden rund 553 Personen entweder verletzt oder bedroht. 45 der Opfer waren Kinder. Zahl-

[4] Interview Morgenpost. 10.9.2016: www.morgenpost.de/berlin/abgeordnetenhauswahl/article208214153/Georg-Pazderski-Eine-Integration-soll-nicht-stattfinden.html.

[5] ReachOut, Pressemitteilung vom 16.3.2017 www.reachoutberlin.de/de/content/pressemitteilung-zu-den-angriffen-berlin-2016.

reiche Attacken richteten sich zudem gegen Politiker, die für ihr Engagement gegen Rechtsextremismus bekannt sind.

Die AfD hatte beim Einzug ins Berliner Abgeordnetenhaus im September 2016 deutschlandweit rund 20.000 Mitglieder – das ist weniger als die Republikaner in den 1990er Jahren hatten. Diejenigen, die in den 1990ern als »Asylantenflut« beschimpft wurden, sind heute unsere Nachbar_innen, Freund_innen und Arbeitskolleg_innen. Nach ihrer Integration kräht heute kein Hahn mehr. Genau so wenig wie nach den Republikanern. Bleibt zu hoffen, dass es der AfD mit ihrem integrationspolitischen »Rollback« ähnlich ergehen wird.

Thomas Leif

AfD-Strategie – Was wollen die Rechtspopulisten?

Das Strategiepapier der AfD-Führung vom Dezember 2016 (AfD-Strategiepapier 2016) sagt mehr über den Charakter der rechtspopulistischen Partei als die sorgfältig dosierten Programme. Die AfD setzt durchgehend auf eine Parallel-Kommunikation in der Öffentlichkeit. Einerseits nimmt sie »konservativ-liberale Positionen« für sich in Anspruch, andererseits forciert oder toleriert sie hasserfüllte, rassistisch motivierte Attacken. Das zentrale Dokument zur politischen Praxis der AfD offenbart ein taktisches Verhältnis der Partei zur Wahrheit, obgleich sie mit dem Slogan »Mut zur Wahrheit« operiert.

»Dem Volk die Staatsgewalt zurückgeben« – so lautet die inhaltliche Klammer des Strategiepapiers. Der 33-seitige, ungewöhnlich eindeutige Wahlkampfplan wurde von Bundesvorstandsmitglied Georg Pazderski und einem weiteren Autor, der nur mit dem Kürzel »R.E.« markiert ist, Mitte Dezember vom AfD-Bundesvorstand angenommen. Pazderski war 41 Jahre Berufsoffizier und von Oktober 2013 bis Juni 2015 Bundesgeschäftsführer der AfD.

Im Zentrum der strategischen Zielsetzung steht das bereits zuvor proklamierte Stilelement der gezielten Provokationen. Die Partei müsse »ganz bewusst und ganz gezielt immer wieder politisch inkorrekt sein«, so eine wesentliche Aussage. Wörtlich heißt es in dem Strategiepapier, dass die AfD »vor sorgfältig geplanten Provokationen nicht zurückschrecken« darf. »Dabei muss die Seriosität allerdings gewahrt werden, Klamauk, Negativismus um jeden Preis und Hetze haben bei der AfD keinen Platz.« Die sorgfältig geplanten Provokationen müssten »selbstverständlich im Rahmen und unter Betonung der freiheitlich-demokratischen Grundordnung unseres Landes« erfolgen.

Nicht nur diese Aussage illustriert das Wesen der AfD. Es geht nicht um lösungsorientierte Sachpolitik oder durchdachte Konzepte, sondern um den geplanten Effekt mit dem Instrument der Provokation. Bei diesem Muster werden die Reaktionen der »Altparteien« gezielt einkalkuliert. So ist dem Strategiepapier zu entnehmen: »Je nervöser und je unfairer die Altparteien auf Provokationen reagieren, desto besser. Je mehr sie versuchen, die AfD wegen provokanter Worte oder Aktionen zu stigmatisieren, desto positiver ist das für das Profil der AfD. Niemand gibt der AfD mehr Glaubwürdigkeit als ihre politischen Gegner. Deren negative Reaktion muss daher ganz bewusst von der AfD einkalkuliert werden.«

Kalkulierter Tabubruch

Eindeutig positioniert sich die AfD als reine Protestpartei und formuliert in dem Strategiepapier ein Selbstverständnis, das so klar in den bislang vorliegenden programmatischen Dokumenten nicht formuliert wurde. Unmissverständlich wird darin die eigene Rolle in der Parteienlandschaft dargelegt: »Die AfD lebt gut von ihrem Ruf als Tabubrecherin und Protestpartei. Sie braucht sich dessen nicht zu schämen, sondern muss sich selbstbewusst zu ihrer Aufgabe bekennen, dem Protest in Deutschland eine politische Richtung und ein Gesicht zu geben.«

Auffällig ist dabei, dass die AfD mit ihren Provokationen, Forderungen und Tabubrüchen anscheinend vor allem auf die Veränderungen der anderen Parteien zielt und weniger den Anspruch erhebt, in irgendeiner Form Regierungsverantwortung zu übernehmen: »Viele Wähler gehen nicht davon aus, dass die AfD selbst bei einer Regierungsbeteiligung die von ihr angesprochenen Probleme lösen kann. Aber sie wissen, dass die AfD allein dadurch wirkt, dass sie für die Altparteien und die Medien Unliebsames klar ausspricht und denen eine Stimme gibt, deren Meinung nicht en vogue ist. Die AfD löst als Korrektiv Lernprozesse bei den Altparteien aus. Sie wirkt. Je deutlicher das wird, desto mehr lohnt sich die Stimmabgabe für die AfD, auch wenn die AfD derzeit kaum eine Chance auf eine Regierungsbeteiligung hat.«

Damit wird die Zielrichtung bestätigt, die schon 2016 von Alexander Gauland in einem Gespräch mit der Tageszeitung DIE WELT formuliert wurde. Bezüglich der Landtagswahlen in Baden-Württemberg, Rheinland-Pfalz und Sachsen-Anhalt stellte er damals klar, dass eine Regierungsbeteiligung für die AfD »tödlich« wäre und man letztlich nur Gefahr laufen würde, von den etablierten Parteien »aufgesaugt« zu werden. »Die anderen sind viel zu erfahren in den Institutionen, als dass wir mithalten könnten. Wenn wir jetzt Regierungsverantwortung übernehmen, gehen wir daran zugrunde.« (Gauland zitiert nach Schuster 2016) Im AfD-Strategiepapier heißt es hierzu weiter: »Das vorzeitige Schielen auf eine Regierungsbeteiligung oder der Versuch, es allen recht zu machen, führt in die Bedeutungslosigkeit. (...) Nicht die AfD darf das Gespräch verweigern, die Altparteien müssen es ablehnen.« Bemerkenswert ist in diesem Kontext, dass die AfD, die sich gerne bürgerlich gibt, mit den möglichen Reaktionen ihrer Gegner durchaus taktisch umgeht. Die von ihr oft beklagte und geschickt inszenierte »Opfer-Rolle« ist in der Strategie der Partei also stets mit einkalkuliert. Nach ihrer Darstellung sind es nämlich vornehmlich die »Altparteien«, die Gesprächsangebote verweigern und dadurch nicht zuletzt versuchen, die AfD gezielt auszugrenzen.

»Anhängerschaft nicht auseinanderdividieren«

Im gesamten Text des Strategiepapiers fällt auf, dass die AfD Erkenntnisse der Wahlkampfforschung immer wieder aufgreift und anwendet. So wird angemerkt: »Grundsätzlich ist zu beachten, dass beim Wähler nur wenige Themen zur Profilierung einer Partei erforderlich sind. Zu viele Themen führen zur Beliebigkeit und zur Verzettelung.« Aus dieser Erkenntnis zieht die AfD die Konsequenz: »Für die Imagebildung sind aber nur wenige, sorgfältig ausgewählte und kontinuierlich bespielte Themen von Bedeutung. Sie müssen so aufbereitet und vermarktet werden, dass die AfD mit ihnen in der Öffentlichkeit identifiziert wird, ihre bisherigen Alleinstellungsmerkmale verteidigt und einige wenige neue hinzugewinnt.«

In den bislang vernachlässigten Themen der Wirtschafts- und Sozialpolitik sieht die AfD offenbar die größte Spaltungsgefahr in ihrer Wählerschaft. Ihr neoliberaler Kern etwa in der Steuerpolitik oder bei der Besteuerung von Erbschaften u.a. soll durch »Querverbindungen« und geschicktes Marketing verdeckt werden. Wörtlich heißt es hierzu im Strategiepapier: »Oberstes Ziel ist dabei, im Wahljahr 2017 mit Themen zu werben, die innerhalb der AfD-Wählerschaft nicht zur Spaltung führen. Bei für die AfD bislang für Wahlerfolge nicht erforderlichen Themen (das gilt insbesondere für die Wirtschafts- und Sozialpolitik) muss sehr sorgfältig darauf geachtet werden, dass sich die Anhängerschaft der AfD nicht auseinanderdividiert. (...) Der politische Gegner, unterstützt von den Medien und Verbänden, wird nichts unversucht lassen, die AfD und ihr Bekenntnis zur ›Sozialen Marktwirtschaft‹ als ›neoliberal‹ zu brandmarken.« Sozial- und wirtschaftspolitische Themen sollen daher möglichst ausgeklammert – oder wie u.a. von Wahlkampfexperten empfohlen – in einen anderen Rahmen gestellt werden. Auch hier haben die AfD-Strategen im Vergleich zu früher offenbar gelernt. Generell sollen strittige Themenfelder, die eventuell zu einer Spaltung der eigenen Wählerschaft führen könnte, ausgeblendet und vorerst nicht weiter öffentlich diskutiert werden.

Es geht also bei der AfD nicht um das Bekenntnis zur vielbeschworenen »Wahrheit«, sondern darum, »spalterisch wirkende Themen« zu umschiffen oder ganz auszuklammern. Vornehmlich besteht die Aufgabe darin, »Themen, die die eigene Anhängerschaft spalten können, zu vermeiden«. Und ein weiterer Gesichtspunkt geht aus dem Strategiepapier hervor: »Es kommt aber für den Erfolg 2017 vorrangig darauf an, wie schon bisher etwaige Differenzen möglichst im Hintergrund zu lassen und das Gemeinsame der AfD-Wählerschaft zu betonen. Wo dies nicht einfach ist, müssen Querverbindungen zwischen den Kernthemen und den möglicherweise spalterisch wirkenden Themen gezogen werden (...). Zudem müssen Positionen, die der politische Gegner als ›neoliberal‹ ausschlachten kann, gut argumentiert und unter Marketinggesichtspunkten aufbereitet werden.«

Strategischer Leitfaden

Wie ein »blauer Faden« zieht sich das zweifelhafte Demokratieverständnis der AfD durch das Strategiepapier. Im Gegensatz zum öffentlichen Eindruck gibt die AfD darin zu, dass es ihr nicht um Lösungsvorschläge für die adressierten Skandale geht. Sie will lediglich die für die »derzeitige Wählerschaft der AfD konsensstiftenden Themen« adressieren. Deshalb wird betont: »Es geht weiterhin für den Wahlerfolg der AfD nicht darum, zu den zentralen Themen differenzierte Ausarbeitungen und technisch anspruchsvolle Lösungsmodelle vorzulegen und zu verbreiten, die nur Spezialisten aus der politischen Klasse interessieren, die Wähler aber überfordern. Zu umfassende Antworten bergen die Gefahr, sich in technische Details zu verlieren.«

Mit dieser Aussage wird auch deutlich, dass Programmaussagen und Lösungskonzepte für die rechtspopulistische Partei in der politischen Praxis weitgehend bedeutungslos sind. Dies belegt ferner, dass die entsprechenden Mitgliederbefragungen und Programmparteitage eher einen Alibi-Charakter und nur »Empfehlungsstatus« haben. Die programmatische Regie führen nur wenige Personen im Bundesvorstand. Die Konzentration auf »provokante Slogans« offenbart zudem, dass der Verweis auf eine inhaltliche Alternative offenbar nur ein Marketing-Trick ist. Unmissverständlich wird dies auch im Strategiepapier beschrieben: »Es geht für den Erfolg der AfD darum, bei wenigen ausgesuchten und für die derzeitige Wählerschaft der AfD konsensstiftenden Themen das für die eigenen Wähler Richtige in die Öffentlichkeit zu bringen. Kurze Slogans sind erfolgversprechend, nicht lange Abhandlungen, klare Worte darüber, was man will, wirken mehr als Statistiken. Es ist wichtiger, den Finger in die Wunde der Altparteien zu legen, als sich in einer Expertendiskussion um Lösungsvorschläge zu verheddern. (...) Konzentration auf Eingängiges geht vor Vollständigkeit, harte und provokante Slogans sind wichtiger als lange, um Differenzierung bemühte Sätze, die es allen recht machen wollen.«

Begrenzte Ressourcen und definierte Zielgruppen

Unumwunden zeigt das AfD-Strategiepapier auch Schwächen bei der Repräsentation auf Bundesebene (insbesondere hinsichtlich eines scheinbar fehlenden Kompetenzteams). Wörtlich heißt es: »Es ist erforderlich, die Partei auf Bundesebene personell breiter aufzustellen, so dass die identifizierten Kernthemen von noch zu benennenden, kompetenten Personen im Bundesvorstand federführend wahrgenommen und in der öffentlichen Wahrnehmung mit diesen verbunden werden. Bis spätestens Ende 2016 sollte ein fünf- bis sechsköpfiges Kompetenzteam auf Bundesebene bestimmt und für seine Aufgabe, ›Bessere Außendarstellung der AfD‹, aufgebaut und sukzessive ausgebildet werden.« Noch ist die AfD von den genannten Zielen weit entfernt. Im Vorstand bekriegen sich die Exponenten der verschiedenen Flügel öffentlich und schonungslos. Den Machtkampf gegen die Achse »Petry/Pretzell« (deren Protagonisten inzwischen die Partei verlassen haben) hat Strippenzieher Alexander Gauland auf dem Kölner Parteitag am 22. April 2017 gewonnen. Statt ein Kompetenzteam zu bestimmen, ließ er sich als Spitzenkandidat wählen und suchte sich eine Co-Spitzenkandidatin (Alice Weidel) aus, die seinen Einfluss-Radius nicht einschränkt.

Des Weiteren hat sich die AfD in ihrem Strategiepapier erstmals auf fünf Zielgruppen festgelegt, die im »Mittelpunkt« der zukünftigen Parteiarbeit stehen sollen. Durchaus aufschlussreich ist in diesem Kontext, dass sämtliche Bürger_innen, die nicht zu diesen Gruppen zählen, mehr oder minder als »Zielscheiben« definiert werden. Die Polarisierung der Gesellschaft, die damit verbundene Spaltung wird folglich gezielt betrieben und kalkuliert eingesetzt. Dem Strategiepapier ist zu entnehmen: »Die Reaktionen und die Befindlichkeiten anderer Teile der Gesellschaft sind für die AfD demgegenüber von untergeordneter Bedeutung. Sie sind eher Zielscheiben als Zielgruppen der AfD. Programme, Aktivitäten und die Öffentlichkeitsarbeit werden so ausgerichtet und ausgewählt, dass sie immer mindestens eine der fünf Zielgruppen ansprechen.«. Zu diesen Zielgruppen gehören:

- »Wähler aus allen sozialen Schichten, Altersgruppen und Teilen Deutschlands, die weitere Euro-›Rettungspakete‹ ablehnen, erkennen, dass der EURO der europäischen Idee und den Europäern auf vielen Ebenen erheblichen Schaden zufügt, keinen europäischen Superstaat wollen und von Politikern Mut zu Deutschland und den Vorrang für deutsche Interessen fordern.
- Bürgerliche Wähler mit liberal-konservativer Werteorientierung (...) [, die] dem rot-grün dominierten Zeitgeist der Beliebigkeit und der Multikulti-Ideologie kritisch bis ablehnend [gegenüberstehen].
- Protestwähler, die mit der Verengung der politischen Debatte auf wenige Themen, mit politisch korrekten Meinungsäußerungen in den Medien sowie ganz allgemein mit Inhalt und Stil der politischen Debatte unzufrieden sind und sich gegen die Selbstbedienungsmentalität der Altparteien wenden;
- Nichtwähler, die zwar weiterhin das politische Geschehen verfolgen und keineswegs grundsätzlich eine Wahlbeteiligung ablehnen, aber unter den Altparteien nirgendwo ein akzeptables Angebot finden;
- Bürger mit unterdurchschnittlichem Einkommen (›kleine Leute‹) in sog. ›prekären Stadtteilen‹, die sich dem dortigen Trend zur Ausnutzung von staatlichen Transferleistungen und zur Verwahrlosung entgegenstellen, sich zu konservativen Werten wie Leistungsbereitschaft, Ordnung, Sicherheit und Patriotismus bekennen, sich von den Altparteien nicht ernst genommen fühlen.«

Derzeit geht die AfD von einem Wählerpotenzial von 20% aus; sie betont, dass bei den Landtagswahlen 2016 75% des Potenzials ausgeschöpft wurden. Gleichwohl will sich die AfD »perspektivisch stärker gegenüber der politischen Mitte« öffnen. Hier hat sie – neben der Wählerschaft von CDU/CSU, SPD und der Linken (im Osten) – vor allem Nichtwähler, die sich für Politik interessieren, im Visier. Der Kölner AfD-Parteitag zeigte, dass diese Festlegung gezielt verfolgt wurde. Bisherige Nichtwähler stellen etwa ein Drittel der AfD-Wähler. Offenbar ist den AfD-Strategen aber das Grunddilemma der rechtspopulistischen Protestpartei bekannt: »Angesichts der Selbsteinordnung der meisten Wähler in der politischen Mitte kann diese Erweiterung nur dadurch geschehen, dass sich die AfD deutlicher gegen Rechtsaußen abgrenzt. Denn das größte Problem bei der Ansprache von Wählern in der politischen Mitte ist das von Medien und Altparteien erzeugte Image, dass die AfD weit rechts positioniert ist und sich nicht klar gegen Rechtsextremismus abgrenzt.« Darauf folgt jedoch wieder die taktische Einschränkung des zuvor avisierten Kurses: »Umgekehrt darf eine stärkere Ausrichtung an der politischen Mitte aber nicht dazu führen, dass die AfD in ihrem heutigen Potential an Zustimmung verliert und sich in Inhalt und Stil zu sehr den Altparteien annähert.«

AfD-Kernthemen – »stets dankbare Angriffspunkte«

Obwohl sich die AfD in dem Strategiepapier zuvor selbst den Verzicht auf Lösungen attestiert hat, will sie im Wahlkampf mit insgesamt neun Themen antreten, die sie als »zentrale Kompetenzfelder« bezeichnet. Dazu gehören:

- »Zuwanderung und Asyl
- Rolle des Islams in Deutschland
- Bekämpfung von Kriminalität und Innere Sicherheit
- Fehlentwicklungen in der EU
- Fehlentwicklungen in der Währungsunion (›Eurokrise‹)
- Engagement für die Interessen Deutschlands
- Sorge um die nationale Identität Deutschlands
- Direkte Demokratie und Bürgerbeteiligung
- Fehlentwicklungen im politischen System Deutschlands«.

Wirtschaftspolitisch orientiert sich die AfD laut Strategiepapier an Ludwig Erhards Prinzip »Wohlstand für Alle«. Nähere Aussagen zur wirtschaftspolitischen Zielsetzung bleiben aber aus, wohl auch, um den

Vorwurf einer neoliberalen Grundhaltung zu vermeiden. »Die AfD folgt damit nicht dem populistischen, auf Umverteilung und immer mehr Staat ausgerichteten Kurs der linken Parteien, sondern setzt auf einen starken, aber schlanken Staat, der den Bürgern Raum zur wirtschaftlichen Tätigkeit, zur Leistung und zur Eigenverantwortung lässt. Dies ist die logische Konsequenz aus der Kritik der AfD am Missbrauch der Staatsmacht durch die Altparteien und Interessengruppen.«

Im Kern will die AfD sich auf die Diffamierung der »Altparteien« konzentrieren und vermehrt deren vermeintliche »Selbstgefälligkeit« und »Selbstbedienungsmentalität« anprangern. Als mögliche Angriffspunkte werden hier etwa das »Feilschen um Posten und Pöstchen«, der »Bruch von Wahlaussagen« oder der »Wechsel von Politikern in die Wirtschaft« angeführt. Unabhängig von den Ergebnissen der Mitgliederbefragung und den bisherigen Programmbeschlüssen empfiehlt der AfD-Bundesvorstand noch vier weitere Ergänzungsthemen, die Wähler anlocken sollen. Hierzu zählen: die Familienpolitik, die Bildungspolitik, die »Steuersenkungen für Arbeitnehmer und Familien« (einschließlich der »Entbürokratisierung für den Mittelstand und dessen Schutz vor immer neuen Steuerbelastungen«) sowie die Außen-, Sicherheits- und Verteidigungspolitik.

Attacke – Ausgrenzung – Ablenkung

Fazit: In dem Strategiepapier für das Wahljahr 2017 zeigt die AfD ihr wahres Gesicht. Ihre Politik ist grundsätzlich taktisch angelegt und auf die Maximierung von Stimmen durch die Produktion von Stimmungen und Hass-Projektionen fokussiert. Es gibt kein konsistentes Programm, lediglich wirksame Botschaften – abgestimmt auf die dokumentierte Strategie. Auf Lösungskompetenz der populistisch adressierten Probleme wird bewusst verzichtet. Der Slogan der Partei »Mut zur Wahrheit« müsste – aufbauend auf den Aussagen des Strategiepapiers – umgewidmet werden zu der Aussage »Mut zur Taktik«. Deutlich wird insgesamt ihr Profil als reine Protestpartei, die interne Konfliktthemen – etwa in der Sozial- und Arbeitsmarktpolitik – gezielt ausklammert.

Auffallend ist aber auch, dass die AfD ihre Wahlkampf-Kompetenz erkennbar ausgebaut und ihre öffentliche Wahrnehmung als rechtspopulistische Marketing-Partei gezielt verbessert hat. Dies belegt der dem

Strategiepapier angehängte »Zeit- und Maßnahmenplan« von Oktober 2016 bis September 2017 mit insgesamt 21 Punkten, untergliedert nach Fälligkeit, Federführung und Aufgaben. Da geht es auch um ein »internes Konzept zum Umgang mit der ANTIFA«, zur »Verankerung der AfD in der Gesellschaft« oder zur »Identifizierung aussichtsreicher Wahlkreise für Direktmandate«. Auch wenn Insider die chaotischen Zustände in den Fraktionen und Parteigliederungen sowie die kräftezehrenden Machtkämpfe beklagen: Die AfD bedient ein beachtliches Wählerpotenzial in Deutschland, dass jederzeit weiter radikalisiert werden kann.

Literatur

AfD-Strategiepapier (2016): AfD-Manifest 2017. Demokratie wieder herstellen. Dem Volk die Staatsgewalt zurückgeben. Die Strategie der AfD für das Wahljahr 2017. Online unter: www.talk-republik.de/Rechtspopulismus/docs/03/AfD-Strategie-2017.pdf [letzter Zugriff: 13.9.2017].

Schuster, Jacques (2016): Alexander Gauland und der »gärige Haufen« AfD. In: DIE WELT, 12.2.2016. Online unter: www.welt.de/politik/deutschland/article152178742/Alexander-Gauland-und-der-gaerige-Haufen-AfD.html [letzter Zugriff: 13.9.2017].

Sebastian Fischer

Prävention gegen Rechtspopulismus

Möglichkeiten und Grenzen der schulischen Bildungsarbeit

Während das Bundesverfassungsgericht im Januar 2017 den Antrag auf Verbot der NPD mit der Begründung ihrer Bedeutungslosigkeit ablehnte, erleben wir gegenwärtig ein Erstarken rechtspopulistischer Kräfte. Für die Politische Bildung stellt sich die Frage, wie auf diese Entwicklung zu reagieren ist.

Enttabuisierung

Zunächst muss festgestellt werden, dass es in der wissenschaftlichen Diskussion keinen Konsens bezüglich des Verständnisses von Rechtspopulismus gibt. So existieren recht unterschiedliche Definitionen (vgl. Wolf 2017: 7ff.). Der Rechtspopulismus kann gewissermaßen als Vorfeld und Wegbereiter des Rechtsextremismus begriffen werden.

Ein öffentlichkeitswirksames Auftreten rechtspopulistischer Akteure in Politik und Medien verschafft zum einen Menschen mit Ressentiments das Gefühl der Legitimität ihrer Vorbehalte. Sie fühlen sich ermutigt, sich zu Wort zu melden und ihre vormals als tabuisiert geltenden Vorbehalte offensiver zu artikulieren. Zum anderen bestärkt ein selbstbewusst auftretender Rechtspopulismus die militanten Fraktionen der extremen Rechten in der Annahme, die Bevölkerung teile ihre Sicht der Dinge, traue sich nur nicht, entsprechend zu handeln.

Mit dem Ziel, dem Rechtspopulismus nicht das Terrain zu überlassen, haben sich auch etablierte politische Kräfte entschlossen, verstärkt Themen der Rechten zu besetzen. Das gesellschaftliche Klima gegenüber Geflüchteten hat sich insgesamt deutlich verschlechtert. So verzeichnete das Bundeskriminalamt in den Jahren 2015 und 2016 jeweils über 1000 Anschläge auf Flüchtlingsunterkünfte. Bemerkenswert ist dabei, dass hier in überraschend hohem Maße Menschen zur Tat schreiten, die bisher nicht als organisierte Rechtsextremisten in Erscheinung getreten sind (vgl. Borstel 2016: 168).

Bildung gegen Rechtspopulismus

Ein ausgearbeitetes Konzept einer »Bildung gegen Rechtspopulismus« existiert nicht. Das hängt sicherlich auch mit der Disparität des Phänomens Rechtspopulismus zusammen. So verlangen Vorbehalte gegenüber der Europäischen Union, dem Islam oder Langzeitarbeitslosen nach jeweils eigenständigen Formen der Auseinandersetzung.

In der Praxis zeigt sich, dass in der schulischen Bildungsarbeit vor allem Ansätze genutzt werden, die auf eine Auseinandersetzung mit dem Rechtsextremismus zielen. Im Folgenden sollen zentrale Formen der Auseinandersetzung im Hinblick auf ihre Möglichkeiten und Grenzen betrachtet werden. Zuerst werden Herausforderungen für die historisch-politische Bildung bei der Auseinandersetzung mit dem Rechtspopulismus beschrieben. Danach richtet sich der Blick auf Ansätze des sozialen Lernens. Im Anschluss werden inhaltliche Felder skizziert, die im Rahmen einer umfassenderen Bildung gegen Rechtspopulismus von besonderer Bedeutung sind.

Historisch-politische Bildung

Die überwiegende Mehrheit der Rechtspopulisten versucht, eine die eigene Position diskreditierende Identifikation mit dem historischen Nationalsozialismus zu vermeiden. Sie fordert ein Ende der historisch begründeten Schuldzuschreibungen, um effektiver die Durchsetzung »nationaler Interessen« betreiben zu können. Grundsätzlich muss darauf hingewiesen werden, dass sich die heutige extreme Rechte nur bedingt mit dem historischen Nationalsozialismus vergleichen lässt (vgl. Minkenberg 2011). Insbesondere der Rechtspopulismus ist ein Kind seiner Zeit.

Für die meisten Schüler[1] scheint die Möglichkeit einer bereitwilligen Beteiligung bedeutender Teile der Bevölkerung am nationalsozialistischen Projekt nur schwer vorstellbar zu sein. Insgesamt zeigt sich, dass oftmals Vorstellungen über den Nationalsozialismus bestehen, die es schwer machen, »Lehren aus der Geschichte« zu ziehen (vgl. Fischer 2015).[2] Scheurich macht auf der Grundlage ihrer Erfahrungen in der Ge-

---

[1] Aus Gründen der besseren Lesbarkeit wird im Folgenden auf eine geschlechtersensible Schreibweise verzichtet.

[2] Welzer bilanziert seine Ergebnisse bezüglich der Sichtweisen jüngerer Untersuchungsteilnehmer auf den Nationalsozialismus wie folgt: »Trotz aller gelungenen pädagogischen Anstrengungen der vergangenen beiden Jahrzehnte erscheint das Ge-

denkstättenarbeit darauf aufmerksam, dass die gegenwärtigen Formen der Auseinandersetzung mit dem Nationalsozialismus nicht beabsichtigte Wirkungen haben können: »Die Konfrontation mit der Monstrosität der NS-Verbrechen in den Gedenkstätten scheint die meisten Menschen, zumindest die Mehrheitsangehörigen, nicht dazu anzuregen, die eigene (demokratische) Gegenwartsgesellschaft auf uneingelöste Versprechen und Rechte hin kritisch zu befragen. Heutige Verletzungen der Menschen- und Grundrechte werden im Vergleich als nicht so dramatisch angesehen. Eine Dringlichkeit, genau hinzuschauen, sich einzumischen und zur Wehr zu setzen, vermittelt sie dadurch eher nicht.« (Scheurich 2010: 439) Sie warnt davor, dass die historisch-politische Bildung Gefahr laufe, bestehende Ausgrenzungspraxen zu relativieren, wenn sie die nationalsozialistischen Verbrechen »als Negativfolie und Legitimation des gesellschaftlich-politischen Status quo« (ebd.: 433) thematisiere: »Die Verwandlung der ehemals unbequemen ›negativen Erinnerung‹ zu einem nationalen Projekt, um nicht zu sagen einer Art nationaler Auszeichnung, birgt deutlich die Tendenz zur Legitimation der bestehenden politischen und ökonomischen Ordnung: In Abgrenzung zum nationalsozialistischen Regime und seinen Verbrechen stehen die Parlamentarische Demokratie und die sogenannte Soziale Marktwirtschaft der gegenwärtigen Bundesrepublik allemal gut da.« (ebd.: 434)

Eine nachhaltige historisch-politische Bildung, die sich mit dem Rechtspopulismus auseinandersetzt, ist zuallererst darauf angewiesen, ein umfassenderes Verständnis des Nationalsozialismus zu schaffen. Hier geht es etwa darum zu zeigen, wie schnell sich gesellschaftliche Standards im Umgang mit bestimmten Bevölkerungsgruppen verändern können (vgl. Fischer 2013: 211ff.). Die bloße Darstellung der Verbrechen des Nationalsozialismus macht es noch nicht möglich, ein Bewusstsein für die Gefahren ausgrenzender Denk- und Handlungsweisen in der gegenwärtigen Gesellschaft zu entwickeln. Nur dann, wenn die historisch-politische Bildung einen kritisch-reflektierenden Umgang mit der Geschichte ermöglicht, können »Lehren aus der Geschichte« gezogen werden.

---

schichtsbild der Jugendlichen heute so, wie wir es als erledigt geglaubte Karikatur aus den fünfziger Jahren kannten: 1933 landete das Raumschiff, aus dem die Nazis ausstiegen, das deutsche Volk verführten, einen Weltkrieg anzettelten, die Juden umbrachten, um dann 1945 so spurlos zu verschwinden, wie sie gekommen waren. Zurück blieben eine Unzahl Toter sowie ein peinlich berührtes, irgendwie diffus beschämtes, aber ohnehin von anderen Sorgen okkupiertes deutsches Volk.« (Welzer 2004: 54)

Ansätze sozialen Lernens

Neben der historisch-politischen Bildung spielen Ansätze sozialen Lernens eine wichtige Rolle bei der schulischen Präventionsarbeit. So schreibt Werner in einer typischen Weise für viele Bildungsangebote, die der extremen Rechten etwas entgegensetzen wollen, indem sie Defizite im Sozialverhalten zu beheben versuchen: »Dementsprechend müssen einer allgemeinen Menschenscheu und Menschenfeindlichkeit mittels emotionaler, kommunikativer und ressourcenorientierter Ansätze abgeholfen werden.« (Werner 2009: 69) Er empfiehlt ein »Kompetenztraining«, um ausgrenzenden Neigungen entgegenzuwirken: »Das Kompetenztraining beinhaltet das Trainieren der eigenen Geniepunkte und das Fördern des eigenen Selbstwertes durch Standpunkt-, Rhetorik-, Gefühls- und Antiblamiertraining. Mit vorhandenem Selbstbewusstsein werden klare Entscheidungen getroffen, Standpunkte klarer und unklare Konfliktsituationen weniger bedrohlich eingeschätzt.« (ebd.: 67f.)

Bei Präventionsstrategien, die sich darauf konzentrieren, ausgrenzenden Haltungen mit entsprechenden Kompetenztrainings entgegenzuwirken, stellt sich die grundsätzliche Frage, ob es sich bei den Anhängern des Rechtspopulismus primär um besonders scheue Charaktere handelt und inwiefern bei ihnen ein vorwiegend unsicheres, zurückhaltendes Verhalten festzustellen ist. Schließen sich ein gut entwickeltes Selbstbewusstsein und eine politisch rechte Haltung aus?

Auseinandersetzung mit dem Rechtspopulismus

Verstärkt ist zu beobachten, dass es rechtsorientierten Schülern gelingt, den Unterricht zu nutzen, um ihre Meinung in einer auf den ersten Blick harmlos wirkenden Weise einzubringen. Seidel zeigt, dass es sehr schwer ist, den Versuchen der Einflussnahme zu begegnen, wenn entsprechende Standpunkte in zurückhaltender Weise und mit Bezugnahme auf etablierte politische Parteien geäußert werden: »Nach wie vor der wichtigste Anknüpfungspunkt für rechtsextreme Diskurse im Unterricht ist die Behandlung des Themas Deutschland als Einwanderungsland. Häufig geschieht dies nicht mehr in einer offen rassistischen Agitation gegenüber Einwanderergruppen, sondern durch Aufnahme von Diskursen, die auch in der Mitte der Gesellschaft vorhanden sind. Beispiele hierfür sind Aussagen wie: ›Die Integration ist gescheitert‹ oder ›Der Islam ist mit der Demokratie nicht vereinbar‹.« (Seidel 2008: 6) Insgesamt zeigt sich, dass es schwer fällt, Menschen für die Gefahren zu sensibilisieren, die vom Rechtspopulismus ausgehen, wenn entsprechende Positionen in mehr oder weniger subtiler Weise auch in der Agenda von Parteien des demokratischen Spektrums zu finden sind.

Die Ethnisierung des Sozialen muss als ein gesamtgesellschaftliches Problem betrachtet werden, das dem Rechtspopulismus den Boden bereitet. Ethnopluralistische Argumentationen sind gerade deshalb als besonders wirkmächtig einzuschätzen, weil sie auf eine an den Nationalsozialismus erinnernde, offen rassistische Klassifizierung von Menschen verzichten. Auf eine unverfänglichere Weise ermöglichen sie jedoch ebenso eine gezielte Ungleichbehandlung der als nicht zugehörig markierten Bevölkerungsgruppen. Wenn zunehmend mehr politische, soziale und ökonomische Gegebenheiten als kulturell bestimmt gedacht werden, eröffnen sich vielfältige Anknüpfungspunkte für die kulturrassistische Agitation des Rechtspopulismus.[3] Es sind kulturalisierende Diskurse in der Mitte der Gesellschaft, die den politischen Forderungen des Rechtspopulismus ihre Plausibilität verleihen.

Neoliberalismus und autoritärer Etatismus

Die Attraktivität des Rechtspopulismus beruht zu einem großen Teil darauf, dass er sich offensiv gegen das Establishment wendet. Eine wachsende Prekarität der Daseinsvorsorge im Zuge der Ausweitung neoliberaler Reformen und der wiederholte Hinweis, dass ein Abweichen von der als alternativlos dargestellten Austeritätspolitik nicht möglich sei, ist ein wichtiger Grund für den wachsenden Zuspruch, den rechtspopulistische Parteien europaweit erfahren (vgl. Anderson 2017; Eberl/Salomon 2016). Der Widerspruch zwischen der Profilierung als wahre Vertreterin der Interessen der Bevölkerung und ihrer extrem wirtschaftsliberalen Programmatik bleibt dabei den meisten Anhängern der »Alternative für Deutschland« verborgen.

Auf den Zusammenhang von wirtschaftsliberaler Politik und ausgrenzenden Diskursen in der Mitte der Gesellschaft macht insbesondere von Lucke (2009) aufmerksam. Angesichts der sich im Zuge neoliberaler Wirt-

---

[3] Zick et al. (2010: 50f.) stellten in einer repräsentativen Befragung der deutschen Bevölkerung fest, dass 52,5% der Aussage »Der Islam ist eine Religion der Intoleranz« zustimmten. Insgesamt 46,1% waren der Meinung, dass es zu viele Muslime in Deutschland gebe.

schaftspolitik vollziehenden sozialen Polarisierung müssten Antworten auf die Frage nach der sozialen Gerechtigkeit gegeben werden. Diese Aufgabe übernähmen bereitwillig Vertreter der Wirtschaft wie Hans-Olaf Henkel, Publizisten wie Henryk M. Broder, Intellektuelle wie Peter Sloterdijk oder Ralph Giordano und in besonders aggressiver Weise der ehemalige Bundesbanker Thilo Sarrazin.[4] Es werde die Notwendigkeit eines Abbaus des Sozialstaats dargelegt und in mehr oder weniger deutlicher Form die bestehenden Gleichheits- und Gerechtigkeitsgrundsätze relativiert. Begleitet werde dieses Plädoyer für eine Umverteilung des gesellschaftlichen Reichtums zugunsten privilegierter Teile der Bevölkerung von abwertenden Äußerungen über sozial schwache Bevölkerungsgruppen und ethnische Minderheiten. Einerseits würden so verbreitete Ressentiments über die am Rande der Gesellschaft stehenden Gruppen bedient und andererseits die Profiteure der neoliberalen Politik als Leistungsträger präsentiert.

Politische Bildung gegen »Extremismus«?

Wenn Jugendliche vor allem dort für rechtspopulistische Positionen offen sind, wo diese an Diskurse über die Notwendigkeit einer restriktiven Begrenzung von Einwanderung oder eine mangelnde Integrationsbereitschaft von Muslimen anknüpfen, dann geht die pauschale Diagnose »Extremismus« am Kern des Problems vorbei. Bei der Konzentration auf den »Extremismus« werden disponierende Diskurse in der Mitte der Gesellschaft für nicht weiter erklärungsbedürftig gehalten. Schnittmengen zwischen Konservatismus, Rechtspopulismus und Rechtsextremismus werden mit der Annahme einer grundsätzlichen Unterscheidbarkeit von Positionen der »Mitte« und des »Extremismus« als nicht weiter thematisierungsbedürftig präsentiert. Der Blick auf das Extreme lenkt den Blick förmlich weg von der Verantwortlichkeit etablierter Parteien und von weiter verbreiteten ausgrenzenden Praxen in der Mitte dieser Gesellschaft.

Politische Bildung kann nur dann gelingen, wenn die Ermöglichungsbedingungen des Rechtspopulismus zum Gegenstand der Auseinandersetzung gemacht werden. Politische Bildung muss darauf aufmerksam machen, dass es nicht nur Menschen in schwierigen Lebenssituationen

[4] Siehe hierzu auch den Beitrag von Tammo Grabbert.

und Ewiggestrige sind, die ausgrenzende Vorstellungen vertreten. Damit würde die Brisanz des Problems verkannt. Stattdessen käme es darauf an, ein umfassenderes Bewusstsein der gegenwärtigen Herausforderungen für die demokratische Verfasstheit der Gesellschaft zu schaffen.

Literatur

Anderson, Perry (2017): Das System Europa und seine Gegner. In: Le Monde diplomatique, März.

Borstel, Dierk (2016): Die rechte Mobilisierung – eine Gefahr für die Demokratie? In: Gesellschaft – Wirtschaft – Politik (GWP), Heft 2, S. 163-169.

Eberl, Oliver/Salomon, David (2016): Postdemokratische Konstellationen. Befindet sich die repräsentative Demokratie in einer Krise? In: Der Bürger im Staat. Landeszentrale für politische Bildung Baden-Württemberg, Heft 2/3, S. 197-202.

Fischer, Sebastian (2015): Erinnerungspädagogik und Rechtsextremismus. In: Widmaier, Benedikt/Steffens, Gerd: Politische Bildung nach Auschwitz. Erinnerungsarbeit und Erinnerungskultur heute. Schwalbach/Ts., S. 137-148.

Fischer, Sebastian (2013): Rechtsextremismus – Was denken Schüler darüber? Untersuchung von Schülervorstellungen als Grundlage nachhaltiger Bildung, Schwalbach/Ts.

Lucke, Albrecht von (2009): Propaganda der Ungleichheit. In: Blätter für deutsche und internationale Politik, Heft 12, S. 55-63.

Minkenberg, Michael (2011): Die radikale Rechte in Europa heute. Profile und Trends in Ost und West, in: Globisch, Claudia/Pufelska, Agnieszka/Weiß, Volker: Die Dynamik der europäischen Rechten. Geschichte, Kontinuitäten und Wandel, Wiesbaden, S. 111-131.

Scheurich, Imke (2010): Historisch-politische Bildung in NS-Gedenkstätten und Gesellschaftskritik, in: Lösch, Bettina/Thimmel, Andreas: Kritische Politische Bildung. Ein Handbuch, Schwalbach/Ts., S. 433-442.

Seidel, Eberhard (2008): Dimensionen des schulischen Umgangs mit Rechtsextremismus, in: Klärner, Andreas/Korgel, Lorenz/Pauli, Bettina/Ziegenhagen, Martin: Lern- und Arbeitsbuch »Gegen Rechtsextremismus«. Handeln für Demokratie, Bonn.

Welzer, Harald (2004): »Ach Opa!« Einige Bemerkungen zum Verhältnis von Tradierung und Aufklärung, in: Meseth, Wolfgang/Proske, Matthias/Radtke, Frank-Olaf: Schule und Nationalsozialismus. Anspruch und Grenzen des Geschichtsunterrichts. Frankfurt a.M., S. 49-64.

Werner, Stefan (2009): Rechts überholen lassen? Tiefe Wurzeln der Fremdenscheu, Entstehung von Rechtsextremismus und Alltagsprävention. In: Moning, Elke/Petersen, Jendrik/Rückwardt, Bernd: Multiplikatoren gegen Rechtsextremismus. Frankfurt a.M., S. 53-71.

Wolf, Tanja (2017): Rechtspopulismus. Überblick über Theorie und Praxis. Wiesbaden.

Zick, Andreas/Küpper, Beate/Wolf, Hinna (2010): Wie feindselig ist Europa? Ausmaße Gruppenbezogener Menschenfeindlichkeit in acht Ländern, in: Heitmeyer, Wilhelm: Deutsche Zustände. Folge 9. Berlin, S. 39-60.

Horst Lahmann

Präventionskonzepte: Ansätze und Perspektiven

Prävention – Was sie ist und was nicht

In der politischen Auseinandersetzung hat der Begriff der Prävention inzwischen eine rasante Karriere erreicht. Es vergeht momentan keine Landtagsdebatte, bei der nicht der präventive Umgang mit dem politischen Extremismus gefordert wird. Zunächst gilt es sich darüber zu verständigen, wo mit Prävention und politischer Bildung anzusetzen ist. Der Präventionsbegriff wird inzwischen für zahlreiche Maßnahmen als Legitimation verwendet. Möglichen negativen Entwicklungen von Jugendlichen vorzubeugen, wird politisch positiv bewertet. Prävention als Erfolgsmodell ermöglicht es, Forschung und Projekte finanziert zu bekommen, und so sind es häufig die Präventionsakteure selbst, die Zielgruppen definieren und sich die eigenen Arbeitsgrundlagen schaffen. Dabei besteht die Gefahr, indirekte Normen zu setzen, ohne sie demokratisch auszuhandeln. Fabian Reicher kommt zu dem Schluss, dass es für eine demokratische Legitimation notwendig ist, dass zivilgesellschaftliche und staatliche Akteure einen kritischen wissenschaftlichen Diskurs über Begriffe, Zielgruppen und Wirksamkeit von Präventionsmaßnahmen führen. Über einen solchen Fachaustausch müssen handelnde Akteure ihre Arbeit legitimieren und evaluieren lassen. Außerdem müssen staatliche und zivilgesellschaftliche Einrichtungen, die Präventionsarbeit leisten, selbst demokratisch organisiert sein, was eine Auseinandersetzung mit der eigenen Rolle in Machtverhältnissen verlangt. Grundvoraussetzung für professionelle Prävention gegen Demokratiefeindlichkeit sind daneben Offenheit, Respekt und das Ernstnehmen des Gegenübers (vgl. Reicher 2016: 232f.).

Darüber hinaus ist zu unterscheiden zwischen demokratiefeindlichen Einstellungen und extremem Verhalten. Für mich ist das Konzept des Rechtsextremismusforschers Richard Stöss in der Auseinandersetzung mit Rechtsextremismus und Rechtspopulismus in dieser Hinsicht zielführend. Laut Stöss ist zwischen rechtsextremistischen *Einstellungen* und rechtsextremistischem *Verhalten* zu unterscheiden. »Es besteht kein

Einvernehmen darüber, wie rechtsextremistische Einstellungen inhaltlich zu definieren sind. In der Regel wird von einem vielschichtigen Einstellungsmuster ausgegangen, das sich in Deutschland mindestens aus folgenden Bestandteilen zusammensetzt: Nationalismus, Ethozentrismus, Antisemitismus und pronazistische, den Nationalsozialismus verherrlichende oder wenigstens doch verharmlosende Einstellungen.« (Stöss 2010: 22ff.)

Weitergehend hat dies der Göttinger Politikwissenschaftler Samuel Salzborn im Hinblick auf eine streitbare oder wehrhafte Demokratie ausgeführt. Ausgangspunkt für alle Überlegungen zur Bekämpfung von Rechtsextremismus und Demokratiefeindlichkeit in der Bundesrepublik ist der Rahmen der bundesdeutschen Demokratie. Das Selbstverständnis basiert dabei auf dem mit der Formulierung der streitbaren Demokratie oder *militant democracy* umrissenen Demokratiebegriff (1937 geprägt von Karl Loewenstein). Dieses Verfassungsverständnis hebt sich von einem bedingungslos liberalen, aber auch bedingungslos wehr- und hilflosen Demokratieverständnis dadurch deutlich ab, dass man den Feinden der Demokratie nicht die Möglichkeit geben will, diese »legal« zu zerstören, wie es in der Weimarer Verfassung noch möglich war (vgl. Salzborn 2014: 115).

Prävention gegen Demokratiefeindlichkeit muss von einem gefestigten Wertefundament aus erfolgen und darf die historischen Komponenten, die dem Konzept der wehrhaften Demokratie zugrunde liegen, nicht ausklammern.

In einer der letzten freien Debatten im Reichstag der Weimarer Republik 1932 sagte der SPD-Abgeordnete Kurt Schumacher den Satz: »Die ganze nationalsozialistische Agitation ist ein dauernder Appell an den inneren Schweinehund im Menschen.« Auch in der heutigen Zeit erleben wir wiederum eine sprachliche Radikalisierung durch rechtsextremistische und rechtspopulistische Agitation ganz im Kontext eines »Wörterbuch des Unmenschen« (vgl. Sternberger u.a. 1957). Das Grundgesetz, die Menschenrechte und die europäische Erinnerungskultur werden konsequent durch Tabubrüche infrage gestellt. Die Adressaten sind nicht x-beliebige Menschen, sondern ganz gezielt die Bürgerinnen und Bürger in der Mitte der Gesellschaft und zunehmend auch Mitglieder unserer Gewerkschaften. Für die Prävention ist dies ein Dilemma, aber auch eine Chance, demokratiefeindlichen Parolen und Sprüchen Paroli zu bieten. Klaus-Peter Hufer hat dies im Rahmen des von ihm entwickelten Konzeptes »Argumentieren gegen Stammtischparolen« ausgezeichnet beschrieben.[1]

Niemand wird bezweifeln, dass die Etablierung moralischer und rechtlicher Grenzen für jede Gemeinschaft überlebensnotwendig ist. Die Herausbildung der Menschenrechte im Laufe der europäischen Geschichte kann, ja muss begriffen werden als die Herausbildung von Grenzen gegen Menschenfeindlichkeit und Ausgrenzung von Minderheiten, die klar definieren, an welchen Punkten man an eine Grenze stößt und was nicht toleriert werden kann. Für die Gewerkschaften im Aushandeln von Arbeitsbeziehungen war dies eigentlich immer klar, dass politische und moralische Grenzen immer auch Schutzfunktionen hatten, dass Grenzen nicht nur gezogen, sondern manchmal auch erkämpft werden mussten, dass es immer darauf ankommt, auf welcher Seite einer Grenze man sich befindet. Der Philosoph Konrad Paul Liessmann hat es prägnanter formuliert: »Es sind die Schwachen, die Minderheiten, die Mindermächtigen, die Grenzen brauchen, nicht die Starken.« (Liessmann 2012: 39)

Wir müssen in der Bekämpfung des Rechtsextremismus auf der Einstellungsebene ansetzen. Wichtig in der präventiven Auseinandersetzung ist hier die Form der Vermittlung. Von Immanuel Kant stammt der Satz: »Aus so krummem Holze, als woraus der Mensch gemacht ist, kann nichts ganz Gerades gezimmert werden.« Das bedeutet, dass wir es in der Prävention mit sehr unterschiedlichen Persönlichkeiten und Individuen zu tun haben und daher ist es wichtig, neben einer instruktiven auch diskursive Prävention zielführend einzusetzen. In der Auseinandersetzung mit dem Rechtsextremismus und Rechtspopulismus heißt dies, Meinungen von Fakten zu unterscheiden. Grundlage jeder schulischen und außerschulischen Aufklärung über Menschenfeindlichkeit ist das Faktenwissen, sowohl über den Rechtsextremismus als auch über den Nationalsozialismus. Als Hannah Arendt 1950, fünf Jahre nach der Befreiung von der Nazi-Diktatur, aus dem amerikanischen Exil zu einem Besuch nach Deutschland kam, stellte sie fest: »Der wohl hervorstechendste und auch erschreckendste Aspekt der deutschen Realitätsflucht liegt jedoch in der Haltung, mit Tatsachen so umzugehen, als handele es sich um bloße Meinungen. Die Lügen totalitärer Propaganda unterscheiden sich von gewöhnlichen Lügen vor allem dadurch, dass sie ständig den Wert von Tatsachen überhaupt leugnen.« (Arendt 1986: 29f.)

[1] Siehe hierzu auch den Beitrag von Klaus-Peter Hufer in diesem Band.

Auffällig in der breiten gesellschaftlichen Debatte nach dem Bekanntwerden der Blutspur des »Nationalsozialistischen Untergrunds« (NSU) Ende 2011 war die Fokussierung auf die Niederlagen und Pannen der Sicherheitsbehörden. Seither untersuchen parlamentarische Untersuchungsausschüsse des Deutschen Bundestages und mehrerer Landtage deren Versäumnisse. Die Schule hingegen blieb bislang weitgehend außen vor. Ihre Rolle bei der Gewalt von rechts blieb nahezu unerwähnt, ihre Möglichkeiten bei der Prävention werden kaum diskutiert.

Stattdessen setzen große Teile der Öffentlichkeit auf innere Sicherheit, mehr Polizei, schärfere Gesetze und ein NPD-Verbot oder aber auf die außerschulische, zivilgesellschaftliche Bildungs- und Beratungsindustrie. Zwischen diesen Aktivitätsfeldern scheint der Rechtsextremismus als Thema im Schulunterricht mehr und mehr zu verblassen. Sind die Erwartungen an die Schule geringer geworden? Welche Bedeutung hat sie heute in der Auseinandersetzung mit dem Rechtsextremismus?

Hans-Gerd Jaschke stellt hierzu kritisch fest: »Weder zivilgesellschaftliche Initiativen und außerschulische Bildung noch das Politikfeld innere Sicherheit reichen an die Ursachenbekämpfung heran. Als Teil der primären Prävention ist die Schule neben der Familie der Ort, an dem die Weichen für demokratische oder nicht-demokratische Orientierungen Jugendlicher gestellt werden. Die Vermittlung von Wissen, Fähigkeiten und Fertigkeiten ist ein zentraler pädagogischer Auftrag. In der Auseinandersetzung mit dem Rechtsextremismus und auch dem historischen Vorläufer Nationalsozialismus gehen die gesellschaftlichen Erwartungen an die Schule darüber hinaus: Schule soll gegen den Rechtsextremismus ›immunisieren‹; sie soll moralische Standards und soziale Kompetenzen vermitteln, die dazu führen, dass Jugendliche für rechtsextremes Gedankengut nicht empfänglich sind. Sie soll mithin in den Prozess der politischen Überzeugungsbildung von Jugendlichen eingreifen und Partei nehmen für Demokratie und Menschenrechte und gegen Rassismus und Nationalismus.« (Jaschke 2012) Das Thema Rechtsextremismus in der Schule ist also nicht nur Wissensvermittlung, sondern es umfasst auch vielfältige Aspekte des sozialen Lernens. Somit ist die Schule als Regelstruktur wichtigster Baustein für eine frühzeitige und ganzheitliche Prävention zur Bekämpfung des Rechtsextremismus.

Praxismodelle

Exemplarisch möchte ich drei Praxismodelle vorstellen, die für die schulische und außerschulische Prävention gegen Rechtsextremismus und für Demokratiebildung inzwischen erprobt sind.

Blue Eyed Brown Eyed Projekt

Was ist Diskriminierung? Wie kann sie erkannt werden? Wie können wir ein klares Nein zu Diskriminierung im Alltagsleben kommunizieren? Mit diesen Fragen setzt sich das Training Blue Eyed Brown Eyed auseinander und bietet Antworten und Handlungsstrategien für die Präventions- und Bildungsarbeit im täglichen Umgang mit Rechtsextremismus und Rechtspopulismus in einer globalisierten Welt an.

Zwei voneinander getrennte Gruppen (Blauäugige-Braunäugige) erleben intensiv, welche Auswirkungen Diskriminierung hat. Grundlage bei diesem Training ist der Austausch von Erfahrungen und durchlebten Emotionen der beiden Gruppen, derjenigen, die diskriminiert wurden, und denen, die die Diskriminierung beobachtet haben. Das Training verdeutlicht die Notwendigkeit, eine Gesellschaft aufzubauen, die eine diskriminierungsfreie Atmosphäre schafft. Das Konzept wurde 1968 von der amerikanischen Grundschullehrerin Jane Elliott entwickelt.

Schule ohne Rassismus – Schule mit Courage

Ein gelungenes schulisches Beispiel stellt das Netzwerk »Schule ohne Rassismus – Schule mit Courage« dar. Es wurde 1995 als schulpolitische und -pädagogische Antwort auf die fremdenfeindlichen Anschläge in Deutschland nach der Wiedervereinigung gegründet. Verantwortlich war der menschenrechtlich orientierte »Aktion Courage e.V.«, der die Geschäftsstelle bis 2008 ehrenamtlich betrieb. Seit 2009 wird das Projekt von der Bundeszentrale für politische Bildung gefördert und von der »Gewerkschaft Erziehung und Wissenschaft« (GEW) unterstützt. Nach Angaben von »Schule ohne Rassismus« gibt es inzwischen über 2.000 Schulen in Deutschland, die im Netzwerk mitarbeiten. Die Grundidee besteht darin, dass Schulen beitreten können, wenn sie sich verpflichten, sich durch Projekte und Aktivitäten gegen Rassismus einzusetzen, bei diskriminierenden Vorkommnissen zu intervenieren und einmal pro Jahr ein Projekt zum Thema Diskriminierung auf die Beine zu stellen. Die Verleihung des Titels ist kein Qualitäts- oder Gütesiegel, sondern eine

Absichtsbekundung: Die Schule erklärt, aktiv unter Beteiligung aller Beschäftigten in der Schule gegen Diskriminierung vorgehen zu wollen.

Inzwischen ist das Projekt in die Jahre gekommen und zahlreiche Aktivitäten schlafen nach kurzer Zeit wieder ein, wenn Lehrkräfte oder Schülervertreter die Dinge nicht unterstützen. Eine Evaluation im Hinblick auf Wirkung und Nachhaltigkeit dieses wichtigen Präventionskonzeptes wäre ratsam.

Wanderausstellung »Gemeinsam gegen Rechtsextremismus« des Niedersächsischen Verfassungsschutzes

Prävention gegen Rechtsextremismus kann nur in Kooperation von staatlichen und zivilgesellschaftlichen Akteuren funktionieren. Seit 2013 bietet der Niedersächsische Verfassungsschutz eine aktualisierte Wanderausstellung für niedersächsische Schulen zur Aufklärung über die Gefahren des Rechtsextremismus an. Verbreitet wird dessen Propaganda hauptsächlich über das Internet, etwa mit Bildern auf Facebook oder in Musikvideos. Allgemein haben sich durch das Internet die Verbreitungswege rechtsextremistischer Ideologie grundlegend verändert. Daher stehen im Mittelpunkt dieses Präventionsprojektes Medientürme, in denen die Information über Rassismus und Ausgrenzung anhand einschlägiger Musik (hören), Internetpropaganda (sehen) und Szenekleidung (fühlen) vermittelt wird, um die gesamte rechtsextremistische Erlebniswelt mit Menschenverachtung im Internet deutlich zu machen. Bisher konnten hierdurch 13.000 Schülerinnen und Schüler an 15 Orten erreicht werden. Wichtiger Bestandteil dieses Präventionskonzeptes ist die Kooperation mit zivilgesellschaftlichen Akteuren vor Ort durch ein unabhängig vom Verfassungsschutz erstelltes Begleitprogramm. Durch Unterstützung der Hauptverwaltung der »Industriegewerkschaft Bergbau, Chemie, Energie« (IG BCE) und der IG Metall Wolfsburg konnten 2013 und 2014 neben den Schulen auch Akteure der außerschulischen Bildung und junge Menschen in der betrieblichen Ausbildung über die Gefahren des Rechtsextremismus aufgeklärt und sensibilisiert werden.

Die Bedeutung des Lernortes

Prävention und Politische Bildung sind keine Feuerwehren oder pädagogische Schluckimpfungen zur Bekämpfung des Rechtsextremismus und des Rechtspopulismus. Es geht nicht um kurzfristige, sondern um langfristige Präventionsstrategien. Neben der Schule ist die Verknüpfung von schulischer und außerschulischer Prävention unabdingbar. Aber es fehlen aktuelle Konzepte in der Verknüpfung von schulischen und außerschulischen Bausteinen einer zeitgemäßen Demokratieerziehung.

Für gewerkschaftliche Bildungsarbeit ist bis heute der emanzipatorische Lern- und Bildungsbegriff von Oskar Negt eine hervorragende Plattform, Zusammenhänge herzustellen. In einer demokratischen Gesellschaft geht es nicht nur um technische Qualifikation der Menschen, sondern um Persönlichkeitsbildung. Dies bedeutet das Anlegen von Vorräten durch Methoden, Bücher und zahlreiche Dinge, die nicht unmittelbar anwendbar sind (vgl. Negt 2012: 112f.).

Wie kann dies aber in einer verkürzten Schulzeit und in einem Kontext von pausenloser Kommunikation im Internet umgesetzt werden? Die Gewerkschaften sind hier in Verbindung mit den Bildungsstätten gefordert, die identitätsbedrohenden Flexibilisierungsideologien in die Schranken zu weisen. In Zeiten der großen Unruhen und Orientierungslosigkeit müssen Bildungsstätten als Orte der Besinnung wieder attraktiv für die Menschen werden. Im Kontext einer zeitgemäßen und nachhaltigen Prävention gegen Rechtsextremismus und Rechtspopulismus bieten Heimvolkshochschulen und Bildungsstätten Grundlagen einer neuen Vernetzung von Schule und außerschulischer Bildung. Gefordert sind Demokratiewerkstätten jenseits des schulischen Klingelzeichens als Ruhezonen des politischen Nach-Denkens und Auffindens demokratiegefährdender Einstellungen an den Rändern und der Mitte der Gesellschaft. Notwendig sind Erprobungen von neuen Formen des zivilisatorischen Umgangs und die Entwicklung einer demokratischen Haltung. Was heute in den meisten Schulen fehlt, ist die Möglichkeit zur Herstellung einer entschleunigten Lernsituation. Dies ist aber Voraussetzung für eine präventive demokratische Grundbildung in der Auseinandersetzung mit Abwertung und Ausgrenzung. Politische Bildung und Prävention braucht Räume und ausreichende Zeit, um Lernanlässe und Verhaltensänderungen auszuprobieren. Sie muss neben der kognitiven Wissensvermittlung auch Optionen für eigenes Handeln und aktives Eingreifen anbieten. Wo ginge dies besser, vor allem für aktive Gewerkschafter, als auf dem ruhegeschützten »Freibeuterplatz« einer Heimvolkshochschule? Nicht nur, aber vor allem für junge Menschen, sind die Emotionen, der Gefühlsüberschwang, tief empfundene Solidarität und Mitfühlen ganz wichtige persönliche Motivation des Handelns. Eine Prävention, die nur den Verstand anspricht, die nicht auch positive Emotionen für Demokratie und Menschenrechte weckt und nicht nur Abscheu gegenüber Verletzungen von Menschenrechten bewirkt, ist nicht zukunftsfähig.

Literatur

Arendt, Hannah (1993): Besuch in Deutschland, Berlin.

Jaschke, Hans-Gerd (2012): Zur Rolle der Schule in der Bekämpfung von Rechtsextremismus. In: Aus Politik und Zeitgeschichte 18-19/2012, Bonn. Online unter: www.bpb.de/apuz/133384/zur-rolle-der-schule-bei-der-bekaempfung-von-rechtsextremismus?p=all [letzter Zugriff: 25.9.2017].

Liessmann, Konrad Paul (2012): Lob der Grenze – Kritik der politischen Urteilskraft, Wien.

Loewenstein, Karl (1959): Verfassungslehre, Tübingen.

Negt, Oskar (2012): Gesellschaftsentwurf Europa, Göttingen.

Reicher, Fabian (2016): In: Rechtsextremismus Band 2: Prävention und politische Bildung, Hrsg. FIPU, Wien.

Salzborn, Samuel (2014): Rechtsextremismus, Baden-Baden.

Sternberger, Dolf/Storz, Gerhard/Süskind, Wilhelm E. (1957): Aus dem Wörterbuch des Unmenschen, Hamburg.

Stöss, Richard (2007): Rechtsextremismus im Wandel, Berlin.

Mark Haarfeldt

Die Arbeitswelt im Fokus der AfD

Zielgruppe Arbeiter

Die AfD startete mit ihrer Gründung 2013 als Partei, die sich »gegen den Euro« positionierte. Wer damals Interviews oder Statements der ehemaligen Gallionsfigur Bernd Lucke las oder hörte, konnte sich kaum vorstellen, dass die »Professoren-Partei« irgendwelche Anziehungskraft für ArbeitnehmerInnen entwickeln könne. Zu ökonomisch war die politische Sprache, zu rationalistisch die Ansichten, der Staat müsse die wirtschaftlichen Rahmenbedingungen so gestalten, dass Unternehmen weltweit konkurrenzfähig seien, indem Eingriffe – so in das Arbeitsrecht oder staatliche Sozialausgaben – minimiert werden. Diese Perspektive war von Beginn an ein starker Pfeiler der Partei und wurde dadurch bestätigt, dass sich die AfD 2014 vehement gegen die Einführung des Mindestlohns aussprach, würde dieser doch die deutsche Wirtschaft auf einem globalisierten Markt schwächen.

Drei Jahre später erkennen wir ein anderes Bild. Die Partei wird von Arbeiter_innen und Arbeitslosen gewählt. Und das in einem Umfang, dass der Betrachtende bei oberflächlicher Analyse zu dem Schluss kommt, die Partei vertrete die Interessen von sozial Schwächeren und Arbeitnehmer_innen. Seit dem März 2016 bestätigen die Landtagswahlen folgendes Bild: Die AfD wird gerade von Gruppen angenommen, bei denen die Forderung nach solider sozialer Sicherheit, sei es beim Verlust des Arbeitsplatzes oder einem stabilen und lebensfähigen Sozialsystem, hoch im Kurs steht. Dieses Phänomen zu beschreiben, ist nicht leicht: Warum hat gerade die AfD so einen großen Erfolg in diesen Wählergruppen? Es deutet sich jedoch an, dass Diskussionen um soziale Gerechtigkeit zwar weniger in den öffentlichen Medien thematisiert werden, es aber innerhalb der betroffenen Gruppen ein großes Anliegen ist, darüber zu debattieren, wie soziale Umverteilung aussieht und wie sie in Zukunft gestaltet werden solle. Dass dabei die AfD erfolgreich ist, muss deshalb nicht einzig auf ihre Programmatik zurückgeführt werden, sondern ist überwiegend durch die fehlenden Angebote von anderen Parteien zu erklären. Trotz dieses Zustandes hat die AfD Erfolge bei Arbeitnehmer_innen in Ost und West. Und dennoch, wie der Parteitag in Köln im April 2017 bewies, ist sich die Partei inhaltlich uneinig, wenn es um eine einheitliche Position in den Fragen der Arbeits- und Sozialpolitik geht.

Interessenvertretungen für Arbeitnehmer_innen und sozial schwache Gruppen in der AfD

In der AfD existieren drei Interessenvertretungen, die Arbeitnehmer_innen, sozial schwache Gruppen und auch Rentner_innen im Blickfeld haben. Dass es drei Gruppen gibt und nicht eine, ist durch den permanenten Konflikt innerhalb der Partei zu erklären. Die Gruppen arbeiten entweder gar nicht oder nur bedingt miteinander. Anhand innerparteilicher Bruchlinien, so zwischen Frauke Petry und Björn Höcke, lassen sich auch die Divergenzen der Gruppen begründen. Inhaltlich gibt es dagegen nur rudimentäre Unterschiede. Alle beziehen sich auf die Konzeption der »sozialen Marktwirtschaft«, die von Ludwig Erhard in den 1960er Jahren geprägt wurde. Unterschiedlich ist dagegen die Öffentlichkeitsarbeit, die in Sprache und Bild auf verschiedenen Wegen die Zielgruppen ansprechen möchten.

Die Vereinigung »Arbeitnehmer in der AfD« (AidA) wurde 2014 von dem Literaturwissenschaftler Gunther Nickel und dem in der Sicherheitsbranche Tätigen Robert Buck gegründet und erfasste explizit erstmalig in der strikt neoliberalen Partei Arbeitnehmer_innen und Gewerkschaftsmitglieder als Zielgruppe. Die Gründung hatte innerhalb der Partei für wenig Resonanz gesorgt, doch es war schon zu diesem Zeitpunkt deutlich, dass hier ein Segment gefunden wurde, das innerhalb der Wählerschaft durchaus Potenzial hatte. AidA organisierte sich als Interessenvertretung und formulierte das Ziel, die AfD-Programmatik sozial gerechter umzustrukturieren und dahingehend neue Wählergruppen zu erschließen. Parallelen zum französischen Front National, der unter Marine Le Pen Arbeitnehmer_innen als Zielgruppe identifizierte und seit 2015 damit auch in traditionellen Arbeiterregionen Erfolge erzielte, sind offensichtlich. Schlussendlich gab es bis zum Parteitag in Stuttgart im Juni 2016 kaum eine inhaltliche Positionierung zu Themen wie Leiharbeit oder Mindestlohn, sondern AidA reduzierte ihre Tätigkeit einzig auf die Publikation sozialpopulistischer Parolen über Facebook.

Besonders seit dem Sommer 2015, als hunderttausende Menschen aus Krisen- und Kriegsgebieten nach Deutschland kamen, war einzig das

Polemisieren gegen geflüchtete Menschen ein Thema. Dabei wurde die Formel weiter publiziert, die bereits bei PEGIDA ausgesprochen wurde: Die Präsenz von geflüchteten Menschen würde dazu führen, dass die sozialen Sicherungssysteme kollabieren und dabei eine akute Gefahr für sozial schwache Deutsche bzw. Menschen im Niedriglohnsektor entsteht. Die Formel wurde in einem rassistischen Duktus präsentiert, der menschenverachtend war. Im gesamten Kontext griffen auch andere Parteigliederungen diese Konstruktion auf, so in den Wahlkämpfen zu den Landtagswahlen in Sachsen-Anhalt, Baden-Württemberg und Rheinland-Pfalz. Die Vereinfachung sozialer Ungerechtigkeit auf die Präsenz von geflüchteten Menschen führte nicht zu einem rationalen Lösungsansatz. Auch vor der Ankunft von geflüchteten Menschen gab es soziale Ungerechtigkeit, die strukturell zu Abstiegsängsten führte. Der Lösungsansatz, Deutschland abzuschotten und unsolidarisch gegenüber Menschen in Not zu sein, führt keineswegs zu einer sozialen Sicherung bzw. Lebensverbesserung sozial schwacher Gruppen.

AidA änderte ihre Öffentlichkeitsarbeit sowie das führende Personal nach dem Parteitag in Essen im Juni 2015, als Bernd Lucke mit 4.000 Mitgliedern aus der Partei ausschied. Mit Christian Waldheim und Robert Buck wurden zwei Sprecher gewählt, die zunehmend in einem gewerkschaftlichen Duktus gewerkschaftliche Themen aufgriffen und die AfD dahingehend aufstellen wollten. AidA suchte eine inhaltliche Debatte mit den Gewerkschaften, die wiederum in die Diskussion um das Grundsatzprogramm einfließen sollte. Dazu sollte die Partei, die 2014 noch vehement den Mindestlohn abgelehnt hatte, diesen akzeptieren und das dominante neoliberale und auf sozialer Ungerechtigkeit basierende Gesellschaftsmodell relativiert werden. In diesem Punkt sah AidA eine Möglichkeit, die Stimmenanteile bei Arbeitnehmer_innen und sozial schwächeren Wählergruppen zu vergrößern. Trotz der entsprechenden Analyse von Wahlergebnissen war dieser Vorschlag in der Partei nicht mehrheitsfähig.

AidAs Vorstoß auf dem Stuttgarter Parteitag scheiterte. Mit neun Änderungsanträgen, die ausschließlich soziale Verbesserungen für Arbeitslose und schwächere Einkommensgruppen beinhalteten, versuchte die Interessengemeinschaft, eine stärkere soziale Ausrichtung der Partei zu manifestieren. Eine Diskussion fand nicht statt. Keiner der Änderungsanträge wurde auf dem Parteitag behandelt und sie wurden danach auch nicht weiter berücksichtigt. Der Parteitag offenbarte, dass innerhalb der Partei eine Diskussion um Sozialpolitik nicht geführt werden sollte. Zu gering war und ist die Unterstützung für diese Position in der Partei, sodass AidA sich in den folgenden Monaten weiterhin darauf konzentrierte, mehr Unterstützer_innen in und um die Partei zu sammeln. Dies gelang zwar, aber bisher in einem überschaubaren Rahmen. Wenngleich Christian Waldheim im Oktober 2016 ankündigte, dass AidA in der Sicherheitsbranche eine gewerkschaftliche Vereinigung gründen wolle, was bis zum Frühsommer 2017 nicht geschah, geht die Vereinigung immer offensiver gegen die DGB-Gewerkschaften vor und versucht durch eine Mischung aus Diskreditierung und der Behauptung, dass die AfD die einzige Partei sei, die Interessen von Arbeitnehmer_innen vertritt, weiterhin zu punkten. Die Nominierung von Alice Weidel und Alexander Gauland als Spitzenkandidaten für die Bundestagswahlen 2017 beweist jedoch, dass weder AidA noch andere Arbeitnehmer_innenvereinigungen in der Partei Einfluss auf deren strategisch-programmatische Ausrichtung nehmen können.

Mit der Gründung der »Alternativen Vereinigung der Arbeitnehmer« (AVA) im Februar 2015 wurde in Nordrhein-Westfalen eine zweite Vereinigung gegründet, die für die »sozial Schwachen« eintreten will. Gegründet wurde AVA von Uwe Witt, der in NRW sozialpolitischer Sprecher ist und einst Mitglied der IG Metall war. Witt initiierte AVA als eine mitgliederorientierte Vereinigung, die bundesweit AfD-Mitglieder rekrutierte. Die Gründung war hierbei nicht als Konkurrenz zu AidA zu verstehen, sondern im Unterschied zu AidA, die bis dato nicht aktiv für Mitglieder warb, ist für AVA dies eine wichtige Arbeitsebene, um damit auf die Partei zu wirken. Wie viele Mitglieder AVA derzeit hat, ist nicht bekannt. Gleichwohl war die Gründung auch strategisch gedacht und sollte besonders die Arbeiter_innen im Ruhrgebiet für die Landtagswahlen im Mai 2017 gewinnen. Gerade das Revier, so Uwe Witt bei der Gründung der AVA, sei eine Region, die die AfD gewinnen könne, sofern sie mehr Politik für sozial schwächere Gruppen betreiben würde. AVA trat daraufhin sozialpolitisch auf und forderte eine rigorose Umverteilung zuungunsten von geflüchteten Menschen. Die Formel wurde vehement vorgetragen und führte im ersten Jahr der Existenz nur bedingt zu Erfolgen. Sowohl in der Partei als auch in der Öffentlichkeit wurde die AVA kaum wahrgenommen. Die Ursache hierfür war nicht nur die Machtverteilung zugunsten des neoliberalen Flügels in der AfD, sondern auch speziell die Konstellation des Landesverbandes NRW, der seit Beginn des Jahres 2016 mit internen Streitigkeiten um das Führungspersonal zu kämpfen hatte. In dieser Auseinandersetzung zwischen Martin Renner und Marcus Pretzell positionierte sich die AVA weder für die eine noch für die andere Seite. Durch diese Unentschlossenheit gewann die Vereinigung weniger an »Standing« in der Partei und hatte Probleme, im Vorfeld des Wahlkampfs in NRW (der im Frühjahr 2017 begann) Einfluss auf das Wahlprogramm auszuüben. Trotz der personellen Auseinandersetzungen spielte die AVA eine wichtige Rolle für die AfD während des Landtagswahlkampfes. Mit Guido Reil kam »der Steiger« in die Reihen der neoliberalen AfD.

Reil war über 20 Jahre SPD-Mitglied, gehörte der IG BCE an und war bis zum Spätsommer 2016 Mitglied in der SPD-Ratsfraktion der Stadt Essen. Als Steiger auf der letzten produzierenden Zeche in Bottrop, »Prosper Haniel«, und dortiger Betriebsrat hat er ein gewisses Renommee, als Stimme der Bergleute zu fungieren. Dass Reil von der SPD zur AfD wechselte, wurde von der lokalen Westdeutschen Allgemeinen Zeitung thematisiert. Ausgangspunkt war eine Kampagne der SPD im Essener Norden, die sich gegen die unproportionale Verteilung geflüchteter Menschen in der Stadt Essen richtete. Reil initiierte die Kampagne mit dem Slogan »Das Boot ist voll im Essener Norden« und forderte mehr Unterkünfte im Essener Süden, wo traditionell wohlhabendere Stadtviertel sind. Dass Reil sich an einem Slogan aus dem rechtsextremistischen Umfeld orientierte und populistisch auf das Umverteilungsproblem in Essen hinwies, war ausschlaggebend für eine Diskussion in der SPD, den Stadtrat zu kritisieren. Letztendlich ging Reil freiwillig und trat in die AfD sowie auch AVA ein. Als Betriebsrat, Gewerkschafter und Bergmann sollte er die AfD im Wahlkampf im Ruhrgebiet vertreten.

Schon seine ersten Auftritte in der Öffentlichkeit bewiesen ein gewisses rhetorisches Talent. Er präsentierte sich als »Malocher-Type des Potts« und konnte durch seine proletarische Sprache schnell Sympathien gewinnen. Dass Reil trotz dieser medialen Auftritte nur Listenplatz 26 bekam, war einzig der internen Skepsis gegenüber seiner Person zu begründen. Als »verkappter Sozi« wurde er von Getreuen von Pretzell tituliert, sodass nur ein Platz im Mittelfeld heraussprang. Im Wahlkampf war Reil dann auch stark präsent und versuchte nicht nur im Ruhrgebiet auf Kundgebungen Werbung für die AfD zu machen. Sein Selbstbild, er sei nicht rassistisch, war real nicht präsent. Für soziale Ungerechtigkeit und steigende Kriminalität in manchen Stadtteilen des Ruhrgebiets wa-

Abb. 1: AfD-Wahlergebnisse bei den Landtagswahlen in NRW 2017

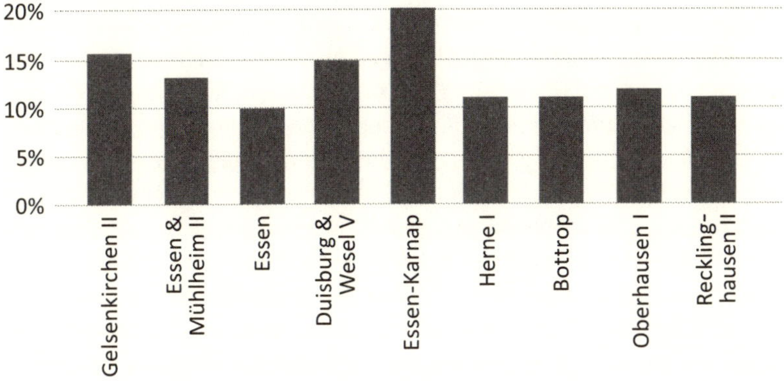

ren nach seiner Argumentation einzig nicht-deutsche Gruppen verantwortlich, die von der Politik und gerade der SPD geduldet werden. Reils populistische Lösungsansätze, die häufig nur auf Abschiebung von vermeintlichen Problemgruppen reduziert wurden, hatten weder das soziale Gefälle im Revier noch die zunehmend prekärer werdenden Arbeitsmarktbedingungen im Blick. Reil sprach – und dies war für viele Wähler_innen im Ruhrgebiet ein wichtiger Grund, für die AfD zu stimmen – Probleme an, die substantiell die Region prägen. Er nutzte das Gefühl des Verlassenseins von Politik aus, indem er vorgab, die AfD würde die sozialen Probleme lösen, indem nicht-deutsche Gruppen verschwinden. Diese verkürzte Darstellung komplexer Problemfelder war teilweise erfolgreich. Die Stimmbezirke, in denen die AfD über 10% erhielt, lagen alle im Ruhrgebiet und überwiegend in ärmeren Stadtteilen. Hier spielten soziale Abstiegsängste, Perspektivlosigkeit und streckenweise Armut eine wichtige Rolle bei der Entscheidung, AfD zu wählen. Den Trend, dass soziale Ungerechtigkeit ein wichtiger Faktor ist, bestätigte die Wahl in NRW eindrucksvoll. Reil schaffte es dennoch nicht in den Landtag.

Völlig überraschend für AidA und AVA war die Gründung der Interessengemeinschaft »Alternativer Arbeitnehmerverband Mitteldeutschland« (ALARM!) am 1. Mai 2017 in Erfurt. Die AfD veranstaltete dort eine 1. Mai-Kundgebung und proklamierte gleichzeitig, Arbeitnehmer_innen und Gewerkschaftsmitglieder zu organisieren. Als Gründungsmitglieder waren Vertreter der Landesverbände Sachsen-Anhalt, Brandenburg und Thüringen anwesend. Der sächsische Landesverband war offiziell nicht vertreten. Schon bei der Präsentation von ALARM! wurde deutlich, dass es als Konkurrenzprojekt zu AVA und AidA zu verstehen ist, das im damaligen internen Machtkampf zwischen Frauke Petry sowie ihrem Mann Marcus Pretzell gegen Alexander Gauland, André Poggenburg und Björn Höcke auch den Arbeitnehmerflügel der AfD widerspiegelt. Als Initiator wurde der Leiter des Wahlkampfbüros von Björn Höcke, Jürgen Pohl, präsentiert, der in einer markigen Rede gegen »Gewerkschaftsbosse« lästerte und sich für einen »solidarischen Patriotismus für die Arbeitnehmer« aussprach.

Auch Björn Höcke, der Fraktionschef im thüringischen Landtag, sprach in einem nationalistischen Pathos von »Kartellparteien«, die »Teil einer global vernetzten Elite« seien. Populistisch sieht er eine Verbindung zwischen der Auflösung des Sozialstaates und der nationalen Identität, was ALARM! rückgängig machen wolle. Die Betonung des Nationalen führt gleichzeitig bei ALARM! dazu, dass gegen Nicht-Deutsche Ausgrenzungsmechanismen stattfinden. ALARM! sieht sich nur dem »deutschen Arbeitnehmer« verpflichtet und versucht zum Beispiel auch internationale Unternehmen gegen nationale Unternehmen auszuspielen. In diesem Weltbild sind auch völkische Elemente vorhanden. Arbeitnehmer_innen werden nur dann vertreten, wenn sie die richtige – im Falle von ALARM! deutsche – Abstammung haben. ALARM! wurde daher nicht nur als Interessengemeinschaft gegründet, um den Höcke-Flügel im internen Machtkampf für Arbeitnehmer_innen attraktiv zu machen und auf dem Gebiet der Sozial- und Arbeitspolitik gegen die Gewerkschaften, SPD und DIE LINKE zu polemisieren, sondern gleichfalls, um Sozial- und Arbeitspolitik in ein nationalistisches Korsett zu pressen, das internationale Solidarität bzw. herkunftsunabhängige Politik ausschließt. Wenngleich ALARM! noch jung ist, bietet die Gruppe eine neue Form der Sprache an, die mitunter einen völkischen Habitus aufweist.

Der Einfluss der Arbeitnehmervertretungen innerhalb der AfD

Inwiefern sich zukünftig der Einfluss der drei Arbeitnehmerorganisationen in der Partei entwickelt, ist stark davon abhängig, welche Wählergruppen die Partei weiterhin wählen und wie sich das Verhältnis zum dominanten neoliberalen Flügel der Partei gestaltet. Sowohl im Grundsatzprogramm als auch im Wahlprogramm für die Bundestagswahlen sind die Bereiche Sozial- und Arbeitspolitik unterrepräsentiert und werden nur selten in der Partei öffentlich diskutiert. Der Arbeitnehmerflügel steht hier einer neoliberalen Dominanz gegenüber, die jegliche soziale Verantwortung durch den Staat auf ein Minimum reduzieren möchte. Das Credo der Leistungsgesellschaft, dass ökonomisch potente Individuen mehr Einfluss auf gesellschaftspolitische Prozesse haben sollen und dass Menschen in prekären Lebensverhältnissen nur bedingt von sozialen Sicherungssystemen leben dürfen, steht für den Großteil der AfD im Vordergrund und wird auch so vertreten. Die Arbeitnehmerorganisationen sind zwar im Aufwind – und die Ergebnisse bei den Landtagswahlen 2016 und 2017 bestätigen dies –, haben aber bisher wenig Auswirkungen auf die programmatische Gestaltung der Partei.

Ein anderes Bild zeigt sich, wenn es um die Öffentlichkeitsarbeit der Gesamtpartei geht. Dort nehmen auch sozialpopulistische Aussagen deutlich zu und werden zunehmend mit einem völkischen Vokabular vermischt, das stark ausgrenzende und protektionistische Züge aufweist. In diesem Kontext ist ein Vergleich zwischen Aussage und programmatischer Praxis notwendig, der stark differiert. Doch darf an dieser Stelle nicht vergessen werden, dass selbst bei einem Höcke nicht der Mensch im Mittelpunkt steht, sondern ein »Wir«, das einzig als »deutsches Vaterland« benannt wird. Die Nation hat somit eine konstitutive Bedeutung, die das Individuum als eigenständiges und anerkanntes Subjekt auflöst und einzig von einem »geliebten deutschen Vaterland« ausgeht. Dieses Weltbild kann sich dann auch gegen Menschen richten, die laut Reisepass »deutsch« sind. In diesem Kontext ist besonders bei ALARM!, aber auch dezidiert bei AVA und AidA eine starke ausgrenzende Komponente zu erkennen, die nur auf Herkunft, Religion oder Kultur basiert und weniger auf Solidarität.

Tim Ackermann

Die wirtschafts- und sozialpolitischen Forderungen der AfD und ihre ordoliberalen Grundlagen

Die gewerkschaftlichen Kernklientel der Arbeiter und Arbeitslosen sowie Gewerkschaftsmitglieder insgesamt haben bei den Landtagswahlen 2016 und 2017 überdurchschnittlich häufig die AfD gewählt.[1] Bei der Landtagswahl in Nordrhein-Westfalen haben 17% der Arbeiter und 12% der Arbeitslosen ihre Stimme der AfD gegeben (vgl.: Infratest Dimap 2017). Dies wirft die Frage auf, ob die AfD das Potenzial hat, eine »Partei der Arbeiter« (TAZ, 25.1.2017) oder die Partei einer »Arbeiterbewegung von rechts« (Titel einer Konferenz in Jena, 22.-24.6.2017) zu werden.

Zweifellos gibt es Anknüpfungspunkte. So sind in den Betrieben »gesellschafts- und kapitalismuskritische Einstellungen und Urteile (...) weit verbreitet« (Dörre/Matuschek 2013: 43) und diese Kritik ist »heimat- und orientierungslos« (ebd.: 47). Zudem sind »Gewerkschaftsmitglieder (...) ebenso anfällig für Rechtsextremismus wie die Gesamtbevölkerung« (Zeuner et al. 2007: 8) und »bestimmte Stammklientel der Gewerkschaften sind sogar überdurchschnittlich anfällig« (ebd.). Diese Gemengelage begünstigt Formen exklusiver, ausschließender Solidarität und führt zur Unterstützung einer Politik, »die auf Statuserhalt und Schutz der eigenen Lebensweise mittels Flüchtlingsabwehr zielt« (Dörre 2016). In einem Beitrag von Frontal 21 vom 24. Januar 2017 (Frontal 21 2017) lässt sich sehen, wie aus Unmut über soziale Problemstellungen und aus der gefühlten Ohnmacht gegenüber der Politik eine völkische Antwort und eine Wahlentscheidung für die AfD folgen kann. Zugleich gibt es innerhalb der AfD Tendenzen, sich als »Partei des kleinen Mannes« zu präsentieren und sich mittels Arbeitnehmervereinigungen innerhalb der Partei den Arbeitern zuzuwenden.[2]

Allerdings hat die AfD wirtschafts- und sozialpolitisch abhängig Beschäftigten und Arbeitslosen materiell nicht viel mehr anzubieten als eine

---

[1] Siehe auch den Beitrag von Björn Allmendinger in diesem Buch.
[2] Siehe den Beitrag von Mark Haarfeldt in diesem Buch.

Schlechterstellung derjenigen, die »nicht dazugehören«. Sie fährt einen »im Geiste des deutschen Ordoliberalismus stehenden neo(national)liberalen« (Kellershohn 2017: 14) Kurs. Dessen Durchsetzung würde zentrale Errungenschaften der Arbeiterbewegung infrage stellen, wesentliche Bereiche des Sozialstaats schleifen und die Ausgangssituation der abhängig Beschäftigten in der Auseinandersetzung von Kapital und Arbeit über die Verteilung der produzierten Werte erheblich verschlechtern.

Im Folgenden werden zunächst die Grundzüge einer ordoliberalen Wirtschafts- und Gesellschaftspolitik als theoretische Grundlage des Programms der AfD dargestellt. Eine besondere Bedeutung hat der Begriff der Sozialen Marktwirtschaft, der in Deutschland sehr positiv besetzt ist und auf den sich auch die AfD als Grundlage ihrer wirtschaftspolitischen Vorstellungen bezieht. Hier soll geklärt werden, was unter dem Konzept der Sozialen Marktwirtschaft, wie es im Grundsatzprogramm der AfD verwendet wird, zu verstehen und wie dieses Konzept mit ordoliberalen Vorstellungen verbunden ist. Im Anschluss daran erfolgt eine Skizzierung der wirtschafts- und sozialpolitischen Positionen der AfD im Hinblick auf die Folgen, die eine Umsetzung für abhängig Beschäftigte haben würde.

Ordoliberalismus – die deutsche Variante des Neoliberalismus

Das wirtschafts- und sozialpolitische Programm der AfD steht in der Tradition des Ordoliberalismus, der deutschen Ausprägung des Neoliberalismus.[3] Der Ordoliberalismus entwickelte sich in der zweiten Hälfte der 1920er Jahre insbesondere in Auseinandersetzung mit den Ursachen der Weltwirtschaftskrise ab 1929. Auch diese Variante beruht auf dem Glauben an die Selbstregulierung des Marktes sowie positive Effekte einer möglichst schrankenlosen Konkurrenz und zielt auf eine »marktwirt-

[3] Der Ordoliberalismus entwickelte sich in der Auseinandersetzung mit Ansätzen des klassischen Liberalismus insbesondere angelsächsischer Prägung und stellte zunächst eine besondere, deutsche Ausprägung desselben dar. Erst in der Auseinandersetzung mit den Ursachen der Weltwirtschaftskrise ab 1929 begann sich ein »neuer« Liberalismus herauszubilden, der ab Ende der 1930er Jahre als Neoliberalismus bezeichnet wurde. Nach dem Zweiten Weltkrieg entwickelte sich die ordoliberale, deutsche Variante davon in Auseinandersetzung mit anderen Varianten des Neoliberalismus weiter (vgl. Butterwegge u.a. 2017: 13ff.).

schaftlich dominierte Gesellschaft« (Butterwegge u.a. 2017: 22), einen »Kapitalismus ohne wohlfahrtsstaatliche Begrenzungen« (ebd.: 11) ab.

Allerdings ist der Ordoliberalismus im Unterschied zu anderen Varianten durch zwei zentrale Annahmen geprägt: Zum einen beinhaltet der Ordoliberalismus »das Konzept eines ›liberalen Interventionismus‹ zur Durchsetzung und Sicherung einer wettbewerbsintensiven Marktwirtschaft« (Ptak 2006: 170f.). Dieses Konzept macht einen »starken Staat« notwendig, der »den Wettbewerb notfalls auch mit autoritären Mitteln gewährleisten soll« (ebd.). Darunter fällt insbesondere die Verhinderung von Monopolstellungen, da diese Wettbewerb verhindern und verzerren und somit dessen positive Effekte schwächen würden. Zum anderen wird im Ordoliberalismus die »soziale Frage« grundsätzlich anerkannt und eine sozialpolitische Begleitung der Marktwirtschaft angestrebt. Allerdings ist damit nicht ein starker Sozialstaat gemeint, der Lebensrisiken über solidarische Mechanismen und Umverteilung des gesellschaftlichen Reichtums absichert. Es geht vielmehr um die »Hoffnung allgemeiner Wohlstandsmehrung durch eine funktionsfähige Marktwirtschaft, ergänzt durch soziale Hilfe in Notfällen, vor allem aber [um die] (...) ideologische[n] Stabilisierung durch soziale Formierung der Gesellschaft« (ebd.). Der letzte Punkt ist dabei entscheidend. Hier geht es um die »Notwendigkeit einer das ökonomische Programm einer liberalen ›Ordnung der Wirtschaft‹ flankierenden konservativ-traditionalen Ordnung der Gesellschaft« (Haselbach 1991: 161). Dies bedeutet im Wesentlichen, dass traditionelle gesellschaftliche Strukturen, wie insbesondere die Familie, den Menschen Halt geben und sie im Falle eines Scheiterns am Markt auffangen sollen. Die Sozialpolitik ordoliberaler Prägung zielt somit auf »die Schaffung einer neben der wirtschaftlichen Sphäre liegenden, im Wesentlichen immateriellen, ideologischen Basis zur Befriedung der sozioökonomischen Interessengegensätze innerhalb der kapitalistischen Gesellschaft« (Ptak 2008: 80). Kurz: Wohlfühlatmosphäre und familiäre Abhängigkeiten statt höherer Löhne und sozialstaatlicher Absicherung ist das Ziel. Daneben wird in ordoliberalen Konzepten großer Wert auf die Förderung klein- und mittelständischer Betriebe als Grundlage der angestrebten Wirtschafts- und Gesellschaftsordnung gelegt.

Der Ordoliberalismus verbindet also eine markt- und wettbewerbsgläubige, neoliberale Wirtschaftspolitik mit einer reaktionären, rückwärtsgewandten Gesellschaftspolitik, die den »sozialen« Rahmen bildet und den Kitt der Gesellschaft darstellt, sowie einem autoritären Staat, der diese Ordnung schaffen und sichern soll.

Ordoliberalismus und Soziale Marktwirtschaft

Der Begriff der Sozialen Marktwirtschaft ist in Deutschland sehr positiv besetzt und bildet im allgemeinen Verständnis die Grundlage des deutschen Wirtschafts- und Sozialmodells im Sinne einer Verbindung von Marktwirtschaft mit sozialstaatlicher Absicherung. Auch die AfD bezieht sich in ihrem Wahlprogramm für die Bundestagswahl positiv auf den »Ordnungsrahmen, der in der Nachkriegszeit aufgebaut und lange Zeit unangetastet blieb« (AfD 2017: 51), und plädiert in ihrem Grundsatzprogramm »im Bereich der Wirtschaft für eine Ordnungsethik auf der Grundlage der Sozialen Marktwirtschaft« (AfD 2016: 67). Im Kontext der Auseinandersetzung mit der neoliberalen Wirtschafts- und Sozialpolitik der AfD lohnt hier ein genauerer Blick: Was versteht die AfD unter Sozialer Marktwirtschaft und was bedeutet das für den Sozialstaat, wie wir ihn kennen?

Die AfD bezieht sich in ihrem Grundsatzprogramm im Kontext des Begriffs der »Sozialen Marktwirtschaft« explizit auf die Ausprägung, die »von Walter Eucken, Alfred Müller-Armack und Wilhelm Röpke entwickelt« (ebd.) wurde, und benennt damit zugleich die zentralen Theoretiker des Ordoliberalismus. Damit stellt sie sich in eine Traditionslinie der Sozialen Marktwirtschaft, die »eine spezifische wirtschafts- und dem Anspruch nach auch gesellschaftspolitische Konzeption des deutschen Neoliberalismus nach 1945« (Ptak 2008: 71) ist. Diese ursprüngliche Konzeption der Sozialen Marktwirtschaft wurde »in der Gründungsphase der Bundesrepublik zum Leitbild der Wirtschaftspolitik (...), [verlor] dann aber in der zweiten Hälfte der 50er-Jahre sukzessive an Einfluss« (ebd.: 71f.). Den Ordoliberalen, insbesondere Alfred Müller-Armack, gelang es »gegen den politischen Zeitgeist ein gesamtwirtschaftlich ausgerichtetes Wirtschaftsprogramm keynesianischer Prägung« (Ptak 2006: 171) zu verhindern und über den Begriff der Sozialen Marktwirtschaft, ein »praxisorientiertes Konzept ordoliberaler Kerngedanken« (ebd.), maßgeblichen Einfluss auf die Wirtschaftsordnung der entstehenden Bundesrepublik zu nehmen. Allerdings konnte dieser Einfluss nicht dauerhaft aufrechterhalten werden, »denn entgegen der ursprünglichen Konzeption der Sozialen Marktwirtschaft entwickelte sich die Bundesrepublik über viele gesellschaftliche Auseinandersetzungen zu einem ausgebauten Sozialstaat« (Ptak 2006: 171f.).

Die Verbindung von Marktwirtschaft mit Sozialstaat, wie sie heute üblicherweise mit dem Begriff der Sozialen Marktwirtschaft verbunden wird, ist also gerade nicht die Konzeption, auf die sich die AfD bezieht, wenn sie von Sozialer Marktwirtschaft spricht. Sie bezieht sich damit vielmehr auf die Grundsätze ordoliberaler Ordnungspolitik, also auf die Verbindung von einer marktgläubigen, wettbewerbsorientierten und neoliberalen Wirtschaftspolitik mit einer reaktionären und rückwärtsgewandten Gesellschaftspolitik sowie einem autoritären Staat.

Die wirtschafts- und sozialpolitischen Positionen der AfD[4]

Die ordnungspolitischen Vorstellungen des Ordoliberalismus ziehen sich wie ein roter Faden durch die verschiedenen Themenfelder des Grundsatzprogramms der AfD aus dem Jahr 2016. In ihren Positionen zur grundlegenden Gestaltung des Staates und seiner Aufgaben unterscheidet sich der ordoliberal geprägte Ansatz der AfD von anderen neoliberalen Vorstellungen. Zwar fordert auch die AfD einen »Schlanke[n] Staat für freie Bürger« (AfD 2016: 9), allerdings soll dieser zugleich »stark« (vgl. ebd.: 69) sein. »Schlank« soll der Staat im Bereich der Daseinsfürsorge, der sozialen Leistungen und der öffentlichen Dienstleistungen sein. Zu diesem Zweck schlägt die AfD Privatisierungen öffentlicher Einrichtungen vor bzw. eine Prüfung, »inwieweit vorhandene staatliche Einrichtungen durch private oder andere Organisationsformen ersetzt werden können« (ebd.).

Betrachtet man die Forderungen der AfD im Bereich der Steuerpolitik, so lassen die nach ihrer Umsetzung zu erwartenden Einnahmen des Staates auch kaum eine andere Wahl als einen »schlanken Staat«. Neben der Forderung nach der finanziellen Entlastung von Mittel- und Geringverdienern (vgl. ebd.: 73) wendet sie sich gegen die Wiedereinführung einer Vermögenssteuer und möchte die Erbschaftssteuer abschaffen

[4] Eine ausführlichere Darstellung der wirtschafts- und sozialpolitischen Positionen der AfD – die in diesem Rahmen nicht zu leisten ist – findet sich bei Nocun 2016. Eine Einbettung dieser Forderungen in das ideologische Gesamtkonzept eines nationalen Wettbewerbsstaats auf völkischer Basis leistet Kellershohn 2016.

(vgl. ebd.: 75). Auch die »Wiederherstellung des Bank- und Steuergeheimnisses« (ebd.) führt im Wesentlichen zu einer Entlastung derjenigen, die über große Vermögen und Einkünfte verfügen – und diese der Steuerpflicht entziehen möchten. Daneben fordert die AfD »[a]nalog zur Schuldenbremse (...) eine verbindliche Steuer- und Abgabenbremse im Grundgesetz« (ebd.: 73).

Auch diese Maßnahmen laufen auf eine Entlastung des finanzkräftigen Teils der Bevölkerung hinaus und schränken die Möglichkeiten der Umverteilung von oben nach unten ein. Der Handlungsspielraum des Staates wird damit erheblich verringert. Die Möglichkeiten des sozialen Ausgleichs über eine Umverteilung zwischen Arm und Reich und die Interventionsmöglichkeiten des Staates zur Korrektur sozialer Ungleichheiten werden dadurch massiv beeinträchtigt. Einen schlanken Staat muss man sich leisten können. Der Ersatz öffentlicher Dienstleistungen – sei es im Bereich der Bildung, des öffentlichen Nahverkehrs, des Gesundheitswesens, der Infrastruktur, der sozialen Sicherungssysteme usw. – durch gewinnorientierte private Unternehmen führt nicht notwendig zu besseren Angeboten. Und kostengünstiger werden diese nur über schlechtere Beschäftigungsbedingungen und Lohndumping zulasten der Beschäftigten in diesen Bereichen.

Welche Aufgaben der Staat haben soll, zeigt auch, welche Bedeutung die Sozialpolitik für die AfD hat: »Es bedarf neuer Konzentration auf die vier klassischen Gebiete: Innere und äußere Sicherheit, Justiz, Auswärtige Beziehungen und Finanzverwaltung.« (AfD 2016: 9) Hier ist der »starke Staat« gefragt. »Aufgaben jenseits dieser vier Kerngebiete bedürfen besonderer Rechtfertigung.« (ebd.) Das im Grundgesetz Artikel 20 Absatz 1 verankerte Sozialstaatsgebot, das die BRD als »demokratischen und sozialen Rechtsstaat« definiert und keiner weiteren besonderen Begründung bedarf, spielt für die AfD somit keine Rolle. Der Sozialstaat wird im Grundsatzprogramm der AfD dementsprechend auch nur einmal benannt (ebd.: 62), wenn auch nur im Zusammenhang mit der Forderung nach einem Schutz desselben vor Migrant_innen. Allerdings erkennt die AfD im Einklang mit ordoliberalen Positionen an, dass der Anspruch, »ein selbstbestimmtes Leben in relativem Wohlstand [...] führen« (ebd.: 35) zu können, »mit den Zielen der Wirtschaft nicht unbedingt deckungsgleich ist« (ebd.). Deshalb »muss der Staat einen angemessenen Ordnungsrahmen schaffen« (ebd.). Dieser Ordnungsrahmen wird im weiteren Verlauf allerdings sehr speziell gefasst. Die AfD versteht unter der Forderung nach einer »Reform der sozialen Sicherungssysteme« (ebd.: 36) die Herstellung von Abgabengerechtigkeit in der Sozialversicherung für Familien. Dieser Punkt dominiert das gesamte Kapitel »Arbeitsmarkt und Sozialpolitik« (ebd.: 35ff.) und zeigt die Bedeutung der Familie als zentrale sozialpolitische Instanz in der Programmatik der AfD.

Wirtschaftspolitisch bezieht sich die AfD in ihrem Grundsatzprogramm explizit auf eine »Ordnungsethik auf der Grundlage der Sozialen Marktwirtschaft, wie sie von Walter Eucken, Alfred Müller-Armack und Wilhelm Röpke entwickelt« (ebd.: 67) wurde. Deren »[z]entrale Prinzipien sind Eigentum, Eigenverantwortlichkeit und freie Preisbildung. Der Schutz des Privateigentums ist dabei genauso unentbehrlich wie offene Märkte, Vertragsfreiheit und ein freier Wettbewerb mit entsprechender Wettbewerbspolitik und Monopolkontrolle« (ebd.). Bei diesen rein angebotsorientierten Leitlinien zeigt sich die Bedeutung des »schlanke[n], aber starke[n] Staat[s]« (ebd.: 69). Auch wenn »[g]egebenenfalls erforderliche staatliche Eingriffe (...) auf das notwendige Minimum zu begrenzen« (ebd.: 67) sind, bedarf es bei der Verhinderung von Monopolen gegen die Interessen wirtschaftlich starker Unternehmen durchaus eines durchsetzungsfähigen Staates. Allerdings bleibt der »starke Staat« wirtschaftspolitisch auf die Herstellung angebotsorientierter Rahmenbedingungen für Unternehmen beschränkt. Beschäftigte und ihre Rechte spielen in der Programmatik der AfD keine Rolle. Auch die Ankündigung, dass die AfD wirtschaftspolitisch »auf breiter Front deregulieren und Bürokratie abbauen« (ebd.: 68) will, ist ein Generalangriff auf erkämpfte Schutzbestimmungen, insbesondere für Beschäftigte im Betrieb.

Dies zeigt sich in den Forderungen für den Mittelstand, der für die AfD eine besondere Bedeutung hat und als »Herz unserer Wirtschaftskraft« (ebd.: 69) bezeichnet wird. Zu dessen Unterstützung will sie »deutliche Vereinfachungen zum Beispiel beim Hunger nach statistischen Daten, beim betrieblichen Beauftragtenwesen, bei betrieblichen Sicherheitsbestimmungen oder auch beim Mindestlohn« (ebd.) erreichen. Diese Maßnahmen des »Bürokratieabbaus« und der »Deregulierung« bedrohen wesentliche Eckpfeiler der betrieblichen Ordnung in Deutschland. Sie laufen zum einen – trotz des Bekenntnisses, den Mindestlohn beibehalten zu wollen (vgl. ebd.: 36) – auf eine Unterwanderung der gesetzlichen Lohnuntergrenze hinaus. Zum anderen erfolgt eine Aushebelung des betrieblichen Arbeits- und Gesundheitsschutzes auf Kosten der Beschäftigten.

Bemerkenswert ist, dass Gewerkschaften, Mitbestimmung und Sozialpartnerschaft im Grundsatzprogramm der AfD schlicht nicht vorkommen. Auch bei der unter der Überschrift »Arbeitsmarkt von unnötiger Bürokratie befreien« (ebd.: 36) erhobenen Forderung, »ein Arbeitsgesetzbuch zu schaffen, dass [sic!] (...) die Einzelgesetze systematisch zusammenführt« (ebd.), wird das Betriebsverfassungsgesetz als Grundlage der betrieblichen Mitbestimmung in Deutschland nicht genannt. Über die Bedeutung dieses Gesetzes für die AfD lässt sich daher nur spekulieren. Allerdings gelten Gewerkschaften im »neoliberalen Politikkonzept (...) als wettbewerbswidrige Monopolanbieter des gesellschaftlichen Arbeitskräfteangebots« (Urban 2008: 355) und in ordoliberalen Konzepten hat die Verhinderung von Monopolen zur Herstellung eines »freien Wettbewerbes« eine hohe Bedeutung.

Sozialpolitische Zugeständnisse im Bundestagswahlprogramm

Das Grundsatzprogramm der AfD aus dem Mai 2016 ist – trotz aller Widersprüche und Kompromisse zwischen den verschiedenen Flügeln der Partei – sozial- und wirtschaftspolitisch relativ stringent von ordoliberalen Vorstellungen durchzogen. Eine Ausnahme ist das Bekenntnis zum Mindestlohn, um das heftige Debatten geführt wurden. Im Bundestagswahlprogramm vom April 2017 zeigt sich eine strategische Neupositionierung der AfD im wirtschafts- und sozialpolitischen Bereich. Es erfolgt eine Erhöhung der Ration des Zuckerbrotes für abhängige Beschäftigte bei Beibehaltung der Peitsche. Darin zeigen sich die gestiegene Stärke des Arbeitnehmerflügels der Partei und die Bedeutung der abhängig Beschäftigten sowie der Arbeitslosen für die Wahlerfolge der AfD. Sozialpolitische Forderungen wie »eine gesetzliche Obergrenze von 15 Prozent Beschäftigten mit Leih- oder Werkverträgen in Unternehmen« (AfD 2017: 50), eine »bedarfsangepasste Qualifizierung für Arbeitslose« (ebd.), »eine gestaffelte längere Bezugsdauer von Arbeitslosengeld I in Abhängigkeit der Dauer der Vorbeschäftigung« (ebd.: 56), die Festlegung des »Arbeitgeberanteil[s] zur Kranken- und Pflegeversicherung wieder [auf] gleiche[r] Höhe wie der Arbeitnehmeranteil« (ebd.) oder auch die Forderung nach »Sicherheit im Arbeitsleben und im Alter« (ebd.: 55) sind nun durchaus vorhanden. Auch der Begriff des Sozialstaats wird positiv besetzt verwendet und man ist bereit, soziale Belange bei der Reform des Steuersystems zu berücksichtigen (vgl. ebd.: 48). Zugleich formulieren die »[g]rundlegende[n] Elemente für eine prosperierende Wirtschaft« (ebd.: 51) ungebrochen zentrale Prinzipien des Ordoliberalismus als wirtschaftspolitische Leitsätze der AfD. Insbesondere die Forderung nach »Eigenverantwortung der Wirtschaftssubjekte mit dem Gegenstück Haftung für das eigene Handeln« (ebd.) kann nur als Absage an sozialpolitische Absicherung verstanden werden. Die Widersprüchlichkeiten innerhalb der AfD nehmen weiter zu.

Fazit

An den Veränderungen des Bundestagswahlprogramms 2017 im Vergleich zum Grundsatzprogramm 2016 der AfD zeigt sich die Suche der Partei nach einer Verbindung neo(national)liberalen/ordoliberalen Sozialstaatsabbaus mit der für Teile ihres Wählerklientels notwendigen sozialpopulistischen Unterstützung. Damit wandelt sie in den Fußstapfen des Front National in Frankreich und – eingeschränkt – der FPÖ in Österreich, die diese Verbindung bereits vollzogen und ihre ursprünglich radikal neoliberalen Positionen zumindest partiell »sozialdemokratisiert« haben. Ob die AfD die damit einhergehenden Widersprüche ähnlich erfolgreich aushalten und ob eine solche Verbindung mittelfristig glaubhaft dargestellt werden kann, ist derzeit offen.

Auch die wachsende Stärke des offen nationalistisch-völkischen Flügels der AfD wird Auswirkungen auf die Gestaltung der Wirtschafts- und Sozialpolitik der Partei haben. Was Sozialpolitik für diesen Flügel bedeutet, lässt sich an Björn Höcke erkennen. Auf einer Kundgebung bezeichnet er die »neue deutsche soziale Frage des 21. Jahrhunderts« (Monitor 2016, ab Min. 4:40) als »Frage über die Verteilung unseres Volksvermögens nicht von oben nach unten, nicht von jung nach alt, sondern über die Frage der Verteilung unseres Volksvermögens von innen nach außen« (ebd.). Damit propagiert er – ähnlich wie in der Idee der Volksgemeinschaft der Nationalsozialisten – harmonische materielle Verhältnisse unter (völkisch) »Deutschen« und macht als zentralen Verteilungskonflikt die Frage Sozialstaat versus Transferleistungen an die EU sowie Kosten für Geflüchtete auf. Entscheidend ist damit, wer als dazugehörig betrachtet wird und wer nicht. Diese Ausrichtung steht in der Tradition der Verbindung von Rassismus und Nationalismus mit neoliberaler Wirtschaftspolitik, wie sie bei den extrem rechten Parteien in Deutschland und Österreich insbesondere in den 1980er und 1990er Jahren ausgeprägt war. In deren Agenda wurde die »soziale Sicherheit des Wohlfahrtsstaates [...] durch das Gefühl der Zugehörigkeit zu einer Volks- und Kulturgemeinschaft« (Schui u.a. 1997: 16), die »materielle Sicherheit durch überhöhte Geborgenheitsgefühle« (ebd.) ersetzt. Mit der Gründung der Vereinigung ALARM! (Alternativer Arbeitnehmerverband Mitteldeutschland) am 1. Mai 2017 hat sich der Höcke-Flügel der AfD seinen eigenen völkischen Arbeitnehmerverband geschaffen.[5] Dessen inhaltliche Ausrichtung ist derzeit zwar noch sehr schwammig, klar ist aber, dass nun auch der offen völkisch-nationalistische Teil der AfD versuchen wird, verstärkt abhängig Beschäftigte anzusprechen.

Wie auch immer die weiteren programmatischen Diskussionen verlaufen, auf absehbare Zeit werden die sozialpolitischen Forderungen oberflächliche Garnitur bleiben, während die »deutliche Tendenz innerhalb der AfD, den Schwerpunkt weg von der Sozialen Umverteilung hin zur unsichtbaren Hand des Marktes zu lenken« (Nocun 2016: 33), bestehen bleibt.

Die wirtschafts- und sozialpolitischen Positionen der AfD stehen den Vorstellungen der Gewerkschaften im Hinblick auf Gute Arbeit und ein Gutes Leben unvereinbar gegenüber (vgl. etwa IG Metall 2015: 21ff.). Würden sie umgesetzt, würden sich die Lebens- und Arbeitsbedingungen der abhängig Beschäftigten erheblich verschlechtern und die gewerkschaftliche Handlungsmacht würde massiv geschwächt. Es gilt nicht nur einem Verlust gewerkschaftlicher Organisationsmacht im eigenen Organisationsbereich entgegenzutreten, sondern auch die eigenen Handlungsspielräume bei der Gestaltung der Wirtschafts- und Sozialpolitik zu verteidigen. Die Auseinandersetzung damit bietet den Gewerkschaften allerdings auch die Chance, mit ihrer Kritik an der AfD an der Wahrnehmung der Mitglieder anzuknüpfen und ihnen die Folgen einer Unterstützung der AfD deutlich zu machen. Immerhin »gehören die Gewerkschaften zu den wenigen demokratisch-zivilgesellschaftlichen Organisationen, die die frustrierten Arbeitnehmermilieus der Republik überhaupt noch erreichen« (Dörre u.a. 2016: 261).

Unerlässlich bleibt die Aufklärung der Mitglieder und Funktionär_innen, insbesondere um die Sprachfähigkeit in betrieblichen Auseinandersetzungen mit Anhänger_innen und Funktionär_innen der AfD zu

[5] Siehe hierzu den Beitrag von Mark Haarfeldt sowie die Anlagen in diesem Buch.

erhöhen. Dies umso mehr, als zu befürchten ist, dass die AfD bei den Betriebsratswahlen 2018 mit eigenen Kandidat_innen und Listen antreten könnte. Die organisationspolitische Bildungsarbeit bietet Möglichkeiten zur intensiven Auseinandersetzung mit den wirtschafts- und sozialpolitischen Vorstellungen der AfD. Methoden und Konzepte sind in der gewerkschaftlichen Bildungsarbeit vorhanden (vgl. etwa IG Metall Vorstand 2016). Die praktische Erfahrung aus der Bildungsarbeit zeigt, dass Kolleginnen und Kollegen, die Sympathien für die AfD haben und mit deren Inhalten in Teilbereichen übereinstimmen, über eine Auseinandersetzung mit den wirtschafts- und sozialpolitischen Forderungen der AfD durchaus erreicht werden können. Die exemplarische Beschäftigung mit und die Erschließung von diesen Positionen sowie ihren potenziellen Folgen in Verbindung mit der Vermittlung gewerkschaftspolitischer Positionen kann es den Kolleginnen und Kollegen ermöglichen, wieder einen ihrer objektiven Stellung im Produktionsprozess entsprechenden Interessenstandpunkt einzunehmen. Dieser Reflexionsprozess hat auch das Potenzial, die Offenheit zu produzieren, sich mit den Forderungen der AfD in anderen Themenfeldern kritisch auseinanderzusetzen.

Positiv begriffen bietet das Themenfeld die Möglichkeit, der Agitation der AfD unter den abhängig Beschäftigten offensiv entgegenzutreten und die gewerkschaftlichen Positionen bei unserem Stammklientel zu stärken.

Literatur

AfD – Alternative für Deutschland (2016): Programm für Deutschland. Das Grundsatzprogramm der Alternative für Deutschland.

AfD – Alternative für Deutschland (2017): Programm für die Wahl zum Deutschen Bundestag am 24. September 2017.

Butterwege, Christoph/Lösch, Bettina/Ptak, Ralf (2017): Kritik des Neoliberalismus. Wiesbaden.

Dörre, Klaus (2016): Die national-soziale Gefahr. Pegida, Neue Rechte und der Verteilungskonflikt – sechs Thesen. Online unter: www.theoriekritik.ch/?p=2833 (zuletzt aufgerufen am 22.2.2017).

Dörre, Klaus/Goes, Thomas/Schmalz, Stefan/Thiel, Marcel (2016): Streikrepublik Deutschland? Die Erneuerung der Gewerkschaften in Ost und West. Frankfurt a.M.

Dörre, Klaus/Matuschek, Ingo (2013): Kapitalistische Landnahmen, ihre Subjekte und das Gesellschaftsbild der LohnarbeiterInnen. In: Dörre, Klaus/Happ, Anja/Matuschek, Ingo (Hrsg.): Das Gesellschaftsbild der LohnarbeiterInnen. Soziologische Untersuchungen in ost- und westdeutschen Industriebetrieben. Hamburg. S. 29-53.

Frontal 21 (2017): Wahlkampf im Ruhrgebiet. Online unter: www.zdf.de/politik/frontal-21/wahlkampf-im-ruhrgebiet-100.html (zuletzt aufgerufen am 22.2.2017).

Haselbach, Dieter (1991): Autoritärer Liberalismus und Soziale Marktwirtschaft. Gesellschaft und Politik im Ordoliberalismus. Baden-Baden.

IG Metall Vorstand (2015): Gute Arbeit. Gutes Leben. IG Metall. 23. Ordentlicher Gewerkschaftstag der IG Metall vom 18. bis 24. Oktober 2015. Veröffentlichung der Entschließungen, Leitanträge und Anträge. Frankfurt a.M. Online unter: www.igmetall.de/IGM_Broschuere_bce207f434607b29a545a93e8cc50b8e1e-97e3fb.pdf (zuletzt aufgerufen am 13.4.2017).

IG Metall Vorstand (2016): Rechtspopulismus entgegentreten. Strategien zum Umgang mit AfD, Pegida und Co. Arbeitsheft für Referent(inn)en der gewerkschaftlichen Bildungsarbeit. Frankfurt a.M.

Infratest Dimap (2017): Landtagswahl Nordrhein-Westfalen 2017. AfD-Stimmenanteile nach Tätigkeit. Online unter: wahl.tagesschau.de/wahlen/2017-05-14-LT-DE-NW/charts/umfrage-job/chart_95982.shtml (zuletzt aufgerufen am 17.5.2017).

Kellershohn, Helmut (2017): Nationaler Wettbewerbsstaat auf völkischer Basis. Das ideologische Grundgerüst des AfD-Grundsatzprogramms. In: Kellershohn, Helmut/Kastrup, Wolfgang (Hrsg.): Kulturkampf von rechts. AfD, Pegida und die Neue Rechte. Münster. S. 14-28.

Monitor (2016): AfD-Programm: neoliberal, national, unsozial. Online unter www1.wdr.de/daserste/monitor/sendungen/afd-programm-106.html (zuletzt aufgerufen am 22.2.2017).

Nocun, Katharina (2016): Wie sozial ist die AfD wirklich? Eine Expertise zu Positionen in der AfD bei der Sozial- und Steuerpolitik. Dresden. Online unter: www.boell.de/sites/default/files/2016-6-wie-sozial-ist-die-afd.pdf?dimension1=ds_menschenfeindlichkeit (zuletzt aufgerufen am 21.8.2016).

Ptak, Ralf (2006): Ordoliberalismus. In: Urban, Hans-Jürgen (Hrsg.): ABC zum Neoliberalismus. Von »Agenda 2010« bis »Zumutbarkeit«. Hamburg. S. 170-172.

Ptak, Ralf (2008): Soziale Marktwirtschaft und Neoliberalismus: Ein deutscher Sonderweg. In: Butterwegge, Christoph/Lösch, Bettina/Ptak, Ralf (Hrsg.): Neoliberalismus. Analysen und Alternativen. S. 69-89.

Schui, Herbert/ Ptak, Ralf/Blankenburg, Stephanie/Bachmann, Günter/Kotzur, Dirk (1997): Wollt ihr den totalen Markt? Der Neoliberalismus und die extreme Rechte. München.

Urban, Hans-Jürgen (2008): Die postneoliberale Agenda und die Revitalisierung der Gewerkschaften. In: Butterwegge, Christoph/Lösch, Bettina/Ptak, Ralf (Hrsg.): Neoliberalismus. Analysen und Alternativen. S. 355-373.

Zeuner, Bodo/Gester, Jochen/Fichter, Michael/Kreis, Joachim/Stöss, Richard (2007): Gewerkschaften und Rechtsextremismus. Anregungen für die Bildungsarbeit und die politische Selbstverständigung der deutschen Gewerkschaften. Münster.

Klaus-Peter Hufer

Argumente gegen rechtspopulistische Stammtischparolen

Stammtischparolen: was sie sind und worum es geht

Plötzlich sind sie da: Sprüche mit rassistischem, demokratieverachtendem, diskriminierendem Inhalt. Sie kommen aus der Mitte des Alltags, allenthalben werden sie geäußert, laut und immer unmissverständlich. Selten ist man darauf vorbereitet, man stutzt, ist schockiert und ringt nach Antworten. Oft aber ist man sprachlos angesichts der Rigorosität, mit der sie geäußert werden.

Seit über 16 Jahren führe ich »Argumentationstrainings gegen Stammtischparolen« (Hufer 2016 a und b) durch. In den letzten Jahren ist die Nachfrage enorm gestiegen, auch über Deutschland hinaus. Die Organisationen, Institutionen und Gruppen, die nach solchen Seminaren fragen, ergeben ein kunterbuntes Bild: Bildungsinstitutionen, öffentliche Verwaltungen, kirchliche Einrichtungen, Parteien, Wohlfahrtsverbände, Hilfsorganisationen und NGOs. Es scheint ein Nerv getroffen zu sein, gerade in Zeiten des offensiv, aggressiv und weltweit auftretenden Rechtspopulismus.

Stammtischparolen sind drastische Behauptungen, die kein Wenn und Aber zulassen. Sie polarisieren in »wir sind gut« und »die anderen sind schlecht«. Sie richten sich mit harten Urteilen gegen Menschen anderer Herkunft, Hautfarbe, Lebensart, Religion oder sozialer Situation. Diese werden verächtlich dargestellt und am liebsten würde man ihnen die Rechte wegnehmen, welche die Verkünder_innen solcher Parolen für sich selbst beanspruchen. Wer Stammtischparolen von sich gibt, tut das in der Überzeugung, eine verbreitete Mehrheitsmeinung bzw. ein »gesundes Volksempfinden« auszudrücken. Widersprüche werden mit Hohn quittiert – diejenigen, die sie einlegen, werden abgekanzelt.

Die Stammtischparole ist eine Metapher, eine Chiffre, ein Stellvertreterbegriff für eindeutige weltanschauliche, vorzugsweise politische Botschaften, für platte Sprüche und für aggressive Rechthabereien. Stammtischparolen sind plakativ und propagieren einfache – meistens auch harte – Lösungen. Sie sind markant und scheinen bekannt zu sein. Und trotz der Schlichtheit ihres Gehalts ist es nicht einfach, sie spontan zu widerlegen. Stammtischparolen drücken auch immer eine Doppeldeutigkeit aus. Sie sind Mutmacher und Wutmacher. Diese Beschreibung bringt den Zwiespalt auf den Punkt, der sich bei der Einschätzung von Stammtischparolen einstellt. Sie werden geäußert, um sich Mut zu machen, aber gleichzeitig enthalten sie auch viel Wut. Und bei denjenigen, die mit ihnen unfreiwillig und wider Willen konfrontiert werden, lösen sie ebenfalls Wut aus – und mobilisieren hoffentlich auch den Mut, ihnen etwas entgegenzusetzen.

Die Tiraden beziehen eine vielfache Frontstellung, sie richten sich gegen »Ausländer«, »Asylanten«, »den Islam«, »Sozialschmarotzer«, »die da oben, die Politik machen«, »Schwule«, »Feministinnen« u.a.m. Kurzum: Es geht gegen eine Vielfalt der Herkünfte, Religionen, Kulturen und Lebensentwürfe, es geht gegen Liberalität und Zivilität.

Warum es schwierig ist zu reagieren

In den Seminaren, die ich durchführe, sammeln die Teilnehmer_innen die Parolen, die sie kennen und die ihnen begegnet sind. Ohne Weiteres kommen da schnell bis zu 80 Beispiele zusammen. Der eindeutige Spitzenreiter bei diesen Parolen ist: »Die Ausländer nehmen uns die Arbeitsplätze weg.« Dieser Stammtischspruch taucht in nahezu allen Seminaren auf. Damit wird deutlich, was das zentrale Konfliktthema der Gegenwart ist: die »Ausländerpolitik«. Mit dieser Parole kommt sicherlich Angst, aber auch Fremdenfeindlichkeit zum Ausdruck.

Neuerdings steht das Thema »Flüchtlinge« im Mittelpunkt. Da wird gemutmaßt, dass sich mit den vielen Menschen, die nach Europa kommen, Islamisten einschleusen, dass »die abendländische Kultur« verloren geht. Es wird gefragt, warum sie kommen und nicht in ihren Ländern kämpfen. Es wird unterstellt, dass es keine existenzielle Not sei, die die Menschen zur Flucht veranlasst, sondern dass es wirtschaftliche Gründe seien. Überhaupt: Sie hätten ja alle Smartphones – so schlecht könne es ihnen also gar nicht gehen. Und schließlich brächten sie »den Islam« hierher, sodass sich am Ende keine Frau mehr ohne Kopftuch auf die Straße wagen dürfe. Auf einmal sollen die »christlichen Werte« verteidigt werden, und das oft gerade von denen, die mit den Kirchen schon gebrochen haben.

Wie bereits gesagt: Wer mit einer Stammtischparole konfrontiert wird, der gerät sofort in die Defensive. Denn die Sprüche sind plötzlich und unerwartet da, selten ist man auf sie vorbereitet. Sie kommen am Arbeitsplatz, in der Straßenbahn, bei der Familienfeier, im Gespräch mit dem Nachbarn, im Taxi, beim Friseur, an der Ladentheke und selbstverständlich auch in der Kneipe. Sie sind an keinen Ort gebunden, sie gibt es immer und sie sind überall.

Es macht sich das fatale Gefühl breit, dass man auf die aggressiv daherkommenden Äußerungen zwar viele und gute Gegenargumente hätte, aber dann müsste man weit ausholen, Pro und Contra abwägen, eine differenzierte Sicht nahebringen, Fakten heranziehen. Doch wollen die Parolenverkünder_innen dieses überhaupt hören? Offensichtlich haben sie kein Interesse an einer wirklichen Diskussion. Sie wollen proklamieren und provozieren, agieren und aggressiv sein. Sie sind schnell mit ihrer Meinung und können in Windeseile eine ganze Serie von Parolen loswerden. Immer wieder wird geäußert, dass man sich nach der Auseinandersetzung mit den Parolen und ihren Vertretern zerknirscht und zerschlagen fühlt.

Kein Wunder, denn die Ebenen sind völlig unterschiedlich: hier die Parolenschwinger_innen mit einfachen Antworten, dort die Parolengegner_innen mit vielschichtigen Erklärungen; hier die Emotion, dort der Verstand; hier die Gewissheit, dort der Zweifel. »Weil die Welt komplexer ist als der Stammtisch suggeriert, fehlt es häufig an schnellen Argumenten. Wer die Welt erklären will, muss differenzieren und Differenzierung ist am Stammtisch nicht gefragt.« (Goddar 2005: 27)

Hinzu kommt, dass die Parolen bestimmend, laut, heftig und mit schärfer werdendem Ton verkündet werden. Man spürt Gewalt, bekommt vielleicht Angst und ist entsprechend erregt. Wie soll man da auf der Stelle das treffende Argument finden? Und das Schlimmste dabei ist, dass die, die da das Wort schwingen, meistens nicht alleine auftreten und sofort Zustimmung bekommen. Wer kann noch Souveränität aufbringen, wenn er/sie droht, in die Isolation zu geraten? Häufig kommt es auch vor, dass diejenigen, die mit den Sprüchen und Schlagwörtern aufwarten, Freunde und Verwandte sind. Da will man keinen Bruch riskieren, und außerdem stehen einem diese Menschen sehr nahe, was die Situation noch schlimmer macht.

Wie aus Parolen Gewalt wird

Mit den Stammtischparolen kommen die psychischen Tiefenschichten unserer Gesellschaft zutage. Stammtischparolen demonstrieren vor allem die soziale, politische und kulturelle Befindlichkeit der Menschen, die hier leben. Mit ihnen wird das geäußert, was weitverbreitet gedacht wird.

Hinter den Stammtischparolen steht das, was von einer Forschergruppe um Wilhelm Heitmeyer als »Syndrom Gruppenbezogener Menschenfeindlichkeit« beschrieben wird. Das zeigt sich in einer Reihe von Elementen bzw. Facetten (Heitmeyer 2012: 17): Fremdenfeindlichkeit, Etabliertenvorrechte, Rassismus, Islamfeindlichkeit, Antisemitismus, Abwertung von Behinderten, Abwertung von Obdachlosen, Abwertung von Sinti und Roma, Abwertung von Asylbewerbern, Abwertung von Langzeitarbeitslosen, Sexismus, Homophobie.

Es gibt eindeutige Belege dafür, wie verbreitet diese Ressentiments sind (vgl. Decker/Kies/Brähler 2016; Zick/Küpper/Krause 2016). Es sind rechtspopulistische und rechtsextreme Einstellungen, die da zutage treten. Rechtspopulismus soll hier verstanden werden als das Vor- und Umfeld des Rechtsextremismus. Die Verbindungen zum Rechtsextremismus sind oft nahtlos. Mit Rassismus, Fremdenfeindlichkeit, Illiberalität, Anti-Elitarismus, Verachtung von Politiker_innen, Sozialchauvinismus oder Sexismus gehen Rechtsextreme auf Stimmenfang und versuchen, zu mobilisieren und Zulauf zu bekommen.

Nicht selten hat die Haltung Folgen, dann führt eine solche Einstellung zu einer handgreiflichen Tat. Die Gesinnung wird zur Gewalt. Die Parole geht dem Angriff auf ausgesuchte Opfer voraus.

Stammtischparolen transportieren Vorurteile

Wer sich mit Stammtischparolen, rechtspopulistischen Sprüchen und rechtsextremen Feindbildern auseinandersetzt, kommt an der Beschäftigung mit Vorurteilen nicht vorbei. Stammtischparolen sind in Worte gefasste Vorurteile. Eine der bedeutendsten Arbeiten zur Erforschung der Vorurteile stammt von Gordon W. Allport, dessen 1954 in den USA erschienenes und 1971 ins Deutsche übersetztes Buch »Die Natur des Vorurteils« eine Fülle von Erklärungen und Fakten enthält.

Vorurteile sind nach Allport durchaus charakteristisch für den Menschen und nur schwer zu korrigieren: »Jemand hat mal gesagt, es sei leichter, ein Atom zu zertrümmern als ein Vorurteil.« (Allport 1971: 11) Allport beschreibt ein Vorurteil als »eine ablehnende oder feindselige Haltung gegen eine Person, die zu einer Gruppe gehört, einfach deswegen, weil sie zu dieser Gruppe gehört und deshalb dieselben zu beanstandenden Eigenschaften haben soll, die man dieser Gruppe zuschreibt« (ebd.: 21).

Vorurteile sind nicht nur gedankliche Produkte und Ideengespinste. Vorurteile werden ausagiert: »Jede negative Einstellung neigt dazu, sich irgendwann und irgendwo auch in Handlungen auszudrücken.« (ebd.: 28) Allport nennt die folgende Skala von immer stärker werdenden Handlungsmöglichkeiten: 1. Verleumdung, 2. Vermeidung (des Kontakts), 3. Diskriminierung, 4. körperliche Gewaltanwendung, 5. Vernichtung (ebd.: 28f.).

Trotz ihrer Wirksamkeit sind Vorurteile nicht »naturgegebene«, sondern erlernte und erworbene Denkmuster: »Kein Kind wird mit Vorurteilen geboren. Seine Vorurteile sind immer erworben.« (ebd.: 329)

Das gibt Hoffnung für ein Dagegenhalten am »Stammtisch«. Denn wenn Vorurteile erlernt worden sind, können sie auch »verlernt« werden. Wenn Vorurteile in bestimmten sozialen Strukturen gebildet werden – und dafür spricht vieles –, können sie durch andere soziale Begegnungen auch irritiert und erschüttert werden. Die unmittelbare Auseinandersetzung mit den Stammtischparolen und den Menschen, die sie vertreten, hätte also Aussicht auf Erfolg.

Trotz allem: Es gibt gute Gründe zum Widerspruch

Dennoch ist es alles andere als leicht, die Parolen auszuhebeln. Denn an deren Heftigkeit und Hartnäckigkeit sind tief und fest verwurzelte psychische und sozial bedingte Voraussetzungen beteiligt. Auf einen argumentativen Austausch, gar auf eine Meinungsbildung mit dem Ziel, bessere Erkenntnis gewinnen zu wollen, kommt es da gar nicht an. Vielmehr geht es bei denjenigen, die ihre Parolen loswerden, zunächst einmal um Selbstbestätigung, Selbstbehauptung und Selbstgerechtigkeit. Logisches, schlüssiges Argumentieren kommt nicht an eine Einstellung heran, die fundamentalistisch auf Prinzipien und Glaubenssätzen beharrt. Darüber sollten sich alle klarwerden, die die Auseinandersetzung aufnehmen.

Trotz dieser Vorbehalte gibt es eine Reihe von Gründen, die eindeutig für die Reaktion und den Widerspruch zur Stammtischparole sprechen: Erstens ist es ein gutes Gefühl, den Mund aufgemacht und nicht schicksalsergeben dabei gesessen zu haben. Zweitens weiß man ja nie, ob nicht doch später, nach dem Gespräch, der von der widersprechenden Person erzeugte Funke überspringt. Drittens gibt es die Unentschiedenen, Zuschauer, Indifferenten und Dabeisitzer. Diese können durch einen authentisch, also echt und entschlossen wirkenden Auftritt beeindruckt werden. Viertens gibt es – beispielsweise in unseren Seminaren bzw. Trainings erarbeitete – wirkungsvolle Gesprächsstrategien, mit denen man seinen Argumenten Aufmerksamkeit und Gehör verschaffen kann. Fünftens kann man sich auch zivilen Mut antrainieren – und zwar indem man ihn praktisch erprobt. Sechstens gehören die öffentlichen Plätze in diesem Land nicht denjenigen, die lautstark und mit autoritärer Selbstgerechtigkeit die Kultur einer liberalen Demokratie niedertrampeln. Demokratie muss immer wieder aufs Neue vertreten und verteidigt werden. Siebtens ist es ein Gebot der Humanität, Menschen in Schutz zu nehmen, die bedroht und bedrängt werden. Stammtischparolen fallen nicht sang- und klanglos in sich zusammen, sondern sie enthalten auch ein Gewaltpotenzial. Und achtens wird man ja – trotz mancher, auch hier zum Ausdruck gekommener Zweifel – noch weiter von der Kraft der Aufklärung und der Vernunft überzeugt sein dürfen.

Oskar Negt hat die Auseinandersetzung mit Stammtischparolen so bewertet: »Sie zielt (…) auf die praktische Übung des Verstandes, Parolen dort, wo sie geäußert werden, an Ort und Stelle mit Argumenten und im öffentlichen Licht der Umstehenden zu bekämpfen. Bei dieser Art von Parolen, die mit zwielichtiger Plausibilität arbeiten, ist im Zusammenhang demokratischer Verhältnisse der spontane und mutige Eingriff gefragt, das Aufbrechen der Atmosphäre des Schweigens, welche jedem geäußerten Unsinn die Aura der Zustimmung verschafft.« (Negt 2010: 415)

Genau darum geht es bei den Seminaren. Und die Tatsache, dass so viele sich entschließen, an ihnen teilzunehmen, gibt Anlass zum Optimismus, dass Aufklärung stärker ist als Ressentiments.

Literatur

Allport, Gordon W. (1971) [1954]: Die Natur des Vorurteils. Köln.
Decker, Oliver/Kiess, Johannes/Brähler, Elmar (Hrsg.) (2016): Die enthemmte Mitte. Autoritäre und rechtsextreme Einstellungen in Deutschland. Gießen.
Goddar, Jeannette (2005): Dummes Geschwätz. Stammtischsprüche nerven und bieten Nährboden für menschenverachtende Ideologien – Aber Gegenwehr lässt sich lernen. In: Frankfurter Rundschau, 28.6.2005, S. 27.
Heitmeyer, Wilhelm (2012): Deutsche Zustände. Folge 10. Berlin.
Hufer, Klaus-Peter (2016a): Argumentationstraining gegen Stammtischparolen. Materialien und Anleitungen für Bildungsarbeit und Selbstlernen, 10. Aufl.. Schwalbach/Ts.
Hufer, Klaus-Peter (2016b): Argumente am Stammtisch – Erfolgreich gegen Parolen, Palaver und Populismus, 7. Aufl., Schwalbach/Ts.
Negt, Oskar (2010): Der politische Mensch. Demokratie als Lebensform. Göttingen.
Zick, Andreas/Küpper, Beate/Krause, Daniela (2016): Gespaltene Mitte. Feindselige Zustände. Rechtsextreme Einstellungen in Deutschland. Bonn.

Gewerkschaftliche Handlungsmöglichkeiten

Björn Allmendinger

Hetzer entlarven – Demagogen entzaubern

Handlungsoptionen gegen rechtspopulistische Agitationsversuche

Typische Merkmale des Rechtspopulismus

Seit den Wahlerfolgen der AfD und den Dresdner PEGIDA-Aufmärschen ist der Begriff »Rechtspopulismus« in aller Munde. Doch eine einheitliche Definition dieser nebulösen Begrifflichkeit liegt bis heute nicht vor – und auch in Zukunft ist damit kaum zu rechnen. Folglich merken Zick et al. in ihrer neueren Studie zu rechtsextremen Einstellungen in Deutschland an: »Zum Rechtspopulismus gibt es sehr unterschiedliche Theorien, Definitionen und Konzeptionen. Je nach Disziplin und Erkenntnisinteresse wird Rechtspopulismus als Bewegung, Parteienausrichtung, Einstellungsmuster, Mentalität oder auch als Propaganda und Diskursphänomen verstanden.« (Zick et al. 2016: 113)[1]

Ungeachtet dieser analytischen Schwierigkeiten lassen sich mit Blick auf die verschiedenen rechtspopulistischen Strömungen in Deutschland und Europa durchaus typische Merkmale feststellen. Als erstes ist das so genannte Freund-Feind-Schema zu nennen. Hiermit werden bestimmte Aus- und Abgrenzungsmechanismen beschrieben, bei denen auf bereits vorhandene Vorurteile zurückgegriffen und sich bestimmter Feindbilder bedient wird. Übliche Gegensatzpaare sind hier vor allem: »Wir vs. die Anderen«, »die da oben vs. wir hier unten«, »Systemparteien vs. wahre Volksparteien«, »Eliten vs. Volk« oder »Ausländer vs. Deutsche«. Charakteristisch ist in diesem Zusammenhang die Stilisierung einer homogenen Volksmasse, die sich wahlweise gegen gefährliche Eindringlinge von außen, volksferne und kriminelle Machteliten oder das politische Establishment in Brüssel zur Wehr setzt. Verknüpft wird diese Argumentation mit einem moralischen Alleinvertretungsanspruch, wonach rechtspopu-

---

[1] Der Anteil der Bevölkerung, der zu rechtspopulistischen Einstellungen tendiert, schwankt nach Zick et al. zwischen 40 (2016) und 42% (2014) und ist u.a. getragen von einem ausgeprägten Misstrauen gegenüber der Demokratie und einem rechtsgerichteten Autoritarismus (vgl. Zick et al. 2016: 117f.).

listische Parteien als die wahren und einzigen Vertreter des Volkswillens erachtet werden. Nur durch sie könne sich der »kleine Mann« gegenüber einer elitären Kaste Gehör verschaffen. Folglich wird von Rechtspopulisten und deren Unterstützerkreisen auch stets die Forderung nach einem direkt-demokratischen Abstimmungsverfahren nach Schweizer Vorbild erhoben, erhofft man sich durch dessen Einführung doch ähnliche oder zumindest vergleichbare Wahlerfolge wie in der Alpenrepublik. Dort hat die rechtspopulistische »Schweizerische Volkspartei« (SVP) bereits mehrfach Referenden für sich entscheiden können, wie etwa die »Ausschaffungsinitiative« 2010 oder die »Volksinitiative gegen Masseneinwanderung« 2014. Die politischen Kampagnen der SVP und anderer rechtspopulistischer Parteien in Europa zielen dabei immer wieder auf das Schüren von Ängsten und die Beschwörung von existenziellen Gefahren ab. Die österreichische Linguistin Ruth Wodak beschrieb diese Strategie recht treffend als eine »Politik mit der Angst« (Wodak 2016), d.h. der Angst vor Arbeitslosigkeit, sozialem Abstieg, Verlust nationaler Identität (»die Deutschen sterben aus«), Billiglohnkräften aus dem Ausland, radikalen Islamisten oder illegalen Einwanderern. Insoweit stellte Frauke Petry schon auf dem AfD-Parteitag 2015 in Hannover unmissverständlich klar: »Wir brauchen die Ängstlichen, um Mehrheiten zu bewegen« (Petry, zit. n. Jacobsen 2015).

Rechtspopulisten versuchen auf komplexe Fragen unserer Zeit stets mit einfachen Lösungskonzepten zu antworten. Exemplarisch stehen dafür ihre Forderungen nach einer Wiedereinführung der D-Mark, einem Ausstieg aus der EU (siehe die »Vote Leave«-Kampagne in Großbritannien) oder einer Rückkehr zur nationalen Abschottungspolitik (Protektionismus). An einer wirklichen Lösung der »Probleme« sind Rechtspopulisten zunächst weniger interessiert. Vielmehr versuchen sie durch eine Strategie der Provokation ein möglichst großes Medienecho zu erzeugen, um ihren Forderungen zusätzliches Gewicht zu verleihen bzw. die öffentlichen Diskurse in ihrem Sinne zu beeinflussen – was den politischen Gegner letztlich zum Handeln nötigt. Auch in Deutschland konnte man diese Strategie immer wieder beobachten. Zu erwähnen seien an dieser Stelle nur die Forderungen der inzwischen aus der Partei ausgetretenen Frauke Petry nach einem Schießbefehl an der deutschen Grenze oder die von ihr im September 2016 lancierte Debatte darüber, den Begriff »völkisch« doch endlich zu rehabilitieren und mit positiven Attributen zu versehen. Die Vorgehensweise ist dabei immer dieselbe: erst provozieren, dann relativieren. Wie aus dem bereits erwähnten Strategiepapier der AfD hervorgeht,[2] wolle man gerade im Zuge der Bundestagwahlen 2017 mit »›sorgfältig geplanten Provokationen‹ (…) die anderen Parteien zu nervösen und unfairen Reaktionen verleiten« (FAZ 2016) und so das eigene Profil stärken. Im Originalwortlaut heißt es hierzu weiter: »Je nervöser und je unfairer die Altparteien auf Provokationen reagieren, desto besser. Je mehr sie versuchen, die AfD wegen provokanter Worte und Aktionen zu stigmatisieren, desto positiver ist das für das Profil der AfD.« (AfD-S 2016: 11)

Mit weiteren, wenn nicht sogar vermehrten Provokationen seitens einzelner AfD-Funktionäre ist daher zweifelsfrei zu rechnen, bestes Beispiel hierfür sind die Aussagen Björn Höckes zum Holocaust-Mahnmal in Berlin. Entscheidend dürfte sein, wie auf derartige Tabubrüche vonseiten der Politik und Medien regiert wird und welche Gegenstrategien entwickelt werden.

Rechtspopulisten auf Stimmenfang

Durch den Einzug in den nordrhein-westfälischen Landtag ist die AfD mittlerweile in dreizehn Landesparlamenten vertreten, in Mecklenburg-Vorpommern und Sachsen-Anhalt sogar als zweitstärkste Kraft hinter der SPD bzw. CDU. Zudem zog sie 2017 als drittstärkste Kraft mit einem Stimmenergebnis von 12,6% in den Bundestag ein. Erstmals konnte sich in Deutschland eine rechtspopulistische Partei im parlamentarischen System verfestigen und die bisherige Parteienlandschaft nachhaltig verändern. Was jedoch, neben dieser allgemeinen Schlussfolgerung, weniger bekannt sein dürfte, sind die Wahlerfolge der AfD in den Wählersegmenten der »Arbeiter« und »Gewerkschaftsmitglieder«. Während bei letzterer Wählergruppe gegenüber dem Wählerdurchschnitt kaum signifikante Unterschiede zu erkennen sind – was ebenfalls kritisch zu hinterfragen wäre und nicht weniger besorgniserregend erscheint –, verzeichnet die AfD in der Gruppe der Arbeiter, also dem traditionellen Wählerklientel linker Parteien, stets Spitzenwerte: In Rheinland-Pfalz wurde sie in diesem Segment zweitstärkste und in

[2] Siehe hierzu den Beitrag von Thomas Leif in diesem Band.

Tab. 1: AfD-Stimmenanteile nach einzelnen Wählersegmenten in %

	BW	RP	ST	BE	MV	SL	SH	NRW	BTW
alle Wähler_innen	15,1	12,6	24,3	14,2	20,8	6,2	5,9	7,4	12,6
Gewerkschafter	15,7	14,3	25,1	15	21	7	5	9	15**
Arbeitslose	32*	25	36*	22*	29*	7	9	12	22
Arbeiter_innen	30*	23	35*	28*	33*	9	8	17	21

* in diesem Wählersegment ist die AfD jeweils stärkste Partei. ** Lediglich 10% der Gewerkschaftsfrauen wählten bei der Bundestagswahl die AfD, bei den Männern lag dieser Wert mit 18% deutlich höher; BW = Baden-Württemberg; RP = Rheinland-Pfalz; ST = Sachsen-Anhalt; BE = Berlin; MV = Mecklenburg-Vorpommern; SL = Saarland; SH = Schleswig-Holstein; NRW = Nordrhein-Westfalen; BTW = Bundestagswahl 2017. Quelle: Infratest dimap; https://wahl.tagesschau.de/

Sachsen-Anhalt, Berlin, Mecklenburg-Vorpommern und Baden-Württemberg sogar stärkste Partei (siehe Tabelle 1).

Mit Blick auf die Erfolge rechtspopulistischer Parteien in Österreich (FPÖ), Frankreich (Front National) oder den Niederlanden (PVV) ist dieses Wahlverhalten jedoch kein gänzlich neues Phänomen: In Frankreich stimmten bei den letzten Regionalwahlen 43% der Arbeiter für den Front National (vgl. Blume 2015);[3] bei der Bundespräsidentenwahl in Österreich (Dezember 2016) erzielte der FPÖ-Kandidat Norbert Hofer unter Arbeitern unglaubliche 85% sowie unter Lehrlingen immerhin erstaunliche 64%;[4] Geert Wilders erfährt seit vielen Jahren für seine rechtspopulistische Hetze vor allem in den traditionellen Arbeitervierteln von Rotterdam (Skijkenisse), Amsterdam (Almere) und Den Haag (Zoetermeer) enormen Zuspruch (vgl. Vossen 2015: 57). Und in Schweden, um ein letztes Beispiel zu nennen, lagen im Herbst 2015 die Zustimmungsraten für die rechtspopulistische Partei der »Schwedendemokraten« unter männlichen Gewerkschaftsmitgliedern bei knapp 32% (vgl. Krell 2016). Klar wird: Rechtspopulistische Parteien können inzwischen europaweit insbesondere männliche Wähler aus dem Arbeitermilieu mobilisieren. In vielen Ländern ist es ihnen sogar gelungen, sich in ehemals linken Hochburgen festzusetzen und ihre Stellung als neue Arbeiterpartei

[3] Interessanterweise ist der Zuspruch für den Front National unter Arbeitern aus Großbetrieben deutlich geringer als in jenen, von Unsicherheit betroffenen Kleinbetrieben im ländlichen Raum (vgl. hierzu beispielsweise Bischoff et al. 2015: 107).

[4] Eine detaillierte Analyse der österreichischen Bundespräsidentschaftswahl wurde vom SORA Institut erstellt (vgl. SORA 2016). Des Weiteren lohnt sich ein Blick auf die Wahlanalyse von Sascha Venohr (2016).

auszubauen. Exemplarisch steht hierfür die FPÖ, die sich nur zu gerne als »soziale Heimatpartei« bezeichnet.

Bei den oben erwähnten Wahlerfolgen rechtspopulistischer Parteien handelt es sich mitnichten um eine reine Frust- und Protestwahl so genannter Globalisierungsverlierer (vgl. Müller 2016: 20 oder Bischoff/Müller 2016: 22), obgleich die hohen Zustimmungsraten unter Arbeitslosen oder die wachsende Kluft zwischen Gewinnern und Verlierern der Globalisierung dies vermuten lassen. Rechtspopulistische Parteien greifen gezielt Sorgen der »unteren, abstiegsbedrohten Mittelschicht« (Müller 2016: 29) auf und verknüpfen soziale Abstiegs- bzw. Deklassierungsängste mit fremdenfeindlichen Ressentiments. Ein in diesem Zusammenhang gern gezeichnetes Bild ist jenes der Billiglohn-Konkurrenz aus dem osteuropäischen Ausland, die vermehrt auf den heimischen Arbeitsmarkt drängt und dadurch perspektivisch die Arbeitsplätze der »deutschen« Stammbelegschaft gefährdet. Inwieweit diese Billiglohnarbeiter selbst von Ausbeutung betroffen sind und zahlreiche Firmen, etwa in der Fleischindustrie, der Baubranche oder im Reinigungsgewerbe, von diesen ausländischen Werkvertragsarbeitern massiv profitieren (Stichwort: Lohndumping), wird dabei aber wissentlich verschwiegen. Stattdessen fordern Rechtspopulisten Schutzmaßnahmen für nationale Sicherungssysteme und heimische Betriebe, Einschränkungen der Arbeitnehmerfreizügigkeit, verstärkte Kontrollen der Außengrenzen sowie ein generelles Verbot von Unternehmensverlagerungen ins Ausland.[5]

»Die Sichtweise auf den Betrieb und die Ökonomie«, so stellen Bischoff et al. (2015: 113) am Beispiel des Front National fest, »ist korporatistisch und nationalistisch geprägt«. Für soziale Missstände werden in der Regel die »Fremden« (Flüchtlinge), das »System« (EU), die »Eliten« (Politiker) oder die »Sozialschmarotzer« (Sozialleistungsempfänger) verantwortlich gemacht. »Die neue deutsche soziale Frage«,[6] um an dieser Stelle auf die Worte Björn Höckes zurückzugreifen, wird in nationalistischer und sozialpopulistischer Manier beantwortet, indem nicht mehr zwischen Arm und Reich oder Oben und Unten (Interessengegensatz), sondern zwischen Innen und Außen unterschieden wird, d.h. zwischen

[5] Siehe etwa die Äußerungen von Donald Trump, der in seinem Präsidentschaftswahlkampf bewusst auf populistische Parolen setzte (»America first«).

[6] Siehe hierzu die Rede Björn Höckes auf einer AfD-Veranstaltung in Schweinfurt am 28.4.2016: www.youtube.com/watch?v=f1BOqo7WDao&feature=share [letzter Zugriff: 17.8.2017].

einem »moralisch reinen, homogenen Volk« auf der einen und einer »unmoralische[n], korrupte[n] und parasitäre[n] Elite« (Müller 2016: 42) auf der anderen Seite. In letzter Konsequenz bedeutet dies eine Spaltung der Arbeiterschaft nach völkischen Kriterien, wonach die Zugehörigkeit zu einer wie auch immer definierten »deutschen Volksgemeinschaft« entscheidend für den Anspruch auf Sozialleistungen oder die Arbeitsplatzvergabe ist.

Besonders Donald Trump konnte bei den US-Präsidentschaftswahlen gerade jene »vergessenen« und »verunsicherten« Wähler_innen in den ländlich geprägten Regionen und Kleinstädten mit seiner populistischen Rhetorik überzeugen. So punktete er vor allem bei »weißen« Arbeitern, die sich vor sozialem Abstieg und Jobverlust fürchten, sich besorgt über die Zukunft der US-amerikanischen Wirtschaft äußern und heute ihre finanzielle Lage deutlich schlechter bewerten als noch vor wenigen Jahren (vgl. Brodnitz 2016). Erstaunlich ist, dass die Wähler_innen von Trump durchschnittlich eher zu den Besserverdienenden gehören und, zumindest unter formalen Gesichtspunkten betrachtet, einen im Vergleich zur Gesamtbevölkerung höheren Bildungsgrad aufweisen (vgl. Joffe 2016). Der oft genutzte Begriff des »Trumpenproletariats« (vgl. u.a. Joffe 2016 oder Douthat 2016) verweist daher nur auf einen Teilbereich des Problems und verdeckt den Blick auf die eigentlichen Ursachen und Hintergründe des Trump-Phänomens.

Hieraus Rückschlüsse auf das generelle Wählerklientel des Rechtspopulismus in Deutschland und Europa zu ziehen, wäre jedoch verfehlt. Dies zeigt u.a. das Beispiel Dänemark. Dort erfährt die rechtspopulistische »Dänische Volkspartei« vor allem bei »Facharbeitern und Ungelernten mit geringer Bildung« (Meret 2015: 20) einen großen Rückhalt. In Deutschland hingegen verfügen, nach Analysen von Bischoff/Müller (2016: 25), »[ü]ber 70% der Anhänger_innen der AfD (…) über ein Haushaltseinkommen von über 2.000 Euro und mehr. 55% haben Abitur und 62% sind Angestellte«. Und Kroh/Fetz kommen in ihrer DIW-Untersuchung zum Profil der AfD-Anhänger_innen zu folgendem Ergebnis: »Aktuell gewinnt die Partei [AfD] Anhänger_innen vor allem unter Männern, Bürger_innen in den neuen Bundesländern, Personen mit geringer und mittlerer Bildung, Arbeiter_innen und Arbeitslosen sowie jungen Personen unter 30 Jahren« (Kroh/Fetz 2016: 719; vgl. auch ebd.: 715). Viele dieser Anhänger_innen, so Kroh und Fetz nach Auswertung von Daten des »Sozio-oekonomischen Panels« (SOEP) der Jahre 2014 bis 2016, hätten große Sorgen bezüglich der allgemeinen Wirtschaftslage, der eigenen finanziellen Situation und der Folgen der Zuwanderung nach Deutschland (ebd.: 718).

AfD: eine Partei der »kleinen Leute«?

Wirft man einen Blick auf die Führungsstruktur der AfD, so fällt auf, dass sich die »Kümmerer-Partei« von rechts gerade aus jener Riege an Persönlichkeiten zusammensetzt, die von ihr selbst stets als »Establishment«, »Machtelite« oder »Volksverräter« gebrandmarkt wird: Alexander Gauland war vor seiner AfD-Parteikarriere Leiter der Hessischen Staatskanzlei unter dem Ministerpräsidenten Walter Wallmann (siehe »Affäre Gauland«), Herausgeber der »Märkischen Allgemeinen« (MAZ) und von 1973 bis 2013 ein durchaus einflussreiches Mitglied in der CDU. Frauke Petry ist promovierte Chemikerin und gründete 2007 in Leipzig das Unternehmen »PURinvent GmbH«, das nach etwa sechs Jahren Insolvenz anmelden musste und später von einem Investorenkonsortium aufgekauft wurde. Da Petry mit ihrem Privatvermögen gebürgt hatte, musste sie schließlich Privatinsolvenz anmelden.[7] Jörg Meuthen ist promovierter Volkswirt, war kurzzeitig Referent im Hessischen Finanzministerium und lehrte vor seinem Einzug in den baden-württembergischen Landtag als Wirtschaftsprofessor (Volkswirtschaftslehre) an der Hochschule für öffentliche Verwaltung in Kehl. Beatrix von Storch wiederum entstammt dem europäischen Hochadel, genauer dem Haus Oldenburg, arbeitete bereits für mehrere Kanzleien als Rechtsanwältin (spezialisiert auf Insolvenzrecht), war Mitglied der FDP und ist seit vielen Jahren gewissermaßen als Lobbyistin für wirtschaftsliberale, rechtskonservative Netzwerke tätig – von Storch ist u.a. Mitglied in der Friedrich-August-von-Hayek-Gesellschaft und Anhängerin der reaktionären Lebensrechtsbewegung (siehe »Marsch für das Leben«), die sich gegen Abtreibung und aktive Sterbehilfe ausspricht.[8]

---

[7] Inzwischen ist Frauke Petry (wie auch ihr Ehemann Marcus Pretzell) aus der AfD ausgetreten.

[8] Diese Liste ließe sich problemlos erweitern. Hervorzuheben sind an dieser Stelle noch Albrecht Glaser (ehemals Frankfurter Stadtkämmerer und bundesweit bekannt geworden durch die »Glaser Fonds«) und Alice Weidel (promovierte Volkswirtin und einst u.a. tätig für die Investmentbank Goldman Sachs sowie die Bank of China).

Unter den Mitgliedern des AfD-Bundesvorstandes befinden sich Volks- und Betriebswirte, Steuerberater, Wirtschaftsjuristen und mittelständische Unternehmer. Kaum überraschend ist demzufolge die sozialpolitische Ausrichtung, auf die man sich im Grundsatzprogramm verständigt hat und die mitnichten den Interessen der »kleinen Leute«[9] oder gar der Arbeitnehmerschaft zu entsprechen scheint. So fordert die AfD z.B. die Abschaffung der Erbschaftssteuer, die Einführung einer Steuer- und Abgabenbremse und eine Reduzierung der Staatsausgaben (»schlanker Staat für freie Bürger«). Zur Rentenpolitik äußerte sich Frauke Petry in einem Interview mit der WELT wie folgt: »›An einer weiteren Verlängerung der Lebensarbeitszeit führt kein Weg vorbei.‹ (…) Außerdem werde man ›vermutlich über eine weitere Kürzung der Renten reden müssen‹. Dies sei ›brutal‹, aber unabdingbar, da angesichts der demographischen Entwicklung für die Rentenkassen schwere Zeiten anbrechen würden.« (Petry, zit. n. Balzli/Kamann 2015) In ähnlicher Weise äußerte sich auch Albrecht Glaser, AfD-Vorstandsmitglied und Vorsitzender der Programmkommission, die den Programmentwurf für die Bundestagswahl 2017 erstellt hat, gegenüber der Tagesschau: »Es gibt nach unseren Beratungsergebnissen kein festes Renteneintrittsalter, ergo auch keins mit 67 Jahren.« (Glaser, zit. n. Wiening 2017) Im besagten Entwurf heißt es hierzu: »Die AfD fordert, die Rente zukünftig bei Erreichen einer klar definierten anrechenbaren Lebensarbeitszeit statt, wie bisher vom Lebensalter abhängig, zu gewähren« (AfD-WE 2017). Über die genaue Zahl der zu leistenden Arbeitsjahre schweigt sich die Parteiführung derweil weitestgehend aus. Lediglich bei der Vorstellung des Programmentwurfs (9. März 2017) wurde der Parteivorsitzende Jörg Meuthen etwas genauer und sprach sich für eine Lebensarbeitszeit von 45 Jahren aus, um abschlagsfrei in Rente gehen zu können – sein Parteikollege und Stellvertreter Albert Glaser schloss sich dieser Meinung später an (vgl. Wiening 2017).

Auch hinsichtlich ihrer Frauenpolitik nimmt die AfD Positionen ein, die im absoluten Kontrast zu gewerkschaftlichen Forderungen stehen. Der internationale Aktionstag für eine Entgeltgleichheit zwischen Män-

---

[9] Schon auf dem Landesparteitag 2014 in Pritzwalk (Brandenburg) betonte Alexander Gauland vor seinen Parteikollegen: »Wir sind die Partei der Sorgen und Nöte der Leute, die nicht in der Politik der Parteien, sei es CDU, SPD oder Linke, vorkommen. (…) Wir sind im Moment die Partei der kleinen Leute.« (Gauland, zit. n. RP 2015) Bis heute hat sich an dieser Selbstverortung nichts geändert.

nern und Frauen, der »Equal Pay Day«, wird im AfD-Wahlprogramm zur Bundestagswahl 2017 als Propagandaaktion diffamiert, die darauf abziele, das traditionelle Familienmodell (Mann, Frau und Kind) infrage zu stellen (vgl. AfD-W 2017: 35). Verknüpft wird diese Kritik mit dem politischen Kampf gegen die »Gender-Ideologie«, die nach Auffassung der AfD dazu geführt habe, dass die »naturgegebene[n] Unterschiede zwischen den Geschlechtern« (ebd.) ignoriert und z.B. Homo- und Transsexualität im Schulunterricht einseitig hervorgehoben werde. Des Weiteren sei eine Abschaffung spezieller Quotenregelungen für Frauen dringend erforderlich. Denn diese seien nicht nur »leistungsfeindlich und ungerecht« (AfD-G 2016: 56), sondern führten auch zur Benachteiligung männlicher Mitbewerber, was wiederum gegen das Prinzip der Chancengerechtigkeit verstoße.

An die Zielrichtung dieser Argumentation anknüpfend fordert die nordrhein-westfälische AfD in ihrem Landeswahlprogramm 2017 gar die »Entwicklung von Leitlinien gegen Jungen-, Männer- und Väterdiskriminierung« (AfD-NRW 2017: 23), die »Förderung von geschlechtergetrenntem Unterricht« durch einzelne Modellprojekte, »die Abschaffung der Stellen für Gleichstellungsbeauftragte« sowie eine gezielte »Steigerung der Geburtenrate«, u.a. mittels einer »Besserstellung von Müttern bei der gesetzlichen Rente« (ebd.). Die AfD orientiert sich an einem Familienbild, das dem Ehemann bzw. Vater die Aufgabe des Ernährers der Familie zuspricht und die Frau in erster Linie auf ihre Rolle als Ehefrau, Mutter (»Diskriminierung der Vollzeit-Mütter stoppen«) und Hausfrau reduziert. Letztlich, so die Idee der AfD, soll die Familie zukünftig wohlfahrtsstaatliche Leistungen ersetzen, sodass der Staat sich wieder verstärkt seinen Kernaufgaben, insbesondere »Sicherheit« und »Ordnung«, widmen kann. Den gesellschaftlichen Realitäten und den Ansprüchen einer modernen Demokratie scheint dies hingegen weniger zu entsprechen. Wie Justus Bender treffend konstatiert: »Die AfD ist, so gesehen, eher eine reaktionäre Partei, die eine Zeitreise antreten will zurück in die fünfziger Jahre des 20. Jahrhunderts.« (Bender 2017: 159)

Partei der Widersprüche

Typisch für rechtspopulistische Parteien oder die AfD im Speziellen sind ihre inneren Widersprüche: Einerseits wird nach außen ein Familienbild vertreten, das sich an konservativen Wertvorstellungen orientiert, andererseits ist die Führungsebene der Partei mit zahlreichen Personen besetzt, die »selbst kinderlos sind, eine Scheidung hinter sich haben oder in einer gleichgeschlechtlichen Lebenspartnerschaft [siehe Alice Weidel, d.V.] leben« (ebd.: 180). Sowohl Anhänger_innen als auch Parteimitglieder scheinen sich jedoch an diesen Widersprüchen und ambivalenten politischen Positionierungen der Parteioberen kaum zu stören. In der konservativen Arbeiterschaft punktet die AfD vielmehr durch ihre Selbstinszenierung als Anwalt der sozial Benachteiligten, vehementer Verteidiger der nationalen Kultur und letzter Bewahrer traditioneller Werte. Gemessen am Stimmverhalten im Parlament und dem konkreten politischen Handeln vor Ort, ergibt sich aber ein ganz anderes Bild.

In Österreich, um nur ein Beispiel aufzuführen, gelang es der FPÖ schon mehrmals, durch einen »nationalistische[n] Sozialpopulismus« (Häusler/Roeser 2015: 14) weite Teile der Arbeiterschaft und der ärmeren Bevölkerungsschichten von sich zu überzeugen. Die Wirtschafts- und Sozialpolitik, die die FPÖ in den letzten Jahren verfolgt, ist jedoch im Wesentlichen auf eine weitere Demontage des Sozialstaats ausgerichtet und bedient vornehmlich die Wünsche der Besserverdienenden. Eine kurze Chronik soll dies veranschaulichen: 2010 stimmte die FPÖ gegen die Einführung einer bedarfsorientierten Mindestsicherung, 2011 gegen die Ratifizierung der Europäischen Sozialcharta, 2013 gegen zahlreiche Maßnahmen für mehr Steuergerechtigkeit (wie z.B. die Streichung von Steuerprivilegien für Managergehälter), 2014 gegen die Begrenzung von so genannten Luxuspensionen und gegen das Steuerabkommen mit der Schweiz.[10]

Die AfD scheint sich hinsichtlich ihrer strategischen Ausrichtung zunehmend an der FPÖ zu orientieren – mit all den kalkulierten Widersprüchen, die damit einhergehen. In dem weiter oben bereits genannten Strategiepapier zum Wahljahr 2017 werden fünf wesentliche Zielgrup-

[10] An dieser Stelle lohnt auch ein Blick auf die österreichische Kampagnenseite: »GewerkschafterInnen für Van der Bellen«; siehe: gewerkschafterinnen-fuer-vanderbellen.at/was-spricht-gegen-hofer/fpoe-eine-partei-fuer-die-reichen-und-die-eliten.

pen genannt: Neben bürgerlichen Wähler_innen mit liberal-konservativen Wertvorstellungen und Gegner_innen des Euro-Rettungsschirms gehören hierzu auch Protestwähler_innen, Nichtwähler_innen und Bürger_innen mit »unterdurchschnittlichem Einkommen (›kleine Leute‹) in sog. ›prekären Stadtteilen‹« (AfD-S 2016: 4). Um keine dieser Zielgruppen zu verschrecken oder versehentlich gegeneinander auszuspielen, versucht die AfD, konfliktbehaftete Themenfelder in ihren Wahlkämpfen möglichst zu vermeiden bzw. zurückzustellen. Hierzu zählt vor allem die Wirtschafts- und Sozialpolitik. Befürchtet werden insbesondere Differenzen bezüglich der Mietpreisbremse, der Arbeitslosenversicherung oder der Steuergerechtigkeit. Kaum verwunderlich erscheint es demnach, dass bei den Landtagswahlen 2016/2017 gerade diese Themengebiete von der AfD kaum kommentiert wurden und auch in der praktischen Arbeit auf Landesebene sozialpolitische Fragestellungen eher zurückhaltend diskutiert werden.

Nichtsdestoweniger lässt sich anhand zweier Beispiele aus der jüngsten Vergangenheit erahnen, welche politische Zielsetzung die AfD in diesen und anderen Politikbereichen mittel- bis langfristig verfolgt. In Braunschweig machte die AfD durch eine Streichungsoffensive gegen soziale und kulturelle Angebote auf sich aufmerksam. Wie die »Arbeitsgemeinschaft Braunschweiger Wohlfahrtsverbände« (AGW) in einer offiziellen Stellungnahme anmerkte, war der Fokus der zahlreichen Streichungsanträge speziell auf Einrichtungen gerichtet, die sich in der Stadt seit Jahren »für Demokratie und ein friedliches und sozial ausgewogenes Klima« (AGW 2016) eingesetzt haben. Betroffen wären von diesen Mittelstreichungen etwa die Arbeiterwohlfahrt, das Diakonische Werk, das Deutsche Rote Kreuz, die Gedenkstätte für Opfer von Krieg und Gewaltherrschaft, das Bundesprogramm »Demokratie leben!« des Bundesministeriums für Familie, Senioren, Frauen und Jugend und der Dachverband der Elterninitiativen gewesen.

Im Bezirk Hamburg-Harburg stimmte die AfD als einzige Fraktion gegen das Leitbild »Zusammenleben in Vielfalt«, das vom Integrationsrat und Bürger_innen des Bezirks in einem mehrmonatigen Prozess erarbeitet worden war. Als Begründung führte die AfD an, dass der »immer wieder auftauchende Hinweis auf die Notwendigkeit, Diskriminierung und Benachteiligung aufgrund von Herkunft, Alter, Geschlecht, Religion, sexueller Orientierung, Behinderung oder äußeren Merkmalen abzubauen« (AfD HH-H 2016), überflüssig sei, da dies längst schon an anderer Stelle geregelt sei. Und weiter heißt es: »Eine Leitlinie, die ausdrücklich auf Gender-Mainstreaming und vergleichbaren ideologischen Unfug als Vorbild verweist, kann von uns daher nur abgelehnt werden.« (ebd.) Erstaunlich ist in diesem Zusammenhang der Kontrast zur immer wieder von AfD-Politiker_innen eingeforderten Bürgerbeteiligung (beispielsweise durch direkt-demokratische Abstimmungsverfahren), welche in diesem Fall eher eine ungeordnete Rolle spielte und offensichtlich von der Ablehnung des »Gender-Mainstreaming« überlagert wurde. Dieses Vorgehen ist kein Einzelfall: Schon 2014 stimmte Marcus Pretzell im EU-Ausschuss für konstitutionelle Fragen (AFCO) gegen einen Antrag, der sich für eine weiterhin stabile Finanzierung der Mittel für die Information der europäischen Bürgerinnen und Bürger aussprach – was letztlich auch die Gelder für Auskünfte und Mitteilungen über die Europäische Bürgerinitiative betraf. Indirekt stimmte Pretzell damit gegen die Werbung für ein Instrument, das auf europäischer Ebene direktdemokratische Teilhabe ermöglicht (vgl. hierzu etwa Giegold 2014). Noch im Europawahlprogramm hatte man hingegen versichert: »Die AfD setzt sich für mehr direkte Demokratie und eine stärkere Beteiligung der Bürger an wichtigen Entscheidungen ein.« (AfD-E 2014: 9) Die Praxis sah dann anders aus.

Mut zum Widerspruch

Verlust- und Zukunftsängste gepaart mit einfachen Lösungsvorschlägen sind, wie weiter oben bereits näher dargelegt, die wesentlichen Triebkräfte des Rechtspopulismus. An einer konstruktiven Lösung sind dessen Vertreter_innen weniger interessiert. Eine politische Auseinandersetzung mit ihnen wird dadurch erschwert, dass sie in ihren Kampagnen vor allem auf Emotionalität, d.h. gefühlte Wahrheiten,[11] und weniger auf nachweisbare Fakten setzen. Ein konstruktiver Austausch von Argumenten findet so – zumindest auf sachlicher Ebene – kaum mehr statt.

---

[11] Interessant ist in diesem Zusammenhang eine Studie des US-amerikanischen Internetportals BuzzFeed, das untersuchte, welche Falschmeldungen (»Fake News«) in den sozialen Medien bezüglich Angela Merkel kursierten und von wem diese geteilt wurden (vgl. Nardelli/Silverman 2017).

Tab. 2: Meine Wahlentscheidung* erfolgte aus …

	ST	MV	BE	RP	BW	SL	SH	BTW
… Überzeugung von meiner Partei	27%	24%	26%	29%	21%	22%	31%	31%
… Enttäuschung von anderen Parteien	64%	67%	69%	62%	70%	71%	60%	60%

* hier bezogen auf die Gruppe der AfD-WählerInnen bei den jeweiligen Landtagswahlen 2016/2017 und der Bundestagswahl 2017; Quelle: Infratest dimap; wahl.tagesschau.de/

Der US-amerikanische Autor Ralph Keyes beschrieb dieses Phänomen schon 2004 als eine Politik des Postfaktischen, in der der Wahrheitsgehalt nur noch eine untergeordnete Rolle spiele. Donald Trump scheint hierfür das beste Beispiele zu sein: Nach Analysen von »Politifact«, einer US-amerikanischen Plattform, die für ihre Arbeit 2009 mit dem Pulitzer-Preis ausgezeichnet wurde, sind ca. 70% der Aussagen von Donald Trump überwiegend oder gänzlich gelogen (vgl. Politifact 2017). Der Zustimmung bei den Wähler_innen tat dies jedoch keinen Abbruch. Welche Rückschlüsse sind daraus zu ziehen? Und welche Handlungsoptionen in Betrieb und Gesellschaft können daraus abgeleitet werden?

Zunächst sei hervorgehoben, dass es kein Patentrezept im Umgang mit rechtspopulistischen Positionen gibt. Zu vielschichtig und heterogen sind die jeweiligen Akteure, zu ambivalent deren politische Positionen. So spricht sich z.B. die Berliner AfD gegen den sozialen Wohnungsbau aus, während der Leipziger Kreisverband eindringlich dafür wirbt (obgleich verbunden mit der Kritik daran, dass von städtischer Seite, so jedenfalls die Behauptung, stets der Bau von Asylunterkünften priorisiert werde, statt Sozialwohnungen für alle Bevölkerungsteile zu schaffen). Die Frage, wie nun mit Rechtspopulisten am geschicktesten umzugehen sei, wird in der Literatur auf unterschiedliche Weise beantwortet. In der Regel wird dabei zwischen konsequenter Ausgrenzung und selektiver Gesprächsbereitschaft abgewogen. Erfahrungen aus den Betrieben zeigen aber, dass beide Strategien durchaus ihre Tücken haben und besser von Fall zu Fall entschieden werden sollte, welche Vorgehensweise man wählt und innerbetrieblich als erfolgversprechend erachtet. Grundsätzlich gilt aber: Viele Sorgen und Ängste der Kolleg_innen sind bei näherer Betrachtung nicht unbegründet und nicht jeder Sympathisant der AfD wählte diese aus voller Überzeugung, wie ein Blick auf die Landtagswahlen 2016/2017 und die Bundestagswahl 2017 aufzeigt (siehe Tabelle 2).

Ziel sollte es daher sein, gerade mit jenen Kolleg_innen das Gespräch zu suchen, die in ihrem Meinungsbild noch nicht gefestigt sind und die AfD eher aus Enttäuschung über andere Parteien als aus fester Überzeugung gewählt haben. Anthony Painter weist in diesem Kontext berechtigterweise darauf hin: »Themen als echte Besorgnisse anzuerkennen heißt nicht, mit den radikalen Thesen des Rechtspopulismus einverstanden zu sein – im Gegenteil. Doch eine Politik der moralischen Ächtung ist ebenso unangebracht wie kontraproduktiv.« (Painter 2015: 124) Gewerkschaften sollten verstärkt versuchen, Rechtspopulisten über Sachverhalte zu delegitimieren und solidarische Alternativen aufzuzeigen – ganz im Sinne eines »neue[n] glaubwürdige[n] Konzept[s] von Solidarität« (Bischoff et al. 2015: 83). Ferner bedarf es einer intensiven politischen Schulung der Kolleg_innen vor Ort, denen es oftmals an nötigem »Rüstzeug« und Argumenten fehlt, rechtspopulistischen Agitatoren Einhalt zu gebieten. Ein gelungener Ansatz ist diesbezüglich etwa die Stammtischkämpfer_innenausbildung, die nicht nur im Gewerkschaftskontext angeboten wird.

Es muss den Kolleg_innen klar und unmissverständlich aufgezeigt werden, dass es sich bei der AfD um eine im Kern gewerkschafts- bzw. arbeitnehmerfeindliche Partei handelt. Sicherlich kann und muss in Einzelfällen auch darüber nachgedacht werden, Gewerkschaftsmitglieder, die durch menschenfeindliches Auftreten oder rechtspopulistische Hetze auffallen, gänzlich aus der Organisation auszuschließen. Relativ konsequent betreibt dies z.B. die CGT in Frankreich bezüglich des Front National. Von generellen Unvereinbarkeitsbeschlüssen sollte zunächst jedoch Abstand genommen werden, da man hierdurch mitunter Gefahr läuft, Rechtspopulisten zusätzliches politisches Gewicht zu verleihen, und ihnen zugleich die Möglichkeit gibt, sich als Opfer einer vermeintlichen gewerkschaftlichen Hetzkampagne darzustellen, was in anderen Zusammenhängen schon passiert ist.

Zweifellos bedarf es einer längerfristigen Strategie, die auf mehreren Ebenen versucht, rechtspopulistische Agitatoren zu demaskieren und rechte Hetzer zu entlarven. Denn wir befinden uns zurzeit – und dies zeigen insbesondere die Beispiele Frankreich (Front National) und Österreich (FPÖ) – erst am Beginn einer wahrscheinlich langwierigen und durchaus schwierigen Auseinandersetzung, die nicht nur als eine betriebliche, sondern vor allem auch gesamtgesellschaftliche Aufgabe zu betrachten ist.

Seitens der Gewerkschaften sollte dafür Sorge getragen werden, dass das Erfahrungswissen aus den Betrieben an zentraler Stelle gebündelt und analysiert wird und von dort aus pragmatisch orientierte Handlungskonzepte entwickelt werden. Die IG Metall hat mit ihrem Themenspicker »Soziale Gerechtigkeit und AfD?« und mit ihrem Arbeitsheft für Referent_innen in der gewerkschaftlichen Bildungsarbeit »Rechtspopulismus entgegentreten« Materialien vorgelegt, die auch für andere Einzelgewerkschaften von Interesse sein könnten. Überdies hat der DGB in Nordrhein-Westfalen mit seiner Broschüre »Argumente gegen Rechtspopulisten« eine äußerst gelungene Argumentationshilfe für Kolleg_innen entwickelt. Diese liegt bereits in zweiter Auflage vor (mit Fokus auf die AfD).[12]

Anzumerken bleibt an dieser Stelle jedoch, dass es letztendlich auf die Kolleg_innen vor Ort ankommt, die innerbetriebliche Auseinandersetzung mit Rechtspopulisten zu suchen und Konflikte mit ihnen nicht zu scheuen. Gewiss können Mitgliederverluste nicht ausgeschlossen werden. Gemessen an den möglichen langfristigen Folgen sind diese aber sicherlich verkraftbar; zumal bislang (und dies trotz des Engagements gegen Rechtspopulismus von zahllosen Betriebsräten und Vertrauensleuten in den letzten Jahren) keine Beispiele für regelrechte »Austrittswellen« zu finden sind. Richard Stöss hat in seiner jüngsten Studie bezüglich der innerbetrieblichen Handlungsmöglichkeiten einen kleinen »Leitfaden« entwickelt, der sich zusammengefasst wie folgt darstellt: »Basisstrukturen vor Ort stärken, (...) klare Sprache sprechen, (...) Trauen und Vertrauen stärken, (...) Aufgaben und Ziele der Gewerkschaften diskutieren, (...) Bewusstsein für Geschichte stärken, (...) Beschäftige ›abholen‹: Welche Themen bewegen die Beschäftigten? Wo stehen sie? Dort müssen sie abgeholt werden, (...) Neues ausprobieren [z.B. durch betriebliche Patenschaften für Flüchtlinge], (...) [n]eue Räume für vertiefende Diskussionen erschließen, (...) ›[k]ulturelle‹ Konflikte verständlich machen« (Stöss 2017: 90). Schließlich sollte versucht werden, den Arbeitgeber, etwa mittels Betriebsvereinbarungen, ebenfalls mit in die Pflicht zu nehmen und so eine gemeinsame Wertegrundlage zu schaffen, die es Rechtspopulisten zumindest erschwert, im Betrieb Fuß zu fassen.

[12] Nicht unerwähnt bleiben sollte an dieser Stelle auch der von der DGB-Jugend und Arbeit und Leben Sachsen mit Unterstützung der Bundeszentrale für politische Bildung (bpb) herausgegebene Ringblock »Fakten statt Populismus. Argumente gegen Vorurteile«.

Literatur

AfD-Europawahlprogramm (AfD-E) (2014): Mut zu Deutschland. Für ein Europa der Vielfalt. Programm der Alternative für Deutschland (AfD) für die Wahl zum Europäischen Parlament am 25. Mai 2014.

AfD-Grundsatzprogramm (AfD-G) (2016): Programm für Deutschland. Das Grundsatzprogramm der Alternative für Deutschland. Online unter: www.alternativefuer.de/wp-content/uploads/sites/111/2017/01/2016-06-27_afd-grundsatz-programm_web-version.pdf [letzter Zugriff: 7.6.2017].

AfD Hamburg-Harburg (AfD HH-H) (2016): AfD-Fraktion stimmt gegen Harburger Leitbild, 18.11.2016. Online unter: afd-hh-harburg.de/afd-fraktion-stimmt-gegen-harburger-leitbild/ [letzter Zugriff: 7.6.2017].

AfD-Strategiepapier (AfD-S) (2016): AfD-Manifest 2017. Demokratie wieder herstellen. Dem Volk die Staatsgewalt zurückgeben. Die Strategie der AfD für das Wahljahr 2017.

AfD-Wahlprogramm (AfD-W) (2017): Programm für die Wahl zum Deutschen Bundestag am 24. September 2017. Online unter: www.afd-goe.de/wp-content/uploads/2017/03/2017-03-08_afd_leitantrag-bpt-btw-programm_mit-zeilen-nummern-1.pdf [letzter Zugriff: 9.5.2017].

AfD-Wahlprogrammentwurf (AfD-WE) (2017): Programm für die Wahl zum Deutschen Bundestag am 24. September 2017. Online unter: afd-suedwestpfalz.de/wp-content/uploads/2017/03/2017-03-08_afd_leitantrag-bpt-btw-programm_mit-zeilennummern-1.pdf [letzter Zugriff: 7.6.2017].

Arbeitsgemeinschaft Braunschweiger Wohlfahrtsverbände (AGW) (2016): Stellungnahme der Arbeitsgemeinschaft Braunschweiger Wohlfahrtsverbände (AGW) zu der Streichungsoffensive der AFD gegen soziale und kulturelle Angebote in Braunschweig vom 12.12.2016.

Balzli, Beat/Kamann, Matthias (2015): Petry nennt »brutale« Rentenreform notwendig. In: DIE WELT, 5.6.2016. Online unter: www.welt.de/politik/deutschland/article155962088/ Petry-nennt-brutale-Rentenreform-notwendig.html [letzter Zugriff: 7.6.2017].

Bender, Justus (2017): Was will die AfD? Eine Partei verändert Deutschland. München.

Bischoff, Joachim/Gauthier, Elisabeth/Müller, Bernhard (2015): Europas Rechte. Das Konzept des »modernisierten« Rechtspopulismus. Eine Flugschrift. Hamburg.

Bischoff, Joachim/Müller, Bernhard (2016): Rechtspopulismus in der »Berliner Republik« und Europa – Ursachen und Hintergründe. In: Häusler, Alexander/Virchow, Fabian (Hrsg.): Neue soziale Bewegung von rechts? Zukunftsängste, Abstieg der Mitte, Ressentiments. Hamburg, S. 19-31.

Blume, Georg (2015): Die Siegerin bleibt kühl. In: DIE ZEIT, 29.12.2015. Online unter: www.zeit.de/2015/50/front-national-regionalwahl-frankreich-marine-le-pen [letzter Zugriff: 7.6.2017].

Brodnitz, Pete (2016): Wie die Demokraten sich kleingemacht haben. Online unter: www.zeit.de/politik/ausland/2016-11/donald-trumps-wahlsieg-us-wahl-waehler-gruende [letzter Zugriff: 7.6.2017].

Douthat, Ross (2016): Regarding the Trumpenproletariat. In: The New York Times, 17.5.2016. Online unter: douthat.blogs.nytimes.com/2016/05/17/regarding-the-trumpenproletariat/?_r=0 [letzter Zugriff: 8.6.2017].

Frankfurter Allgemeine Zeitung (FAZ) (2016): AfD will im Wahlkampf gezielt provozieren. Online unter: www.faz.net/aktuell/politik/inland/bundestagswahl-2017-afd-will-im-wahlkampf-provozieren-14582830.html [letzter Zugriff: 7.6.2017].

Giegold, Sven (2014): AfD stimmt gegen Werbung für direkte europäische Demokratie, 3.9.2014. Online unter: www.gruene-erding.de/home/home-single/article/afd_stimmt_gegen_werbung_fuer_direkte_europaeische_demokratie/ [letzter Zugriff: 7.6.2017].

Häusler, Alexander (2016): Die AfD – eine rechtspopulistische »Bewegungspartei«? In: Ders./Virchow, Fabian (Hrsg.): neue soziale Bewegung von rechts? Zukunftsängste, Abstieg der Mitte, Ressentiments. Hamburg, S. 42-51.

Häusler, Alexander/Roeser, Rainer (2015): Die rechten »Mut«-Bürger. Entstehung, Entwicklung, Personal & Positionen der Alternative für Deutschland. Hamburg.

Jacobsen, Lens (2015): Im Bund mit den Ängstlichen. In: DIE ZEIT, 28.11.2015. Online unter: www.zeit.de/politik/deutschland/2015-11/alternative-fuer-deutschland-parteitag-frauke-petry-hannover [letzter Zugriff: 7.6.2017].

Joffe, Josef (2016): Trumpenproletariat. In: DIE ZEIT, 8.10.2016. Online unter: www.zeit.de/2016/42/vorurteile-donald-trump-waehler-afd-klischee [letzter Zugriff: 7.6.2017].

Krell, Christian (2016): Klare Kante gegen Rechtspopulismus. Online unter: gegenblende.dgb.de/artikel/++co++fafe4a16-86eb-11e6-b817-525400e5a74a [letzter Zugriff: 7.6.2017].

Kroh, Martin/Fetz, Karolina (2016): Das Profil der AfD-AnhängerInnen hat sich seit der Gründung der Partei deutlich verändert. In: Deutsches Institut für Wirtschaftsforschung (DIW), Nr. 34/2016. Berlin, S. 711-719.

Meret, Susi (2015): Die Dänische Volkspartei: Vom Steuerprotest zum Rechtspopulismus. In: Hillebrand, Ernst (Hrsg.): Rechtspopulismus in Europa. Gefahr für die Demokratie? Bonn, S. 15-23.

Müller, Jan-Werner (2016): Was ist Populismus? Ein Essay. Bonn.

Nardelli, Alberto/Silverman, Craig (2017): Hyperpartisan Sites And Facebook Pages Are Publishing False Stories And Conspiracy Theories About Angela Merkel. In: Buzzfeed, 14.1.2017. Online unter: www.buzzfeed.com/albertonardelli/hyperpartisan-sites-and-facebook-pages-are-publishing-false?utm_term=.tfKM8bm2V#.ejeMdn6xg [letzter Zugriff: 7.6.2017].

Painter, Anthony (2015): Populismus, Extremismus und die Spannung im demokratischen System. In: Hillebrand, Ernst (Hrsg.): Rechtspopulismus in Europa. Gefahr für die Demokratie? Bonn, S. 121-127.

Politifact (2017): Donald Trump's file. Online unter: www.politifact.com/personalities/ donald-trump/ [letzter Zugriff: 7.6.2017].

Rheinische Post (RP) (2015): Gauland bleibt AfD-Chef in Brandenburg, 18.4.2015. www.rp-online.de/politik/deutschland/alternative-fuer-deutschland-gauland-bleibt-brandenburg-chef-aid-1.5025878 [letzter Zugriff: 7.6.2017].

SORA Institut (2016): Wahlanalyse. Bundespräsidentschaftswahl 2016: Wiederholung der Stichwahl. Online unter: www.sora.at/themen/wahlverhalten/wahlanalysen/bpw16-wh.html [letzter Zugriff: 7.6.2017].

Stöss, Richard (2017): Gewerkschaften und Rechtsextremismus in Europa. Herausgegeben von der Friedrich-Ebert-Stiftung, Forum Berlin/Politischer Dialog. Berlin.

Venohr, Sascha (2016): Frauen haben die Wahl in Österreich entschieden. In: DIE ZEIT, 4.12.2016. Online unter www.zeit.de/politik/ausland/2016-12/wahlergebnis-oesterreich-waehler-bundespraesidentenwahl [letzter Zugriff: 9.10.2017].

Vossen, Koen (2015): Das Ein-Mann-Orchester in den Niederlanden: Geert Wilders und die Partei für die Freiheit (PVV). In: Hillebrand, Ernst (Hrsg.): Rechtspopulismus in Europa. Gefahr für die Demokratie? Bonn, S. 48-58.

Wiening, Jens (2017): Die brisanten Rentenpläne der AfD. Online unter: www.tagesschau.de/inland/afd-rentenkonzept-101.html [letzter Zugriff: 7.6.2017].

Wodak, Ruth (2016): Politik mit der Angst. Zur Wirkung rechtspopulistischer Diskurse. Wien/Hamburg.

Zick, Andreas/Krause, Daniela/Küpper, Beate (2016): Rechtspopulistische und rechtsextreme Einstellungen in Deutschland. In: Dies. (Hrsg.): Gespaltene Mitte – Feindselige Zustände. Rechtsextreme Einstellungen in Deutschland 2016. Herausgegeben für die Friedrich-Ebert-Stiftung. Bonn, S. 111-142.

Ulf Teichmann/Josephin Tischner/Kai Venohr

Rechtspopulismus als Herausforderung für die gewerkschaftliche Bildungsarbeit

Erfahrungen aus dem DGB-Projekt zur Aufklärung und Unterstützung von aktiven Gewerkschafter_innen (PAU)

Gewerkschafter_innen als Zielgruppe und Zielscheibe der AfD

Dass rechte Parteien Arbeitnehmer_innen als Zielgruppe anvisieren, indem sie soziale Probleme nationalistisch aufladen, ist nicht neu. Die Alternative für Deutschland (AfD) hingegen galt lange als ausschließlich neoliberal und nationalkonservativ. Seit ihrem Parteitag in Stuttgart im Mai 2016 formierte sich in der Partei jedoch eine Strömung, die eine – wenn auch nicht unumstrittene – programmatische Wende fordert. Diese soll zu einer stärkeren Betonung vermeintlich sozialer Fragen führen. Aus dem internen AfD-Strategiepapier vom Dezember 2016 wissen wir, dass dies auf die Zielgruppenbestimmung durch den Führungszirkel der Partei zurückgeht. Denn im Wahljahr 2017 gehören neben »leistungsorientierte[n] Arbeitnehmer[n]« insbesondere die sogenannten »kleinen Leute« – gemeint sind hier Wähler_innen »mit unterdurchschnittlichem Einkommen [...] in sogenannten ›prekären Stadtteilen‹, die sich [...] zu konservativen Werten [...] bekennen und [...] als Verlierer der Globalisierung fühlen« – zu den ausgewählten Adressat_innen der Partei (Alternative für Deutschland – Bundesvorstand 2016: 4).

Während durch diesen Fokus auf Arbeitnehmer_innen und Arbeitslose auch Gewerkschaftsmitglieder zu den Zielgruppen der Rechtspopulist_innen gehören, werden der DGB und die Mitgliedsgewerkschaften sowie deren Funktionär_innen zunehmend zu Zielscheiben der AfD. Björn Höcke identifizierte die Gewerkschaften zusammen mit den demokratischen Parteien (»Altparteien«) und den Kirchen als Kräfte, die Deutschland auflösen wollten und deshalb bekämpft werden müssten (Höcke 2017). Auch die AfD in Niedersachsen zählt die Gewerkschaften zur »derzeit noch tonangebenden Klasse« und stellt dieser die vermeintlich wahren Interessen der »Bürger« entgegen (AfD-Landesverband Niedersachsen 2017: 9). Diese Frontstellung ging einher mit der Gründung von inzwischen vier vermeintlichen »Arbeitnehmervertretungen«[1] innerhalb der Partei und ihres Umfeldes, die sich hauptsächlich darin betätigen, den DGB und seine Mitgliedsgewerkschaften als verlängerten Arm des Establishments und hier insbesondere der SPD anzugreifen, der nicht mehr die vermeintlich wahren Interessen der Arbeitnehmer in Deutschland verträte (vgl. beispielhaft Waldheim 2017). Während AidA und AVA ihre angekündigten, aber zu scheitern drohenden Veranstaltungen zum »Tag der Arbeit« ausfallen ließen, schaffte es lediglich ALARM!, am 1. Mai 2017 etwa 1.200 Menschen zu einer Kundgebung zu mobilisieren, auf der Höcke eine Rede hielt, die einen besorgniserregenden nationalistischen Sozialpopulismus mit einer Beschwörung der »deutschen Arbeit« offenlegte (vgl. Bensmann 2017).

Wie positionieren sich Gewerkschaften gegenüber der AfD, die es mit ihrem Sozialpopulismus auf deren eigene Zielgruppen und Mitgliedschaft abgesehen hat? Auch wenn die AfD versucht, sich mit Forderungen wie beispielsweise der nach einem Mindestlohn – die freilich im Gegensatz stehen zu anderen Kernforderungen der Partei – als wählbar für Arbeitnehmer_innen darzustellen, stuft der DGB die AfD als Partei mit antigewerkschaftlichen Positionen ein. Darüber hinaus stellt sich die Frage nach einem angemessenen Umgang mit den Anhänger_innen rechtspopulistischer Einstellungen in den Gewerkschaften und in den Betrieben. Hans-Jürgen Urban vom geschäftsführenden Vorstand der IG Metall hat »eine Doppelstrategie aus klarer Kante und offener Tür« skizziert. Während klare Kante bedeute, Rassismus und Hetzereien nicht zu dulden, müsse den über Ungerechtigkeit Empörten dennoch ein Angebot gemacht werden, sich in einer solidarischen Bewegung zu engagieren (Hebel 2017). Diese Herangehensweise wird bestätigt durch Studien, die belegen, dass erfolgreiche Partizipation in betrieblichen Mitbestimmungsstrukturen die beste Prävention gegen die Ausbreitung rechten Denkens in der Arbeitswelt ist (vgl. Stöss 2017: 43).

Auf der politischen Ebene hat der DGB die Bekämpfung von Rassismus und Rechtspopulismus deutlich verstärkt: Neben der Bünde-

---

[1] Neben den »Arbeitnehmern in der AfD« (AidA) und der »Alternativen Vereinigung der Arbeitnehmer e.V.« (AVA) gibt es seit Mai 2017 auch den im Umfeld Höckes ins Leben gerufenen »Alternativen Arbeitnehmerverband Mitteldeutschlands« (ALARM!). Während diese Gruppen einen eher geringen Einfluss haben, scheint die vierte, die »Alternative Öffentlicher Dienst« (AÖD), nur auf dem Papier und bei Facebook zu bestehen (siehe weiterführend auch die Anlagen).

lung von Wissen und Strategien im Themenfeld Rechtspopulismus zählt hierzu unter anderem die Implementierung einer Social Media-Strategie. Und auch in der Öffentlichkeit stellt sich der DGB der inhaltlichen Auseinandersetzung und hinterfragt die sozialpolitischen Forderungen der AfD. Besonders deutlich wurde dies durch Berechnungen des DGB zu den Rentenplänen der Partei. Denn dass nach dem AfD-Rentenmodell fast 40% der Beschäftigten bis zum 70. Lebensjahr arbeiten müssten, würde die Partei selbst nie so deutlich formulieren (vgl. DGB-Bundesvorstand o.J.b;[2] Sauer 2017).

In diesem Zusammenhang kann die Bildungsarbeit als ein Schwerpunkt der gewerkschaftlichen Aktivitäten gegen den erstarkenden Rechtspopulismus betrachtet werden. Zur Verstärkung der ohnehin vielfältigen Aktivitäten zur Auseinandersetzung mit dem Rechtspopulismus und Rassismus in der Arbeitswelt initiierte der DGB das vom DGB-Bildungswerk BUND durchgeführte »Projekt zur Aufklärung und Unterstützung von aktiven Gewerkschafterinnen und Gewerkschaftern« – kurz PAU. Ausgehend von den Erfahrungen und Überlegungen dieses Projektes fragen wir im Folgenden nach den Möglichkeiten und Grenzen gewerkschaftlicher Bildungsarbeit, die sich dem Rechtspopulismus entgegenstellt.

Sprach- und Handlungsfähigkeit durch gewerkschaftliche Bildung erweitern

Erklärtes Ziel der gewerkschaftlichen Bildungsarbeit ist die Erweiterung der Handlungsfähigkeit der Gewerkschaftsmitglieder in betrieblichen und gesellschaftlichen Bereichen. Auch wenn Qualifizierungen im Bereich der innerbetrieblichen Mitbestimmung den größten Anteil der Bildung in den Gewerkschaften ausmachen, gehört hierzu auch das Eintreten für die Menschenrechte und gegen Ausgrenzung und Diskriminierung (DGB-Bildungswerk Thüringen e.V. 2003: 5).

Dennoch haben Angebote, die sich explizit der Auseinandersetzung mit menschenfeindlichem Denken und Handeln widmen, in der gewerk-

[2] Da der »Faktencheck« auf Grundlage des Entwurfs zum Bundestagswahlprogramm erstellt worden war und es hier noch Änderungen gab, sind einige Details dieser Veröffentlichung nicht mehr zutreffend. Grundsätzlich zeigt der »Faktencheck« zur Rente jedoch den richtigen Umgang mit Forderungen der AfD auf.

schaftlichen Bildungsarbeit eine Sonderrolle und besondere Ausgangsbedingungen. Hierbei hat die gewerkschaftliche Bildungsarbeit folgende Ziele: die Mechanismen ausgrenzender Ideologien zu verstehen, die Ursachen für ihre Verbreitung zu erkennen, Haltungen und Einstellungen zu hinterfragen und die eigenen Handlungsmöglichkeiten zu erweitern. Das Ziel, die Ursachen für den Erfolg menschenverachtender Ideologien zu erkennen, ist besonders komplex, da es bei Bildner_innen und Teilnehmenden ein sehr hohes Maß an Reflexion der eigenen Haltung erfordert. Außerdem braucht es die Einsicht, dass es häufig tatsächlich existierende Missstände der Gesellschaft sind, die von rechts aufgegriffen und nationalistisch oder auch völkisch aufgeladen werden (vgl. mit Bezug auf Rechtsextremismus Stöss 2017: 97f.).

Gewerkschaftliche Bildungsarbeit muss hier auf der inhaltlichen Ebene vermeintliche Problemlösungen entlarven, die auf Ausgrenzung und Abwertung beruhen, und solidarische und demokratische Antworten auf die Fragen dieser Zeit bieten. Darauf aufbauend kann eine Haltung gestärkt oder ausgebildet werden, die die Teilnehmenden zu solidarischem Handeln und Eingreifen in diskriminierende Situationen befähigt (vgl. ebd.: 101-103).

Doch ist dieses Ideal eine Beschreibung der tatsächlich stattfindenden gewerkschaftlichen Bildungsarbeit gegen Rechts? Wenn man diese näher betrachtet, tauchen einige Fragen auf, die auf der Grundlage der Erfahrungen des Projekts PAU kritisch beleuchtet werden: Wen erreicht die Bildungsarbeit gegen Rechts(populismus)? Erlauben die Rahmenbedingungen der Veranstaltungen, die genannten Ansprüche umzusetzen? Inwiefern prägt der Gegenstand »Rechtspopulismus« die Arbeit und was ist beim Umgang mit diesem zu beachten? Und schließlich: Welche Handlungsmöglichkeiten bleiben gewerkschaftlicher Bildungsarbeit in diesem Themenfeld und wo liegen die Aufgaben der näheren Zukunft?

In der Auseinandersetzung mit politischen Kräften aus dem rechten Spektrum ist eine vielgehörte Forderung, die Rechten nicht größer zu machen, als sie sind. Da Gegenmaßnahmen immer auch Aufmerksamkeit für den politischen Gegner erzeugen, steht auch die gewerkschaftliche Bildungsarbeit vor der Frage, wieviel Raum man Parteien und Bewegungen wie der AfD und Pegida geben sollte, wie umzugehen ist mit deren Provokationen, Forderungen und Veröffentlichungen. Dass das verwendete Material hier stets in seinen Kontext gesetzt und Zuschreibungen gegebenenfalls dekonstruiert werden müssen, versteht sich von selbst. Dennoch bleibt stets ein Rest der in der Verwendung von Originalmaterial liegenden Gefahr der Reproduktion rechtspopulistischer Deutungsmuster.

Eine verbreitete Vorgehensweise in der gewerkschaftlichen (Bildungs-)Arbeit, die den Rechtspopulist_innen in der Auseinandersetzung mit ihnen nicht das Agenda-Setting überlässt, geht von den eigenen Zielen und Werten (wie Demokratie, Menschenrechte und Solidarität) aus, da deren Stärkung schon eine Maßnahme gegen den Rechtspopulismus ist. Nach den Erfahrungen aus dem Projekt PAU ist diese Gegenüberstellung der Ziele von Gewerkschaften und AfD – beispielsweise mit Verwendung des erwähnten Faktenchecks zur Rente – zumindest in der Arbeit mit gewerkschaftlich Aktiven besonders geeignet, diese gegen den Rechtspopulismus zu immunisieren und für die Auseinandersetzung mit diesem zu stärken. Denn so wird nicht nur eine Versachlichung der Debatte ermöglicht. Zudem ist so gewährleistet, dass auch jene Facetten der AfD beleuchtet werden, die diese selbst ausblendet, wenn sie Wahlkampf für vermeintlich »kleine Leute« macht.

Schließlich erlaubt die Konzentration auf gewerkschaftliche Werte und Ziele – und das beinhaltet eine Kritik der gegebenen wirtschaftlichen und politischen Verhältnisse –, einem weiteren Fallstrick der Bildungsarbeit gegen Rechtspopulismus aus dem Weg zu gehen. Denn wo das Weltbild und die Forderungen von Rechtspopulist_innen mit dem Status quo kontrastiert werden, um diese als von Grund auf ungerechtfertigt darzustellen, besteht die Gefahr der Affirmation des Bestehenden. Das Bedürfnis, Menschen mit rechtspopulistischen Neigungen – gerade in ihrem Wahlverhalten – zurück in die vermeintlich demokratische Mitte zu holen, ist verständlich und kurzfristig gedacht auch richtig. Doch darf dabei aus der Perspektive der Bildungsarbeit der Gewerkschaften nie vergessen werden, auch deren Unzufriedenheit mit dem wirtschaftlichen und politischen Status quo deutlich zu machen.

Eine weitere Schwierigkeit gewerkschaftlicher Bildungsarbeit, die sich mit Rechtspopulismus auseinandersetzt, betrifft die Frage der Zielgruppe. Denn für Bildungsmaßnahmen zur Rechtsextremismus- und Rechtspopulismusprävention gilt, dass in der Regel diejenigen erreicht werden, die bereits für die Probleme sensibilisiert sind (vgl. Allmendinger/Venohr 2016: 142f.). Auch wenn die Bedeutung dieser Bildungsmaßnahmen nicht unterschätzt werden sollte, da hier Multiplikator_innen geschult werden, die im gewerkschaftlichen und betrieblichen Umfeld gegen Ausgrenzung wirken können, verfehlen sie fast zwangsläufig diejenigen im gewerkschaftlichen Milieu, die zu rechtspopulistischen Einstellungsmustern neigen und in den Nachwahlbefragungen als gewerkschaftlich organisierte AfD-Wähler_innen auftauchen.

Dennoch haben Gewerkschaften und betriebliche Interessenvertretungen Möglichkeiten, an den Schnittstellen von gewerkschaftlicher Organisations- und Bildungsarbeit auch diese zu erreichen. So ist es ein Vorteil des Projektes PAU, dass es durch Einladungen zu Delegierten-, Betriebs- oder Vertrauenskörpervollversammlungen näher an die gewerkschaftliche Basis kommt. Damit kann die Präventionsarbeit auf betrieblicher Ebene, wo die Gewerkschaften naturgemäß ihren Hauptansatzpunkt sehen, gestärkt werden. Zugleich dürfen die Möglichkeiten solcher Kurzinterventionen (zumeist Vorträge) nicht überschätzt werden. Eine kritische Reflexion eigener Haltungen durch die Zuhörenden kann hier nicht immer erwartet werden. Doch in Zeiten einer sich verhärtenden politischen Kultur mit einer sinkenden Bereitschaft zum Dialog ist es als Erfolg zu werten, wenn es gelingt, andere Sichtweisen auf Probleme anzubieten und zudem einen gewerkschaftspolitisch grundierten Kontrapunkt zur Selbstdarstellung der Rechtspopulist_innen zu setzen, die deren Wahrnehmung bei der eigenen Anhängerschaft (Stichwort »Lügenpresse«) maßgeblich prägt.

Dieses Angebot kompakter, auf gewerkschaftliche Fragestellungen zugeschnittener Vorträge ist auch eine Reaktion auf die wachsende Nachfrage nach kurzfristigen Bildungsmaßnahmen aus gewerkschaftlichen und betrieblichen Gremien. An dieser Nachfrage lässt sich ein erhöhtes Problembewusstsein in den Betrieben und den Gewerkschaftsstrukturen ablesen. Es verweist aber auch auf eine Unsicherheit im Umgang mit der AfD und rechtspopulistischen Äußerungen. Diese Vorträge, wie sie vom Projekt PAU, aber auch vom Kumpelverein[3] und der Bildungsarbeit der Mitgliedsgewerkschaften angeboten werden, sind hier ebenso eine Hilfestellung wie Argumentationshilfen, die von verschiedenen gewerkschaftlichen Strukturen herausgegeben worden sind (vgl. DGB-NRW 2016, DGB-Bundesvorstand o.J.a; DGB-Jugend Sachsen 2016; IG Metall-Vorstand o.J.). Für eine nachhaltige Bekämpfung von rechtspopulistischen Einstellungen ist dies jedoch nicht ausreichend, da eine Haltungs-

[3] Gemeint ist der Verein »Mach meinen Kumpel nicht an! – für Gleichbehandlung, gegen Fremdenfeindlichkeit und Rassismus e.V.«

änderung nur durch intensive Auseinandersetzung mit dem Gegenstand und Selbstreflexion erreicht werden kann.

Die argumentative Auseinandersetzung mit dem Rechtspopulismus ist unabdingbar, stößt jedoch an Grenzen. Zum einen dort, wo Menschen sich zwar inhaltlich gewappnet gegenüber menschenfeindlichen Äußerungen fühlen, aber in der realen Konfrontation die Auseinandersetzung scheuen. Und zum anderen, weil Rechtspopulist_innen diese Auseinandersetzungen häufig sehr emotional und polarisierend führen und die Kraft des besseren Argumentes selten ausschlaggebend ist. Der von vielen Teilnehmenden empfundenen Ohnmacht in der Auseinandersetzung mit rechts ist daher etwas entgegenzusetzen, das ihre Handlungsfähigkeit stärkt. Dementsprechend muss gewerkschaftliche Bildungsarbeit Teilnehmende bei der Herausbildung oder Schärfung einer grundsätzlichen und klaren Haltung und einer klaren Sprache unterstützen. Hier kommen Argumentations- und Haltungstrainings ins Spiel, die die Teilnehmenden auf inhaltlicher Ebene sprachfähig machen, zugleich aber auch die Erfahrung ermöglichen, dass rechten Parolen etwas entgegengesetzt werden kann, ohne die jeweils spezifischen Gegenargumente und zugrundeliegenden Fakten auswendig parat zu haben.

Querschnittsaufgabe: Kolleg_innen stärken gegen rechts

Dies leitet bereits zu den Handlungsmöglichkeiten über, die der gewerkschaftlichen Bildungsarbeit gegen Rechtspopulismus der kritischen Reflexionen zum Trotz bleiben. Notwendig ist hier eine zweigleisige Strategie.

Angesichts der drohenden Etablierung und damit Normalisierung des Rechtspopulismus in Deutschland ist es zu begrüßen, dass eine Vielzahl gesellschaftlicher Kräfte kurzentschlossen daran arbeitet, die Wahlerfolge der AfD möglichst gering zu halten. Aktiv darauf hinzuarbeiten, eine Gegenposition gegen deren nur scheinbar getarnte Menschenverachtung zu verbreiten, ist ohne Zweifel notwendig. Handliche Bildungsmaterialien und Vorträge über das Weltbild und die Menschenfeindlichkeit der AfD leisten hier einen wichtigen Beitrag.

Zugleich wären der Nationalismus und andere Formen von Ausgrenzung, die die Etablierung des Rechtspopulismus als politische Kraft ermöglicht haben, nicht verschwunden, würden die Wahlerfolge der AfD eines Tages ausbleiben. Diese waren schon vor der Gründung der Partei weit verbreitet und es gibt momentan keinen Grund anzunehmen, dass sich dies in absehbarer Zeit ändern wird (vgl. Zick u.a. 2016b: 50f.). Dennoch müsste dies das Ziel einer Bildungsarbeit sein, die sich an Werten wie Demokratie, Solidarität und Menschenrechten orientiert. Deshalb muss der skizzierte kurzfristige Ansatz um die Ausweitung nachhaltiger Auseinandersetzungen mit Ausgrenzung und ihren gesellschaftlichen Grundlagen ergänzt werden.

Die gewerkschaftliche Bildungsarbeit leistet hier mit ihren zahlreichen Seminaren zur Auseinandersetzung mit der extremen Rechten einen wichtigen Beitrag. Denn das Argument, dass diese Angebote nur bereits sensibilisierte Kolleg_innen erreichen, übersieht, dass diese aus den Seminaren in ihrer Haltung gestärkt herausgehen und so zu Multiplikator_innen einer demokratischen und vielfältigen Betriebskultur werden können. Eine nachhaltige Stärkung dieser Kolleg_innen durch eine gezielte Betreuung und Unterstützung über die Bildungsangebote hinaus wäre eine Möglichkeit, diesen Prozess zu stabilisieren. Mit der »Multiplikatorenqualifizierung Rechtsextremismus« (MQ:REX) bietet das DGB-Bildungswerk BUND in Zusammenarbeit mit der Bundeszentrale für politische Bildung seit 2009 im pädagogischen Bereich ein derartiges Programm an,[4] das in ähnlicher Form auf die Arbeitswelt übertragen werden könnte (vgl. Allmendinger/Venohr 2016: 147).

Zudem kann die gewerkschaftliche Bildungsarbeit ihren Zugang zu den Kolleg_innen auch in Seminaren anderen Inhalts nutzen, da die Bekämpfung menschenverachtender Haltungen eine Querschnittsaufgabe demokratischer Bildungsarbeit sein sollte. Allerdings ist die Umsetzung dieses Anliegens eine beachtliche Herausforderung. Um ihr einen Schritt näher zu kommen, werden im Projekt PAU gegenwärtig Bausteine zur Sensibilisierung für Diskriminierung und zum Umgang mit rechtspopulistischen Haltungen in der Arbeitswelt erarbeitet, die beispielsweise in Betriebsratsschulungen und anderen Bildungsmaßnahmen integriert werden können.

Es gilt, die Implementierung dieser langfristig wirksamen Maßnahmen verstärkt anzugehen und zugleich die inhaltliche Auseinandersetzung mit dem Rechtspopulismus weiter voranzutreiben. Dabei ist darauf

---

[4] Mehr Informationen unter: www.multiplikatorenbildung.de/multiplikatoren/mqrex-rechtsextremismus.

zu achten, die demokratische und inklusive Haltung, die bei Teilnehmenden gestärkt bzw. entwickelt werden soll, und die gewerkschaftlichen Werte, die wir dem Rechtspopulismus entgegenstellen, in der Bildungsarbeit vorzuleben. Nur so kann glaubhaft vermittelt werden, was die gewerkschaftliche Bildungsarbeit gegen Rechtspopulismus anstrebt: Durch die Vermittlung von Wissen eine Haltungsänderung bzw. Haltungsstärkung zu erreichen, die letztlich auch zu gesellschaftlichem und politischem Handeln bzw. Engagement führt, das den gewerkschaftlichen Idealen entspricht.

Literatur

AfD-Landesverband Niedersachsen (2017): Niedersachsen. Unsere Heimat. Unsere Zukunft. Landesprogramm des Landesverbandes Niedersachsen der Alternative für Deutschland. In: afd-niedersachsen.de/politik/leitantrag-zum-afd-programm-niedersachsen, zuletzt aufgerufen am 10.7.2017.

Allmendinger, Björn/Venohr, Kai (2016): Rechtsextremismusprävention in der politischen Erwachsenenbildung. In: Hufer, Klaus-Peter/Lange, Dirk (Hrsg.): Handbuch Politische Erwachsenenbildung. Schwalbach, S. 141-152.

Alternative für Deutschland – Bundesvorstand (2016): AfD-Manifest 2017. Demokratie wiederherstellen. Dem Volk die Staatsgewalt zurückgeben. Die Strategie der AfD für das Wahljahr 2017. In: www.scribd.com/document/338294054/AfD-Strategie-2017#download&from_embed, zuletzt aufgerufen am 3.7.2017.

Bensmann, Marcus (2017): Der Arbeiterkampf in der AfD. Völkischer Arbeitnehmerverband ALARM treibt die Spaltung der AfD voran. Bergmann Guido Reil ist in NRW isoliert. In: correctiv.org/blog/ruhr/artikel/2017/05/01/der-arbeiterkampf-der-afd/, zuletzt aufgerufen am 03.07.2017.

DGB-Bildungswerk Thüringen e.V. (2003): Baustein zur nicht-rassistischen Bildungsarbeit. Erfurt.

DGB-Bundesvorstand (o.J.a): Argumentationskarten »Flucht und Asyl«. Berlin.

DGB-Bundesvorstand (o.J.b): Faktencheck. Wohin will die AfD mit der Rente? In: www.dgb.de/themen/++co++f8cf4d0e-25d2-11e7-a32a-525400e5a74a, zuletzt aufgerufen am 11.7.2017.

DGB-Jugend Sachsen (2016): Fakten statt Populismus. Argumente gegen Vorurteile. o.O.

DGB-NRW (2016): Argumente gegen Rechtspopulisten. AfD im Fokus. Düsseldorf (auch online unter: nrw.dgb.de/gewerkschaften-gegen-rechts/++co++a99f1ce0-0883-11e6-aba3-52540023ef1a, zuletzt aufgerufen am 10.7.2017).

Hebel, Stephan (2017): »Wir laden keine Repräsentanten der AfD ein«. Gewerkschaften gegen Rechtspopulismus. In: www.fr.de/politik/gewerkschaften-gegen-rechtspopulismus-wir-laden-keine-repraesentanten-der-afd-ein-a-1267345, zuletzt aufgerufen am 3.7.2017.

Höcke, Björn (2017): »Gemütszustand eines total besiegten Volkes«. Höcke-Rede im Wortlaut. In: www.tagesspiegel.de/politik/hoecke-rede-im-wortlaut-ge-

muetszustand-eines-total-besiegten-volkes/19273518.html, zuletzt aufgerufen am 3.7.2017.
IG Metall Vorstand (o.J.): Soziale Gerechtigkeit und AfD? o.O.
Sauer, Stefan (2017): »Die Pläne sind zutiefst unsozial.« Rentenexpertin Annelie Buntenbach spricht über die Ideen der AfD zur Familienpolitik. In: www.fr.de/politik/annelie-buntenbach-zur-afd-die-plaene-sind-zutiefst-unsozial-a-1263796, zuletzt aufgerufen am 4.7.2017.
Stöss, Richard (2017): Gewerkschaften und Rechtsextremismus in Europa. Berlin.
Waldheim, Christian (2017): Die heile bunte Welt des DGB, in: christianwaldheim.de/2017/05/20/die-heile-bunte-welt-des-dgb/, zuletzt aufgerufen am 10.7.2017.
Zick, Andreas u.a. (2016b): Gruppenbezogene Menschenfeindlichkeit in Deutschland 2002-2016. In: Zick, Andreas u.a. (2016a): Gespaltene Mitte – Feindselige Zustände. Rechtsextreme Einstellungen in Deutschland. Bonn, S. 33-81.

Roger Müller/Birgit Neumann

Handlungsfähig im Betrieb

Rassistischen und rechtsextremen Einstellungen entgegentreten[1]

Der dritte Gemeinsame Bericht der Antidiskriminierungsstelle des Bundes[2] belegt: Bundesweit erlebt durchschnittlich jede/r vierte Beschäftigte mit Migrationshintergrund bei der Arbeit rassistische Diskriminierung oder Diskriminierungen aufgrund der (ethnischen) Herkunft, jede/r fünfte ist sogar wiederholt von Benachteiligung aufgrund seiner Herkunft betroffen.

Jeder individuelle Einzelfall hat negative Auswirkungen. Diskriminierungen, ob gewollt oder ungewollt, sind immer ein Angriff auf die Würde der Betroffenen, führen zu Unzufriedenheit und Demotivation bis hin zu Erkrankungen. Geschäftsführungen ebenso wie Betriebsräte sind gesetzlich verpflichtet, die Beschäftigten vor Diskriminierung zu schützen. Dass diese Aufgaben zu wenig ernst genommen werden, zeigt sich auch in Mecklenburg-Vorpommern.

Rassismus im Betrieb

Betriebsräte berichten dem Betrieblichen Beratungsteam (BBT) wiederholt von großen Konflikten unter den Auszubildenden. In allen Fällen beschwerten sich die einheimischen Azubis über die ausländischen Kolleg_innen, die über das Bundesprogramm des Arbeitsministeriums

---

[1] Bei dem Text handelt es sich um die aktualisierte und leicht überarbeitete Fassung eines Artikels, der zuerst veröffentlicht wurde in: Regionale Arbeitsstelle für Bildung, Integration und Demokratie (RAA) Mecklenburg-Vorpommern e.V. (Hrsg.): Rechts oben II. Demokratie und Rechtsextremismus in Mecklenburg-Vorpommern. Neubrandenburg, S.96-99.

[2] Antidiskriminierungsstelle des Bundes: Diskriminierung in Deutschland. Dritter Gemeinsamer Bericht der Antidiskriminierungsstelle des Bundes und der in ihrem Zuständigkeitsbereich betroffenen Beauftragten der Bundesregierung und des Deutschen Bundestages, Berlin 2017. Verfügbar unter: www.antidiskriminierungsstelle.de/SharedDocs/Downloads/DE/publikationen/BT_Bericht/Gemeinsamer_Bericht_dritter_2017.pdf?__blob=publicationFile&v=9 (30.6.2017).

aus Spanien angeworben worden sind. In keinem Betrieb hatte es Maßnahmen gegeben, um von Anfang an den partnerschaftlichen Umgang miteinander und das gegenseitige Verständnis zu fördern. Angesichts des nachweislich ausländerfeindlichen Klimas in Teilen des gesellschaftlichen Umfeldes wären präventive Maßnahmen aber umso notwendiger gewesen. Unberücksichtigt von den betrieblich Verantwortlichen bleibt auch, dass die spanischen Azubis nicht nur aufgrund der für sie fremden Lebens- und Arbeitswelt, sondern vor allem aufgrund der Sprachbarriere benachteiligt sind. Die spanischen Azubis müssen in ihrer Ausbildung die deutsche Sprache erst lernen. So kommt es, dass mehr über »die Spanier« gesprochen wird als mit ihnen. Die von Feindseligkeit geprägte Spaltung innerhalb der Gruppe der Auszubildenden wird durch alte, aber auch neue rassistische Vorurteile verursacht – ein Lehrstück über die Entstehung und Dynamik von gruppenbezogener Menschenfeindlichkeit.

Das Beispiel zeigt, wie der Verzicht auf präventive Maßnahmen Fremdenfeindlichkeit im Betrieb nicht nur nicht verhindert, sondern regelrecht befördern kann. Außerdem wird hier deutlich, wie sehr die Entstehung und das Vorhandensein rassistischer Vorurteile im Betrieb den Betriebsfrieden stören können. In diesen Fällen liegt die Hauptverantwortung bei den Betriebsparteien, die ihren Aufgaben und Pflichten (Betriebsverfassungsgesetz, Allgemeines Gleichbehandlungsgesetz) nicht ausreichend nachgekommen sind, vorbeugende Maßnahmen zur Integration ausländischer Mitarbeiter_innen sowie gegen Diskriminierung zu veranlassen. Im Gegensatz zu Präventionsmaßnahmen ist es bedeutend schwerer und aufwendiger, bereits eskalierte Konflikte beizulegen.

Wenn das BBT pro aktiv auf Geschäftsführungen und Betriebsräte zugeht, wird in nahezu allen Gesprächen glaubhaft bezeugt, rassistische und rechtsextreme Einstellungen im Betrieb nicht zu dulden. Fast immer folgt der Satz: »Wir haben eigentlich auch keine Probleme damit.« Es stellt sich vielfach heraus, dass diese Wahrnehmung Ausdruck dafür ist, dass das Thema bislang weitgehend ausgeblendet wurde. Sobald es nämlich in weiteren Schulungen oder Gesprächen vertieft wird, berichten die Teilnehmenden sehr wohl von rassistischen oder diskriminierenden Vorfällen. In der Regel wird allen schnell klar, dass das eigene Wissen über die komplexen Themen Rassismus, Diskriminierung und Rechtsextremismus gar nicht ausreichend ist, um im Betrieb richtig handlungsfähig zu sein.

Auf Nachfragen des BBT zeigt sich meist, dass es keine kompetente Beschwerdestelle gibt, an die sich Betroffene von Diskriminierung im Betrieb wenden können. Das Allgemeine Gleichbehandlungsgesetz (AGG), das 2006 auf Drängen der EU in Deutschland eingeführt wurde, sieht eine solche Stelle jedoch vor. Insgesamt gibt es große Defizite bei der Umsetzung des Gleichbehandlungsgesetzes. Schulungen zum AGG, die dem komplexen Thema Antidiskriminierung gerecht werden, sind die absolute Ausnahme. Aus arbeitsrechtlicher Sicht erfordert der Themenkomplex eine mehrtägige Weiterbildung: Das Landesarbeitsgericht Hessen hat eine viertägige Schulung (i.S. §37 Abs. 6 BetrVG) für erforderlich befunden, ohne dass konkrete Konfliktpunkte im Betrieb dargelegt werden mussten. Den Einwand des Arbeitgebers, der Betriebsrat könne an einer eintägigen Inhouse-Schulung teilnehmen, hatte das Gericht nicht gelten lassen (LAG Hessen, Beschl. v. 25.10.2007 – 9 TaBV 84/07). Die reine Information über das AGG ersetzt eine Schulung also nicht. Die konsequente Umsetzung des AGG im Betrieb ist zudem ein wichtiger Baustein, um rechtsextremen Einstellungen und Einflüssen entgegen zu wirken.

Das Projekt »EVA – Erfolg durch Vielfalt und Arbeit« hat in einer Befragung zum interkulturellen Status quo von Unternehmen Westmecklenburgs schon 2011 festgestellt, dass Unternehmen besonders angesichts des Fachkräftemangels für die Beschäftigung von Menschen mit Migrationshintergrund offen seien. Gleichzeitig seien aber weder »das Bewusstsein hinsichtlich der Vorteile interkultureller Öffnung (...) vollständig vorhanden«, noch seien Belegschaften ausreichend auf den Umgang mit Vielfalt vorbereitet. Fazit: »Hier sind Sensibilisierung, Information und Beratung von großer Notwendigkeit.«[3]

Es gibt allerdings kein Patentrezept für den richtigen Präventionsansatz im Unternehmen. Trotzdem sind viele bereits erprobte betriebliche Maßnahmen nachahmenswert. Dazu gehören interkulturelle Trainings, wie sie seit einigen Jahren auch in öffentlichen Verwaltungen in Mecklenburg-Vorpommern durchgeführt werden. Grundsätzlich beinhaltet ein gutes Konzept sowohl gezielte Schulungsinhalte als auch eine betriebliche Verankerung etwa in Form einer Betriebsvereinbarung, die nachhaltig, verbindlich und handlungsorientiert ist. Dabei ist ein ganzheitlicher

---

[3] RegioVision GmbH Schwerin (Hrsg.): Interkultureller Status Quo in Unternehmen Westmecklenburgs. Ein Instrument zur Analyse des Ist-Standes im Prozess interkultureller Öffnung in Unternehmen. Ergebnisse einer Untersuchungsbefragung, Schwerin 2011, S. 42f.

Ansatz wichtig, denn den Erfahrungen des BBTs zufolge sind rassistische Vorurteile in allen Altersgruppen und Betriebsbereichen vorhanden. So berichtete eine Jugend- und Auszubildendenvertretung davon, dass gerade die ältere Belegschaft, darunter auch Ausbilder, rassistische und diskriminierende Sprüche und Witze zum Besten gäbe.

Alltagsrassismus und Fremdenfeindlichkeit im Betrieb sind ein gefährlicher Nährboden für rechtsextreme Tendenzen. Die veränderte gesellschaftliche Situation, in der die Themen Flucht, Asyl und Rechtspopulismus in Politik, Medien und Bevölkerung präsent sind, wirkt sich auch auf die Betriebe aus. Rassistische, menschenverachtende und antidemokratische Einstellungen werden mittlerweile selbstbewusst artikuliert, was zu Spaltungstendenzen innerhalb der Betriebs- und Personalräte und Teilen von Belegschaften, einer größeren Entsolidarisierung, aber auch zu Überforderungen angesichts einer allgegenwärtigen, aufgeheizten öffentlichen Debatte führt. Daher ist die sichtbare, öffentliche Positionierung des Unternehmens von großer Bedeutung. Eine gelebte Unternehmensphilosophie gegen Rassismus, Diskriminierung und Rechtsextremismus hat großen Einfluss auf die Einstellungen und Denkweisen in der Belegschaft. Darüber hinaus hat die Aufgeschlossenheit für interkulturelle Vielfalt im betrieblichen Miteinander positive Auswirkungen auf die Werte und das Zusammenleben in der Gesellschaft insgesamt. Das bedeutet, dass den Unternehmen eine große gesellschaftliche Verantwortung zukommt.

In diesem Sinne wirbt die MV Werften Stralsund mit einem Schild im Eingangsbereich für die bundesweite Initiative »RESPEKT! Kein Platz für Rassismus« und damit für ein respektvolles Miteinander, dauerhaft sichtbar für alle Beschäftigten, Geschäftspartner_innen und Kund_innen.

Der DGB Nord und die Vereinigung der Unternehmensverbände für Mecklenburg-Vorpommern arbeiten seit Jahren im Kampf gegen Rassismus und Rechtsextremismus zusammen. Gemeinsam veröffentlichten sie die Broschüre »Die NPD. Eine Gefahr für soziale Marktwirtschaft, Betriebe und Arbeitsplätze in Mecklenburg-Vorpommern« und sind Initiatoren der Landeskampagne »WIR. Erfolg braucht Vielfalt«. Mit dem symbolischen Wertpapier DEMOKRATIEAKTIE entwickelten die Sozialpartner im Rahmen der WIR-Initiative ein innovatives Spendenformat, mit dem Unternehmen konkret zivilgesellschaftliches Engagement für Demokratie und Menschenrechte in ihrer Region unterstützen können. Denn die Spenden fließen direkt in regionale Projekte. Mit dem Aushang der DEMOKRATIEAKTIE und der Nennung auf www.demokratieaktie.de setzen Unternehmen außerdem ein sichtbares Zeichen für ein interkulturelles WIR-Bewusstsein und gesellschaftliche Mitverantwortung.

Nazis im Betrieb

Viele Neonazis verhalten sich am Arbeitsplatz unauffällig. Das entspricht den »Leitlinien für Deutsche«, die auf rechtsextremen Internetseiten zu finden sind: »Verhaltet Euch an Eurem Arbeitsplatz stets vorsichtig. Kameraden ohne wirtschaftliche Grundlage sind im Kampf gehindert!«[4] Sie wissen, dass offene Agitation zu arbeitsrechtlichen Konsequenzen bis hin zur Kündigung führen kann. Die Zugehörigkeit eines Mitarbeiters oder einer Mitarbeiterin zur rechtsextremen Szene wird oft erst durch Fotos in der Presse bekannt, wie z.B. in folgendem Fall: Die Lokalzeitung berichtet über ein Unternehmen, Kenner der Szene werden durch das abgebildete Foto auf den Neonazi aufmerksam. Recherchen ergeben, dass der Mitarbeiter tatsächlich in fester Funktion in rechtsextremen Strukturen verankert ist. Davon in Kenntnis gesetzt veranlassen Geschäftsleitung und Betriebsrat ein Gespräch mit dem Mitarbeiter, um die betrieblichen Grenzen und arbeitsrechtliche Konsequenzen aufzuzeigen. Ihm wird die Chance gegeben, aus der rechten Szene auszusteigen, gegebenenfalls mit professioneller Hilfe. Er zieht es vor, das Unternehmen zu verlassen.

In einem anderen Fall zeigt ein Pressefoto Kadermitglieder einer gewaltbereiten rechtsextremen Organisation. Mitarbeiter erkennen einen Kollegen und wenden sich besorgt an das BBT. Im Einvernehmen mit den Beratungsnehmenden, die Angst haben und unerkannt bleiben wollen, nimmt das BBT Kontakt mit den Betriebsparteien auf. Da es sich um ein Telekommunikationsunternehmen handelt, ist die Gefährdungssituation besonders hoch. Die gezielten Spionagetätigkeiten der rechtsextremen Szene sind nachweisbar, sodass es dringend geboten ist, dem Mitarbeiter den Zugang zu sensiblen Kundendaten unmöglich zu machen. Obwohl alle Betriebsparteien über den akuten Handlungsbedarf informiert sind, unternimmt die Geschäftsleitung nichts. Das Un-

---

[4] Leitlinien für Deutsche (2012). Verfügbar unter: logr.org/reichelsheim/leitlinien-fur-deutsche/ (30.6.2017).

ternehmen schmückt sich mit der Charta der Vielfalt und verfügt über ein weltoffenes Leitbild.

Es gibt gute Beispiele für gelungene Betriebsvereinbarungen, die explizit auf die Unvereinbarkeit von Rechtsextremismus und Betriebszugehörigkeit hinweisen. In arbeitsrechtlicher Hinsicht ist eine Betriebsvereinbarung die wirksamste Prävention.

Waschechte Nazi-Betriebe

Eine andere Regel aus den »Leitlinien für Deutsche« lautet: »Wer die Möglichkeit hat, soll sich selbstständig machen und Kameraden in seinem Betrieb einstellen. Gesinnungsgenossen aus verschiedenen Berufszweigen helfen sich untereinander aus.«[5] Infolgedessen gibt es zahlreiche Betriebe, die dem rechtsextremen Spektrum zuzuordnen sind. Es gibt keine offizielle Instanz, die die Entwicklung dieser Strukturen systematisch untersucht.

Um sich vor Neonazis im Betrieb durch beauftragte Unternehmen zu schützen, ergänzte ein sozialer Träger in Mecklenburg-Vorpommern seine Geschäftsverträge um eine Klausel. Darin erklären Geschäftspartner_innen verbindlich, dass weder sie selbst noch die Mitarbeiter_innen a) Mitglied rechtsextremer Organisationen sind, b) durch die Kundgabe rechtsextremistischer, rassistischer oder fremdenfeindlicher Haltungen öffentlich in Erscheinung getreten sind und c) dies in Zukunft tun werden. Ein Verstoß gegen diese Erklärung berechtigt zur Kündigung des Vertrages. In der Vergangenheit hatte das Unternehmen erleben müssen, dass Mitarbeiter_innen eines Subunternehmens Neonazis waren und im eigenen Betrieb zum Missfallen der Belegschaft und vieler Kund_innen ein- und ausgingen.

Handlungsbedarf gibt es auch auf kommunaler Seite, damit durch die Vergabe öffentlicher Aufträge die rechtsextreme Szene nicht finanziell und existenziell gefördert wird. Es ist noch nicht lange her, da beteiligte sich die Abrissfirma eines einschlägig bekannten und zwischenzeitlich inhaftierten Neonazi-Kaders als Subunternehmen an der Sanierung des Kieler Amtsgerichts. Das Vergabeverfahren sollte so gestaltet sein, dass die Kommunen eine Handhabe gegen Betriebe aus der Neonazi-Szene

---

[5] Ebd.

haben. Eine erste Maßnahme ist, die Auftragnehmer_innen eine offizielle Selbsterklärung abgeben zu lassen.

Vor dem Hintergrund der Verbrechen der NS-Geschichte trägt unsere Gesellschaft wie kaum eine andere Verantwortung dafür, dass rassistische, menschenverachtende und rechtsextreme Einstellungen nie wieder geduldet oder gar integriert, sondern offensiv geächtet werden – auch in der Arbeitswelt. Das ist das Besondere unserer Demokratie. Im Arbeitsalltag bedarf es daher konkreter betrieblicher Maßnahmen, die von allen Betriebsparteien mitgetragen, initiiert und nachhaltig im Betrieb implementiert werden. Dazu zählt vor allem, Geschäftsführungen, Betriebsräte, Auszubildendenvertretungen und Belegschaften weiterzubilden und handlungsfähig zu machen, um eine demokratische Betriebskultur zu fördern und diese vor rassistischen und rechtsextremen Tendenzen zu schützen.

Thorsten Gröger/Sascha Howind

AfD, Pegida & Co. nicht das Feld überlassen

Gewerkschaftliche Handlungsstrategien gegen den Rechtspopulismus

Am rechten Rand des Parteienspektrums ist mit der »Alternative für Deutschland« (AfD) eine neue Partei aufgetaucht. Der Umgang mit ihr stellt die gesamte Zivilgesellschaft, insbesondere auch die Gewerkschaften, vor neue Herausforderungen, zielt die AfD doch darauf ab, sich als eine Stimme derjenigen zu gebärden, die sich von den politischen Parteien und dem Politikbetrieb nicht mehr vertreten fühlen. Mit dem Anspruch, eine »Alternative« zum vermeintlich etablierten Politikbetrieb zu sein, wendet sich die AfD mit Erfolg auch an Gewerkschaftsmitglieder.

Der Aufstieg des Rechtspopulismus

Erfolgreich ist die AfD seit dem Sommer 2015. Davor trat sie als wohlstandschauvinistische Protestpartei gegen die Wirtschaftspolitik der EU in Erscheinung. Unter der Führung des Wirtschaftsprofessors Bernd Lucke vermittelte die Partei einen elitären Eindruck, wandte sich in erster Linie gegen den Euro und gegen den Verbleib von in wirtschaftliche Schieflage geratenen Staaten wie Griechenland in der Europäischen Währungsunion. Nach der Trennung vom Parteigründer Lucke hat sich die Partei in ihrer »Herbstoffensive« als »Anti-Asyl-Partei« radikalisiert. Über die Frage, ob die AfD nach dieser Phase der Radikalisierung über eine feste Wählerbasis verfügt, gibt es unterschiedliche Einschätzungen. Unbestreitbar ist jedoch der politische Erfolg, der sich nach der Radikalisierung eingestellt hat: Seitdem ist es der AfD bei jeder Landtagswahl gelungen, in das jeweilige Landesparlament einzuziehen. Zwar sind die Prognosen mittlerweile nicht mehr im zweistelligen Bereich; ein Ende dieses Trends und somit die Aussicht, dass die Partei unter die fünf-Prozent-Hürde fällt, ist derzeit nicht in Sicht.

Eine Zäsur stellt der Einzug der AfD in den Bundestag nach den Wahlen im September 2017 dar. 1969 konnte der Einzug der NPD in den Bundestag verhindert werden, auch dank einer großen zivilgesellschaftlichen Kampagne, an der auch die IG Metall mitgewirkt hatte. Dafür gelang der NPD in Niedersachsen 1967 der Einzug in den Landtag, mit knapp sieben Prozent der Stimmen. Entscheidend ist die Erkenntnis, dass die politische Attraktivität der AfD eng mit der mangelnden Anziehungskraft der etablierten Parteien zusammenhängt. Daraus zieht die AfD Kraft und Wählerstimmen. Nicht die AfD als solche, sondern die mit ihrer Wahl verbundene bzw. erhoffte Richtungsentscheidung mobilisiert Wählerinnen und Wähler.

Der zunehmende Einfluss einer rechtspopulistischen Partei in Deutschland ist Besorgnis erregend. Doch es ist noch schlimmer: Der Hang zu »postfaktischer« Politik, nationaler Abschottung und zunehmender Aggressivität folgt einem internationalen Trend. In Frankreich ist es der Kandidatin Marine Le Pen vom rechtsextremen Front National gelungen, in der Stichwahl der Präsidentenwahl rund 34% der Stimmen zu erhalten. 2012 war sie mit rund 18% bereits im ersten Wahlgang ausgeschieden. Bei der Präsidentenwahl in Österreich blieb es ebenfalls bis zum Schluss unklar, ob der rechtspopulistische Kandidat das Rennen für sich entscheidet. In Polen und Ungarn stellen rechtspopulistische Parteien die Regierungschefs, in Norwegen, Griechenland, Lettland, Litauen, der Slowakei und der Schweiz sind sie an der Regierung beteiligt. Im Parlament vertreten sind sie zurzeit in Großbritannien, Schweden, Italien, Dänemark, Tschechien, Österreich, Frankreich, Belgien, den Niederlanden, Bulgarien, Kroatien und der Ukraine. Die Wahl des populistischen, sexistischen, nationalistischen und fremdenfeindlichen Donald Trump zum Präsidenten der USA wird dem Rechtspopulismus in Europa vermutlich weiteren Auftrieb geben.

Gefahren für Gewerkschaften

Auch angesichts dieser internationalen Dimension stellt sich die Frage: Wie begegnen wir als Gewerkschafterinnen und Gewerkschafter, aber auch als Zivilgesellschaft, dieser Entwicklung? Wie stellen wir uns der AfD entgegen? Wie gehen wir damit um, dass auch viele Gewerkschaftsmitglieder die AfD gewählt haben?

Da ist zum einen die unmittelbare Herausforderung, die direkte Ansprache unserer Mitglieder durch die AfD nach dem Motto: »Kommt zu uns, die Gewerkschaften vertreten nicht eure Interessen.« Im Sommer 2016, während des Wahlkampfs in Berlin, hat die AfD einen Werbetruck vor das Gewerkschaftshaus gestellt. Auf der Werbefläche stand zu lesen: »Gewerkschafter, wann kommt ihr zu uns, wir Arbeiter sind schon da.« Die AfD hat Arbeitnehmerorganisationen gegründet, die mit dem Slogan »Das neue Rot der Arbeitnehmer ist blau« den gleichen Vertretungsanspruch vertreten.

Es ist im Moment weniger zu befürchten, dass am rechten Rand eine Gewerkschaftskonkurrenz heranwächst, die irgendwann Belegschaften vertritt und Tarifverhandlungen führt. Dafür fehlen der AfD die Voraussetzungen: Mitgliederstärke, Erfahrung, Glaubwürdigkeit und nicht zuletzt der Verweis auf eine lange Liste von Erfolgen in Arbeitskämpfen. Auch ist keine einheitliche Tendenz erkennbar, die auf einen pauschalen Siegeszug der AfD bei den Arbeitnehmern schließen lässt. Wie das mit Blick auf die Betriebsratswahlen 2018 aussieht, muss aber möglicherweise schon anders beurteilt werden. Deshalb gilt es, unsere Stärke als Gewerkschaft, unsere politischen Ziele und Erfolge offensiv herauszustellen. Die solidarische Gestaltung der Arbeit für alle als Beitrag zu einer gerechten Gesellschaft ist unser Anliegen. Die AfD hat andere Ziele, sie wird unser Anliegen nicht erfüllen, deswegen ist sie für Gewerkschafterinnen und Gewerkschafter nicht wählbar.

Eine weitere Gefahr ist die Bereitschaft zu aggressivem Verhalten und die Akzeptanz von Gewalt gegenüber Andersdenkenden. Genau hier existiert eine große Gefahr für die Demokratie. Es liegt auch an uns, dafür zu sorgen, wieder eine Kultur des Widerspruchs, der offenen Diskussion zu fördern. Genau das macht Demokratie letztlich aus: Wir müssen nicht alle einer Meinung sein, aber es muss möglich sein, die eigene Meinung zu äußern, ohne persönlich angegriffen zu werden.

Befürwortung einer Diktatur, zunehmende Akzeptanz von Gewalt gegen Andersdenkende, Sozialdarwinismus, Verharmlosung des Nationalsozialismus, Ausländerfeindlichkeit: Das alles findet nicht nur am Rand der Gesellschaft statt. »Make America great again« war der Slogan von Donald Trumps Wahlkampf. Dahinter steckt das Versprechen, am gesellschaftlichen Wohlstand teilzuhaben, wenn die Nation wieder erstarkt. Das ist die soziale Dynamik, die vom Rechtspopulismus ausgeht.

Soziale Spaltung

Einkommen und Vermögen sind in Deutschland ungleich verteilt. Reden wir über die Vermögensverteilung: Die Studie der Schweizer Bank Credit Suisse kommt zu dem Ergebnis, dass 10% der Menschen in Deutschland über 60% des Vermögens verfügen. Gleichzeitig besitzen die unteren 50% gerade mal 2,8% des Vermögens. Das ist nicht gerecht! Tatsächlich dürfte der Unterschied noch viel deutlicher ausfallen, aber die Autoren der Studie räumen ein, dass für das oberste Prozent präzise Daten fehlen. Gerade in Deutschland ist die Ungleichheit besonders groß: Die unteren 40% verfügen praktisch über kein Vermögen oder haben Schulden. Viele Familien haben nicht einmal genügend finanzielle Reserven, um eine kaputte Waschmaschine zu ersetzen.

Seit längerer Zeit beobachten wir eine Verfestigung von Ungleichheitsstrukturen, eine drastisch gesunkene Einkommensmobilität, eine nachhaltige Erosion von Chancengleichheit. Der aktuelle Rechtsruck hat seinen Weg in die Mitte der Gesellschaft gefunden, er findet vor dem Hintergrund wachsender Ungleichheit statt. Der Rechtspopulismus findet genau hier seinen Nährboden. Die gesellschaftliche Mitte schmilzt. Die Angst vor dem eigenen sozialen Abstieg – vor der Zukunft – nimmt zu. Große Teile der jungen Generation arbeiten prekär, in Leiharbeit oder befristet. Viele Menschen sind sehr pessimistisch mit Blick auf das Alter und gehen nicht davon aus, dass ihre Rente für ein gutes Leben reichen wird.

Abstiegsängste und soziale Auseinandersetzungen werden von der vertikalen in die horizontale Perspektive verlagert. Aus »Oben« und »Unten« wird »Wir« und »die Anderen«. Wohlfahrt und soziale Errungenschaften soll es nur für die »eigenen Leute« geben, die »Anderen« haben darauf keinen Anspruch. Konkret ist dies die Forderung: Mindestlohn nur für Deutsche. So entsteht eine Wagenburgmentalität, von den sozialen Problemen wird abgelenkt.[1]

---

[1] Vgl. Michael Vester: Der Kampf um soziale Gerechtigkeit: Der Rechtspopulismus und die Potentiale politischer Mobilisierung, 2017, S. 5: »Die Frage der materiellen Verteilung ist zentral, aber sie ist bei der Mehrheit der Menschen eingebettet in ein größeres Gesellschaftsbild und in Vorstellungen von einer gerechten Ordnung. Nur so ist auch zu erklären, warum sich die materiellen Unterschiede zwischen oben und unten nicht einfach in einen vertikalen Klassenkonflikt übersetzen.«

Die Zukunft organisierter Arbeitsbeziehungen und der politischen Demokratie sind auf Engste miteinander verzahnt. Jedoch lässt sich die AfD-Wählerschaft nicht nur als »Abgehängte« oder »Globalisierungsverlierer« charakterisieren, auch soziale Abstiegsängste sind für sich genommen noch nicht das zentrale Motiv, fremdenfeindliche Ressentiments zu entwickeln, oder die Entscheidung zu treffen, AfD zu wählen.

Rechtspopulisten schaffen auch einen Mythos vom »wahren Volk«, als dessen wahre Repräsentanten sie sich sehen. Wichtig ist dabei: Mythen der Rechtspopulisten, genau wie ihre Vorurteile, lassen sich nicht alleine mit Informationen bekämpfen. Es ist falsch zu glauben, diejenigen, die sich davon angesprochen fühlen, könne man ausschließlich mit Aufklärungsarbeit überzeugen, bekehren oder belehren. Doch was tun? Wie können wir den Rechtspopulisten begegnen?

»Klare Kante« – Repolitisierung des Sozialen

Habermas rät dazu, die politische Auseinandersetzung nicht allein auf den Rechtsextremismus zu konzentrieren. Diese Auseinandersetzung würde deren Frontlinie »Wir gegen das System« folgen. Das bedeutet auch, nicht diejenigen anzugreifen, die AfD gewählt haben oder mit dem Gedanken spielen, sie zu wählen, sondern eine neue, eigene Frontlinie zu eröffnen. Entscheidend ist hier die Frage: »Wie erlangen wir gegenüber den zerstörerischen Kräften einer entfesselten kapitalistischen Globalisierung wieder die politische Handlungsmacht zurück?«

Einerseits braucht es eine Haltung der klaren Kante: Eine deutliche Benennung und Abweisung diskriminierender Äußerungen, null Toleranz bei Hetze und Klarheit in der Position. Hier gilt es deutlich zu machen: Halt, so nicht! Das gilt auch für rassistische Hetze, für fremdenfeindliche Bemerkungen. Ruhig, deutlich, aber ohne erhobenen Zeigefinger. Haltung zeigen, Kolleginnen und Kollegen den Rücken stärken, die Bedeutung gemeinsamer Kämpfe und gemeinsamer Erfolge betonen, die betriebliche und gewerkschaftliche Kultur der Solidarität stärken.

Es gilt letztlich auch, den Kreislauf der menschenfeindlichen Diskriminierung zu durchbrechen. Für den Radikalisierungsprozess der AfD war die Abwertung von Flüchtlingen entscheidend. Das verbreitete Bild, das viele »vom Flüchtling« haben, wird entscheidend durch negative Nachrichten geprägt: Terrorverdächtiger, Sexualstraftäter, Asylbetrüger. Jemand, der die vermeintliche Gutmütigkeit der deutschen Gesellschaft ausnutzt. Hier ist es wichtig festzustellen, dass es sich »beim Flüchtling« letztlich um eine Projektionsfläche handelt und bei den Vorurteilen um Projektionen. Bei einer Projektion handelt es sich psychologisch gesehen um einen Abwehrprozess. Unerwünschte eigene Persönlichkeitsanteile, Affekte oder Impulse werden auf äußere Objekte übertragen. Eine Projektion kann sich auf konkrete Menschen, Objekte oder Menschengruppen beziehen.

Dazu zählt beispielsweise die Männern aus muslimisch geprägten Kulturkreisen unterstellte Neigung, Frauen schlecht zu behandeln. Nicht selten werden solche Behauptungen von Menschen aufgestellt, die ihrerseits über ein eher traditionelles Familienbild und Geschlechterrollenverständnis verfügen. Insofern verraten projizierte Vorurteile mehr über die psychische Situation derjenigen, die solche Vorurteile vertreten, als über die Personengruppe, die zur Zielscheibe geworden ist.

Insofern ist und bleibt die Arbeitsmarktintegration von Geflüchteten eine wichtige politische Aufgabe, auch der Gewerkschaften. Die Geflüchteten von heute müssen die Kolleginnen und Kollegen von morgen werden. Es darf aber auch nicht sein, dass die Situation genutzt wird, um bestehende Standards guter Arbeit aufzuweichen. Beschäftigte und Leistungsempfänger dürfen nicht gegeneinander ausgespielt werden!

Die soziale Dynamik des Rechtspopulismus muss wieder umgekehrt werden. Dazu gehört eine Repolitisierung des Sozialen: Es gilt, die scheinbar kulturellen Konflikte wieder zu sozialen Konflikten zu machen. Die Angst vor Statusverlust führt nicht automatisch zu rechtsextremen Einstellungen. Aber ein Vorgehen gegen Rechts kann nur dann erfolgreich sein, wenn die Ursachen der Angst vor dem Statusverlust angesprochen werden und der Wille erkennbar und glaubhaft ist, dies auch zu verändern. Mit sozialer Ungleichheit wächst auch die politische Ungleichheit. Hinter sinkender Wahlbeteiligung verbirgt sich eine tiefer werdende soziale Spaltung. Abgehängte versprechen sich von Wahlen keine Besserung ihrer sozialen Situation und bleiben aus diesem Grund den Wahlen zunehmend fern.

Wahlen bieten die Gelegenheit, eigenständig und selbstbewusst aufzutreten und Forderungen zu formulieren: zum Beispiel bei der Rente, bei der Steuergerechtigkeit, bei der Arbeitszeit. Immer mehr Menschen haben das Gefühl, die Parteien haben sich von ihnen entfernt, und wenden sich dem Rechtspopulismus zu. Rechtspopulisten nutzen die Angst vor dem sozialen Abstieg. Sie wollen Einfluss gewinnen. Sie machen Stimmung gegen Minderheiten. Die Antworten müssen mehr Gerechtigkeit und mehr soziale Sicherheit sein.

Wir sollten nicht die Menschen verurteilen, die darüber nachdenken, die AfD zu wählen. Wir sollten die gesellschaftlichen Verhältnisse kritisieren, die sie zu dieser Entscheidung bewegen. Wagenburgmentalität, Ausgrenzung und Abschottung bringen keine Verbesserung der sozialen Situation. Unsere Antwort ist ein Politikmodell, das auf Solidarität und Beteiligung basiert. Wir sollten den verunsicherten Bürgerinnen und Bürgern die Hoffnung auf die Wiederherstellung des Sozialstaats geben. Wir sollten von den Parteien die gesellschaftspolitische Gestaltungsabsicht dazu einfordern.

Eine Herausforderung gewerkschaftlichen Handelns besteht darin, nicht auf die Themen von AfD, Pegida und Co. zu reagieren, sondern eigene Themen zu setzen. Vom Beifahrersitz auf den Fahrersitz zu gelangen und das Lenkrad zu übernehmen. Was wir dem Rechtspopulismus entgegensetzen müssen, ist soziale Sicherheit. Gegen Demokratieabbau, für soziale Gerechtigkeit. Mit einer Wirtschaftsdemokratie, die den Primat der Politik gegenüber wirtschaftlicher Macht herstellt. Die Demokratie darf nicht noch marktförmiger werden!

Joachim Fährmann/Kati Zenk

Klare Kante gegen Rechtsextremismus

Die IG Metall wahrt und verteidigt die freiheitlich-demokratische Grundordnung sowie die demokratischen Grundrechte. Die Verteidigung dieser Rechte und der Unabhängigkeit sowie Existenz der Gewerkschaften erfolgt notfalls durch Aufforderung des Vorstandes an die Mitglieder, zu diesem Zweck die Arbeit niederzulegen (Widerstandsrecht gemäß Artikel 20 Absatz 4 GG).
(Artikel 2 der Satzung der IG Metall)

Wolfsburg – die Stadt und das Werk

Die IG Metall Wolfsburg hat lange Erfahrungen in der Auseinandersetzung mit Rechtspopulismus und Rechtsextremismus in der Region. Das ist auch nicht verwunderlich, wenn wir in der jüngeren Geschichte zurückblicken. Die Stadt und das VW-Werk wurden nach dem Ende des Faschismus von jenen wiederaufgebaut, die ein paar Jahre vorher noch einen brutalen Angriffskrieg gegen die halbe Welt geführt hatten oder der nationalsozialistischen Vernichtungspolitik und vielen anderen widerstandslos zugesehen hatten. Die Re-Konstrukteure der Stadt waren wahrlich nicht alle »lupenreine« Demokraten.

Das gilt für die Stadt, das Werk und somit auch für die ersten Metaller in Wolfsburg. Das belegen hinreichend Studien und Recherchen aus den letzten Jahren, die die Wahlergebnisse aus den 1940er und 1950er Jahren analysiert haben. Auch einige Biografien von prominenten Funktionären der Zeit haben dunkle Schatten, wie wir heute wissen. Vor diesem Hintergrund ist es folgerichtig gewesen, dass sich Wolfsburger Metaller_innen in den letzten Jahren und Jahrzehnten intensiv mit der Vergangenheit des Werkes und mit den aktuellen Herausforderungen des Rechtsextremismus auseinandergesetzt haben und sich neuerdings auch intensiv dem Problem des Rechtspopulismus stellen müssen.

Es ist dem damaligen Betriebsrat und der IG Metall zu verdanken, dass Volkswagen sich in den 1980er Jahren seiner historischen Verpflichtung stellte. Das Gremium um den damaligen Betriebsratsvorsitzenden Walter Hiller drängte immer wieder darauf, dass die Geschichtsaufarbeitung bei VW vorangetrieben wurde. »In den ersten Nachkriegsjahren gab es kein echtes Interesse, die wahren Ursachen des deutschen Faschismus zu erforschen«, stellte Hiller in einem Interview im Jahr 2000 rückblickend fest. 1985 gehörten prominente IG Metall-Mitglieder zu den Initiatoren eines Bürgerantrags, der die Umwidmung des »Ausländerfriedhofs« an der Werderstraße in »Gedenkstätte für die Opfer des Faschismus« forderte. Die IG Metall-Jugend übernahm die Patenschaft für die total heruntergekommene Grabstätte und kümmerte sich um die Pflege.

Historische Aufarbeitung

Seit Anfang der 1980er Jahre waren auch die Stimmen in der Belegschaft lauter geworden, die genauer wissen wollten, was in der Stadt, aber auch im VW-Werk während des Nazi-Terrors passierte. Zunächst reagierte der VW-Vorstand mit Zurückhaltung. Doch 1986 kam es dann zu einer gemeinsamen Erklärung, in der es u.a. hieß: »Vorstand, Betriebsrat und Belegschaft der Volkswagen AG betrachten es als Verpflichtung, dazu beizutragen, dass nie wieder Unrecht und Gewalt, Rassenhass und Volksverhetzung an die Stelle von Recht und Frieden treten. Insbesondere muss alles getan werden, um zu verhindern, dass Arbeitnehmer einer allen Grundsätzen der Menschenwürde widersprechenden Behandlung ausgesetzt werden. ... Vorstand, Betriebsrat und Belegschaft halten es für erforderlich, diese Vorgänge so lückenlos und umfassend aufzuklären, wie dies aufgrund aller erhaltenen Dokumente möglich ist.«

Im gleichen Jahr begann das Forschungsteam unter Leitung des Bochumer Historikers Hans Mommsen, den Komplex der Zwangsarbeit während des Dritten Reiches im damaligen VW-Bereich aufzuarbeiten. Den Wissenschaftlern wurde der uneingeschränkte Zugang zu den einschlägigen Unterlagen ermöglicht.

Im November 1996 erschien dann die Studie unter dem Titel »Das Volkswagenwerk und seine Arbeiter im Dritten Reich«. Aufklärung, Begegnung, Erinnerung, Versöhnungsversuche und humanitäre Hilfe wurden seither zu den entscheidenden Elementen des Umgangs mit der eigenen Geschichte. 1991 stellte Volkswagen 12 Millionen D-Mark für soziale Projekte und völkerverbindende Aktivitäten zu Verfügung. Mit diesen Mitteln wurden in den Herkunftsländern der ehemaligen Zwangsarbeiter und in Israel Krankenhäuser sowie Einrichtungen der psychosozialen Betreuung von NS-Opfern unterstützt. Außerdem förderte das zur

Vergabe der Gelder eingesetzte Kuratorium Projekte mit Jugendlichen, insbesondere den deutsch-polnischen Jugendaustausch.

Ein Gedenkstein auf dem Werksgelände in Wolfsburg erinnert seit 1991 an den Einsatz von Zwangsarbeitern im Volkswagenwerk. Auch die Auszubildenden von Volkswagen beschäftigten sich mit dem Thema »Faschismus«. 1991 wurde in der Ausbildungswerkstatt ein Denkmal gebaut, das als Anregung zum Nachdenken gedacht ist. Die dreieckige Stahlkonstruktion, die hinter dem VW-Bildungszentrum aufgestellt wurde, sollte nicht nur an die Opfer des Faschismus erinnern, sondern gleichzeitig in die Zukunft mahnen. 1996 unterschrieben Betriebsrat und Unternehmensleitung die Betriebsvereinbarung »Partnerschaftliches Verhalten am Arbeitsplatz«. Danach ist bei Volkswagen jeder Diskriminierung aus rassischen, ausländerfeindlichen oder religiösen Gründen in Aus- und Weiterbildung vorbeugend erzieherisch entgegenzutreten.

Jugendbegegnungen

1986 hatte Volkswagen mit dem Aufbau der internationalen Jugendbegegnungen begonnen – insbesondere mit Polen. Einen besonderen Rang nahmen dabei die regelmäßig stattfindenden Besuche von Auszubildenden in der internationalen Begegnungsstätte Oswiecim/Auschwitz ein. Diese Begegnungsstätte geht auf die Initiative der Aktion Sühnezeichen zurück; Volkswagen beteiligte sich an der Finanzierung. Seit 1987 führt Volkswagen dort Seminare zur Auseinandersetzung mit der deutschen Geschichte und ihren Folgen durch. Auszubildende aller VW-Standorte beteiligen sich seit 1992 in zweiwöchigen Aufenthalten an Verbesserungen des baulichen Zustands der Gedenkstätte Auschwitz, um diese als Mahnmal für kommende Generationen zu erhalten. Zum zehnjährigen Bestehen würdigte der damalige Betriebsrats-Vorsitzende Klaus Volkert: »Kein anderer Austausch hat in den letzten Jahren Kopf, Herz und Hand der Jugendlichen so direkt verbunden, ihr Verantwortungsbewusstsein so gefördert, die Phantasie und das tatkräftige Engagement so angeregt wie der Austausch mit Polen in der internationalen Begegnungsstätte.«

2005 organisierte die IG Metall Wolfsburg die erste AntiFa-Woche in Wolfsburg, die mittlerweile zum festen Datum im politischen Kalender der Stadt zählt. Eine Woche lang beschäftigt sich die Gewerkschaft seitdem in jedem Jahr in vielfältigen Veranstaltungen mit den Gefahren von

Rassismus, Rechtsradikalismus und Antisemitismus. Ein Schwerpunkt bildete stets die Begegnung von Schüler_innen mit Zeitzeugen des nationalsozialistischen Terrors. Mehr als 900 junge Menschen beteiligen sich zeitweise an diesen Gesprächsrunden. Die ersten Jahre gab insbesondere Stanislaw Hantz der Antifa-Woche der IG Metall ein prägendes Gesicht. In dem Film »Warum spreche ich jetzt« hat die IG Metall seine Geschichte dokumentiert. Gemeinsam mit dem Buch »Zitronen aus Kanada« setzt die Gewerkschaft den Film in der politischen Bildungsarbeit mit jungen Menschen ein.

Schulterschluss der Demokraten

2007 kündigte die rechtsradikale NPD an, Wolfsburg und Volkswagen zu einem ihrer Schwerpunkte im kommenden Landtagswahlkampf zu machen. Die IG Metall rief zum Schulterschluss der Wolfsburger Demokraten auf. Der damalige IG Metall-Bevollmächtigte Frank Patta hatte die Wolfsburger Zivilgesellschaft aufgefordert, gemeinsam gegen die rechtsradikalen Aktivitäten im kommenden Landtagswahlkampf ein deutliches Signal zu setzen. Die meisten der angesprochenen Repräsentanten aus Politik, Kirchen, Unternehmen und Gewerkschaften sagten spontan zu. Ende August wurde ein Aufruf mit prominenten Erstunterzeichnern als Zeitungsanzeige veröffentlicht. Den »Schulterschluss der Wolfsburger Demokraten« einte – ungeachtet sonstiger politischer Unterschiede – ein gemeinsames Ziel: Die Unterzeichner wollten zusammen ein Zeichen setzen gegen die rechtsradikale Agitation der NPD. »Schulter an Schulter«, so hieß es in dem Aufruf, »schützen wir Wolfsburg als weltoffene, tolerante, liberale, antirassistische Kommune«. Und weiter: »Diese Stadt wäre ohne die vielen Menschen, die aus aller Welt hierhergekommen sind, sehr viel ärmer. Wir sind stolz auf diese kulturelle Vielfalt. Und deshalb haben Rechtsradikale und Rassisten in dieser Stadt keinen Platz.«

Das Bündnis wollte mit seiner Initiative zwei Signale aussenden: Es sollte einerseits die Menschen in der Stadt beruhigen, vor allem diejenigen, die eine andere Herkunft, Hautfarbe oder Religion haben als die Mehrheit der Bürger. Es sollte andererseits die NPD oder andere rechtsradikale Gruppierungen davor warnen, die Stadt nicht als Tummelplatz ihrer populistischen Ideologie zu missbrauchen. Die großmäuligen Ankündigungen der Rechtsradikalen, in den niedersächsischen Landtag

»einmarschieren« zu wollen, bewahrheiteten sich nicht. Die NPD war über den Status einer Splitterpartei nicht hinausgekommen und erlangte bei der Landtagswahl 2008 lediglich 1,5% der Wählerstimmen (fünf Jahre später sollten es gar nur noch 0,8% sein). Der Schulterschluss der Wolfsburger Demokraten hatte offenkundig Wirkung gezeigt. »Ich bin froh, dass sich so viele Stimmen in dieser Stadt sofort und unmissverständlich den Rechtsradikalen entgegengestellt haben. Diese Reaktionen machen mir Mut«, sagte Frank Patta. Mut, den die Wolfsburger Demokraten zwei Jahre später wieder brauchten.

Ende Juni 2009 wurde bekannt, dass Rechtsradikale um den Neo-Nazi Jürgen Rieger das Möbelhaus Alsdorff an der Heinrich-Nordhoff-Straße vis-à-vis des Volkswagenwerkes kaufen und dort ein »KdF-Museum« errichten wollten. Der Schulterschluss der Wolfsburger Demokraten wurde umgehend reaktiviert. Und auch diesmal hatte er Erfolg. Die Stadt kaufte über eine Tochtergesellschaft das Möbelhaus Alsdorff und stellte die Räumlichkeiten dem Sozialkaufhaus »Lichtblick« und der Arbeitsstelle gegen Rechtsextremismus und Gewalt (ARUG) zur Verfügung. Die IG Metall hatte in vertraulichen Gesprächen mit der Stadtspitze diese Lösung vorangebracht.

Engagement und Widerstand gegen Rechts lohnen sich – diese Botschaft ging vom Schulterschluss der Wolfsburger Demokraten aus. Samstag für Samstag versammelten sich Bürger_innen zu Mahnwachen in der Wolfsburger Innenstadt. In der ganzen Stadt wehten von allen öffentlichen Gebäuden bunte Fahnen mit dem Aufdruck »Wir sind Wolfsburg. Bunt statt braun«. Höhepunkt der Aktivitäten war die Kundgebung am 25. September 2009. Mehr als 3.000 Wolfsburger_innen setzten ein beeindruckendes Zeichen für Demokratie und Toleranz. Mit einer letzten Mahnwache am 12. Dezember 2009 sowie zwei ganzseitigen Anzeigen in den lokalen Zeitungen beendete der Schulterschluss mit einem sichtbaren Symbol seine Aktivitäten.

Erneuter Anlauf der NPD

Am 18. Juni 2010 wurde das Mahnmal zur Erinnerung an die Zwangsarbeiter in Wolfsburg offiziell eingeweiht. Rund 560.000 Euro investierte die Stadt in die Neugestaltung des Platzes vor der Markthalle. Damit wurde die Initiative des »Vereins zur Unterstützung ehemaliger Zwangsarbeiter« erfolgreich umgesetzt. Gleichzeitig bekam der Platz – wie von der IG Metall vorgeschlagen – den Namen Sara-Frenkel-Platz. Im April 2008 hatte Olde Dibbern vom »Verein zur Unterstützung ehemaliger Zwangsarbeiter« anlässlich des 70. Stadtjubiläums in der Wolfsburger Gewerkschaftszeitung WIR ein »sichtbares Zeichen« gefordert. Die Geschichte der Stadt sei untrennbar mit dem Schicksal der Zwangsarbeiter verbunden. Während des Zweiten Weltkrieges lebten bis zu 20.000 Zwangsarbeiter auf dem Gebiet des heutigen Wolfsburg – und mussten unter schlimmsten Bedingungen bei VW und anderswo arbeiten. »Wir wollen, dass die Bürgerinnen und Bürger ihnen endlich den notwendigen Respekt zollen«, forderte Dibbern in dem Interview. Mit dem nun aufgestellten Mahnmal wurde dieser Wunsch erfüllt. Es befindet sich auf historischem Grund: In diesem Bereich befand sich zu Kriegszeiten ein Verbindungsweg zwischen zwei Barackenlagern.

Nach dem Scheitern der Pläne, bei Möbel Alsdorff ein KdF-Museum zu errichten, war allen Beteiligten schnell klar, dass die rechte Szene auch weiterhin versuchen wird, in Wolfsburg Fuß zu fassen. Dafür hat die Stadt am Mittellandkanal eine zu große symbolische Bedeutung. In der Tat gab es auch schon vor dem Versuch bei Alsdorff in der Stadt eine organisierte rechte Szene. Die »Bürgerinitiative für Zivilcourage Wolfsburg« fiel mit dem Verteilen von Aufklebern, mit Transparenten und ausländerfeindlichen Sprüchen auf Nazimärschen in der gesamten Bundesrepublik auf. Insgesamt betrachtet scheiterten die Neonazis in Wolfsburg jedoch damit, sich fest in der Stadt zu verankern, was bei ihnen für nicht unerheblichen Unmut sorgte.

Als die Neonazis nach dem »Tag der deutschen Zukunft« im Sommer 2012 in Hamburg verkündeten, den nächsten am 1. Juni 2013 in Wolfsburg veranstalten zu wollen, war die Überraschung in der Wolfsburger Zivilgesellschaft nicht sehr groß. Viele hatten damit schon gerechnet. Im Juli 2012 kam ungebeten die NPD im Rahmen ihrer Sommertour nach Wolfsburg. Spontan stellten sich 500 Wolfsburger_innen, darunter sehr viele IG Metall Vertrauensleute und Betriebsräte und vor allem Schüler_innen, den Nazis entgegen. Der Versuch einer Kundgebung durch die Rechten fiel sprichwörtlich ins Wasser.

Und so bedurfte es auch nicht mehr eines langen Diskussionsprozesses bei allen Mitstreitern des Schulterschlusses der Wolfsburger Demokraten, sich über Notwendigkeiten oder inhaltliche Fragen des Widerstands im Vorfeld des geplanten Aufmarsches am 1. Juni 2013 zu verständigen. Die IG Metall Wolfsburg mit ihrem 1. Bevollmächtigten Hartwig Erb und der Oberbürgermeister der Stadt Wolfsburg, Klaus Mohrs, reaktivierten kurzerhand das Bündnis und die IG Metall Wolfsburg lud im Herbst 2012 zu einem ersten Treffen in das Gewerkschaftshaus ein. Das Treffen des Schulterschlusses war geprägt von einem großen Informationsbedarf der Bündnisteilnehmer. Anwesend war ein Querschnitt der Wolfsburger Zivilgesellschaft. Von den demokratischen Parteien und Verbänden über Kirchen und Glaubensgemeinschaften, Vereine, Schulen und Institutionen bis hin zu Ärzten, Privatpersonen und vor allem Schüler_innen. So war es möglich, die ersten konkreten Absprachen zu treffen.

Verabredet wurde, mit den konkreten Planungen für Aktionen 2013 zu beginnen. In der Tat stellten dann die Bündnisteilnehmer beim ersten Treffen im neuen Jahr schon sehr konkrete Ideen vor. Überaschenderweise spielten ideologische Fragen bei diesen Treffen überhaupt keine Rolle. Das wurde von auswärtigen Teilnehmern als sehr ungewöhnlich bezeichnet, zeigt aber, dass in Wolfsburg viele Dinge anders sind als in anderen Städten. Parallel zum Wolfsburger Schulterschluss forcierte die IG Metall die Zusammenarbeit mit anderen antifaschistischen Netzwerken der Region. Diese Zusammenarbeit lief unter dem Dach des DGB, der dabei auch koordinierende Aufgaben übernahm. In den folgenden Jahren hat sich die Arbeit des Schulterschlusses sukzessive erweitert. Neben der antifaschistischen Arbeit übernimmt er auch immer mehr gesellschaftliche Aufgaben, wie z.B. die Arbeit mit Geflüchteten, ganz konkret und praktisch.

Rechtspopulistischer Wahlerfolg

Die letzten Kommunalwahlen in Niedersachsen brachten für Wolfsburg ein überraschendes Ergebnis. Trotz vieler Aktionen und intensiver Aufklärung über die Gefahren des Rechtspopulismus bekam die AfD in der Stadt auf Anhieb über 10% der Wählerstimmen. In den umliegenden Gemeinden sah es nicht viel besser aus. Besonders absurd war die Besetzung des Migrations- und Integrationsausschusses der Stadt Wolfsburg, wo der AfD-Vertreter im Rat den Vorsitz bekam. Eine Ohrfeige für viele Demokraten und Aktivisten. Doch auch dagegen formierte sich Widerstand. Mehr als 200 Delegierte unterschrieben auf der Delegiertenversammlung der IG Metall Wolfsburg einen offenen Brief an den Wolfsburger Stadtrat mit der Forderung, die Migrationspolitik nicht der AfD zu überlassen. Initiiert wurde das Schreiben vom Migranten-Arbeitskreis der IG Metall und der Migrantenvertretung von Volkswagen. In mehr als 100 Betrieben in der Region vertreten sie die Beschäftigten mit Migrationshintergrund.

Im Januar 2017 fand in der Geschäftsstelle der Bildungsvereinigung ARBEIT UND LEBEN in Wolfsburg eine Tagung zum Thema »Von Biedermännern und Brandstiftern – Rechtsextremismus und Rechtspopulismus in Niedersachsen« statt, aus der der vorliegende Band hervorging. Gezielte Bildungsangebote und Tagungen dieser Art haben einen hohen Stellenwert. Es geht um ein gezieltes, nie aufhörendes Aufmerksam machen für gesellschaftliche Zusammenhänge, die auch künftig ein vielfältiges und tolerantes Miteinander zulassen. Nur wer Ziele, Taktiken und Strategien des modernen Rechtsextremismus kennt, kann adäquat auf bestimmte Bestrebungen reagieren. Dieser Herausforderung müssen sich die Kooperationspartner auch zukünftig stellen. Wolfsburg hat hier eine lange Tradition, in der sich die verschiedenen Akteure immer wieder gemeinsam für die Demokratie und eine tolerante Gesellschaft stark gemacht haben und machen werden.

Doch wo liegen die Ursachen für die Attraktivität der AfD, auch unter Arbeiter_innen und Gewerkschafter_innen? Digitalisierung, Globalisierung und demografischer Wandel treffen auf eine Gesellschaft, die von Unsicherheit und Ungleichheit gekennzeichnet ist. Die Prekarisierung, die gerade einen Teil der Arbeiterschaft betrifft, ist sicherlich mit ursächlich für die Attraktivität der AfD. An diesen Themen werden wir weiterarbeiten: Wer wenn nicht WIR?[1]

---

[1] Danke an Willi Dörr für die gute Vorarbeit.

Dietrich Burggraf

Haltung zeigen! Aufrecht gehen!

Ein Nachwort

Im vorliegenden Buch wird der Rechtspopulismus in Deutschland analysiert. Im Mittelpunkt stehen dabei die kritische Auseinandersetzung mit der Alternative für Deutschland und gewerkschaftliche Gegenstrategien. Aufklärend und in praktischer Absicht. Es ist das Verdienst der Herausgeber, einen beachtlichen Kreis von politisch denkenden Wissenschaftler_innen, aktiven Gewerkschafter_innen, Journalisten und Pädagogen zusammengebracht zu haben. Entstanden ist ein ernüchterndes, in seiner kritischen Orientierung ermutigendes Handbuch, eine analytische Argumentationshilfe und Anleitung zur Aufklärung. Nun soll ich ein Nachwort schreiben. Das ist eine Herausforderung. Und wer will das überhaupt lesen? Wer braucht dieses Buch? Nun, tasten wir uns heran …

Die Artikel dieses Sammelbandes wirken aus sich selbst heraus. Es ist alles gesagt, es sei denn, man mutet sich die Frage zu (mal ehrlich), wie rückwärtsgewandt sind notgedrungen die kritische Aufklärung und Auseinandersetzung mit dem Rückwärtsgewandten? Bedarf es nicht doch noch deutlicher des Blicks nach vorne?

Die kritische Auseinandersetzung mit dem Rechtspopulismus freilich ist hier und heute zwingend erforderlich. Vor allem auch mit seinem bürgerlichen Umfeld. Nicht zuletzt firmiert die AfD in praktisch der gesamten veröffentlichten Meinung als mittlerweile fest etablierte bürgerliche, ernst zu nehmende Partei, sieht man von einigen, so sagen sie, »unschönen rechtsradikalen Auswüchsen« ab, eine Partei, die man entsprechend zu Wort kommen lassen, im Pro und Contra medial begleiten und schließlich als eine denkbare politische Option diskutieren müsse.

Ich sehe das völlig anders. Jedes Forum für Rechtspopulisten, jede Diskussionsveranstaltung mit Vertretern der AfD ist eine zu viel. »Postfaktisch« kann ich nicht diskutieren. Und allemal nicht mit jenen, die zwischen guten und schlechten Flüchtlingen unterscheiden, die national-konservative und nationalistische Weltbilder popularisieren wollen. Vom latenten oder offenen Rassismus ganz zu schweigen.

Mittlerweile sind wir über die Biografien führender AfD-Politiker_innen besser informiert – über ihre Radikalisierung, über Machtkämpfe, Intrigen und ihren fließenden Übergang zum national-völkisch-rassistischen Extremismus – als über die Grundwerte und Grundrechte, wie sie im Grundgesetz verbrieft werden. Dem Publikum gruselt. Oder es ist fasziniert. Der Bazillus jedenfalls frisst sich weiter …

Wie schnell solch ein Prozess der Gewöhnung an rechtspopulistische bis rechtsradikale Positionen verlaufen kann, hat in Hamburg bereits Anfang des letzten Jahrzehnts die Schill-Partei gezeigt, ein regionaler populistischer Law-and-Order-Vorläufer der AfD, der damals umgehend zum Koalitionspartner der liberalen Von-Beust-CDU avancieren durfte.

Dass freilich auch demokratiefeindliche und rassistische Positionen in den Betrieben bei gewerkschaftlich organisierten Kolleg_innen anzutreffen sind, benennen die Beiträge dieses Buches in bemerkenswert kritischer Offenheit. Umso mehr muss diesem »Zeitgeist« eine demokratische Orientierung entgegengesetzt werden, die Ängste und Ressentiments neutralisiert und positiv eine Politik entwirft, in der die eigenen sozialen Interessen wiedererkannt werden können.

Die praktischen Beiträge der Aufklärungsarbeit der IG Metall Wolfsburg und der IG Metall in Niedersachsen und Sachsen-Anhalt, des Kumpelvereins (»Mach meinen Kumpel nicht an! – für Gleichbehandlung, gegen Fremdenfeindlichkeit und Rassismus e.V.«), des DGB Bildungswerkes (Bund), des Studienhauses Wiesneck und des Bildungszentrums HVHS Hustedt in Kooperation mit dem Deutschen Gewerkschaftsbund ermutigen ebenso wie die Trainings gegen Stammtischparolen, die schulischen und außerschulischen Praxismodelle zur Prävention gegen Rechtsextremismus sowie die Strategien sozialen Lernens, auch und gerade in einem bereits erschreckend eindeutig rechtspopulistisch und rechtsradikal geprägten Umfeld. Alle genannten Initiativen und Organisationen berichten in diesem Band.

Die Aufklärungspraxis ist am erfolgreichsten, je konkreter sie rechtspopulistische Parolen als ausgrenzend, rassistisch, chauvinistisch und demokratiefeindlich zurückweist und auf eine nachvollziehbare, soziale Zukunftspolitik orientiert. Will man Rechtspopulismus wirklich bekämpfen, bedarf es sowohl kritischer Aufklärung als auch einer Politik für verbesserte demokratische Lebens- und Arbeitsbedingungen.

Denn offensichtlich sind eine wachsende Verschlechterung der Daseinsvorsorge im Zuge der Ausweitung neoliberaler Reformen, selbst bei denjenigen, die davon nicht unmittelbar betroffen sind, sowie das »Nicht-gehört-werden« in einer sich permanent verändernden globalen Welt wichtige Gründe für den wachsenden Zuspruch des rechten Populismus. Dabei hat die Grundmelodie einer »alternativlosen Sparpolitik« in Deutschland einen vermeintlich seriösen Klang, während sie sich europaweit offen als Verarmungspolitik, als Austeritätspolitik darstellt.

Über den Tag hinaus geht es um eine breitenwirksame und sinnstiftende neue Erzählung, die die freiheitlichen und demokratischen Errungenschaften eines sozialen Rechtsstaates erklärt und verteidigt und eine nachhaltige Demokratisierung aller Lebens- und Arbeitsbereiche einfordert. Demokratie braucht Demokratie in einem, richtig verstandenen, republikanisch umfassenden Sinn und die ermutigende Perspektive eines guten Lebens und Arbeitens. Das ist, wenn auch nur fragmentarisch, dann doch ein kleines Nachwort wert:

Nach vorwärts erinnern – eine neue Demokratiebewegung wagen

»Im Patriotismus lassen wir uns von jedem übertreffen – wir fühlen international. In der Heimatliebe von niemand – nicht einmal von jenen, auf deren Namen das Land grundbuchlich eingetragen ist. Unser ist es.« (Kurt Tucholsky) Es ist unsere Heimat: Deutschland, Europa, die internationale Welt – und jene konkrete Utopie, die wir mit Ernst Bloch »Heimat« nennen. Das ist unsere Alternative für Deutschland.

So könnte eine vitale progressive und vielleicht breitenwirksame Erzählung beginnen. Es ist die Geschichte der arbeitenden Menschen, der Erfolge und Niederlagen der Arbeiterbewegung als soziale Demokratiebewegung, es sind die bürgerlichen Freiheitsbestrebungen vom Vor-März und den 48er-Revolutionsjahren bis ins 20. Jahrhundert, es ist das Inferno des Faschismus und schließlich der Aufbau der Zivilgesellschaft in der Freiheit des Grundgesetzes, es ist die Erfahrung des gescheiterten »realen Sozialismus« und die Hegemonie der Marktradikalen, aber auch die der erfolgreichen gewerkschaftlichen Gegenmacht, des zivilgesellschaftlichen »Bunt statt Braun« und einer lebendigen Erinnerungskultur. Sie erzählt im Blick auf NS-Zeit und aktuelle Verbrechen des Rechtsradikalismus von der wachsenden »Fähigkeit zu trauern« und Widerstand zu organisieren, von engagierten Menschen in den sozialen Bewegungen, in den Betrieben und im gesellschaftlichen Nahbereich, in der Flüchtlingshilfe und beim Kampf um Menschenrechte, sie erzählt von der stetigen Verbesserung der Lebens- und Arbeitsbedingungen, von Energiewende und Klimaschutz, vom sozialen Aufstiegsversprechen, von Freiheit, Gleichheit und Geschwisterlichkeit und einer Zukunft ohne Zukunftsangst – sie erzählt vom gelingenden Leben. Ohne Visionen, ohne den Willen zur Utopie, kann es – mit Oskar Negt – perspektivisch keine nachhaltige Politik geben.

Eine solche Erzählung weiß auch vom Unabgegoltenen der Geschichte. Also von jenen Brüchen und nicht eingelösten Forderungen und Versprechen, für die unsere Väter und Mütter gekämpft haben. Das ist keine sozialromantische Flucht in die Geschichte. Es gibt ein fundamentales Grundbedürfnis nach Orientierung und gesellschaftlichem Teilhaben. Auch moderne »leistungsbewusste« Angestelltenmilieus sind auf orientierende Werte ansprechbar und bei aller Individualisierung an sozialer Sicherheit und guter Arbeit in einem gerechten Gemeinwesen interessiert.

Es ist keine Träumerei, wenn Demokratiedefizite und politische Apathie durch gezielte Demokratisierungsstrategien bekämpft werden. Wie ernst nehmen wir die Menschen in- und außerhalb der Betriebe, die gesellschaftliche Mitte mit ihren nicht erfüllten Grundbedürfnissen nach Orientierung, die »ungehörten« Etablierten, die sich politisch nicht mehr vertreten fühlen, ebenso wie die Modernisierungsverlierer? Wie ernst nehmen wir den Demokratieanspruch des Grundgesetzes? Wie anders als durch Demokratie kann Demokratie entwickelt werden?

Doch öffnet das nicht erst recht den Populisten Tor und Tür oder, wie in diesen Tagen, der BILD-Zeitung mit ihrer eigenen Wahl-Aktion und Formulierungshilfe für rechte Populisten?! »Es kann doch nicht sein ...« im Duktus von »Das wird man ja noch mal sagen dürfen ...« Und dann folgt eine Vielzahl von Aufregern, Skandalen und Skandälchen mit jenem bekannten Subtext »Wir gegen die anderen«, ein Subtext, der eine andere Republik einfordert, jedoch Oben und Unten, Arm und Reich, Macht und Ohnmacht konsequent ausblendet. Darüber müssen wir sprechen.

Liberale Indifferenz und sozialdemokratische Genügsamkeit verharren auf den Demokratisierungsansätzen der 1970er Jahre. Hier braucht es bürgerrechtliche und wirtschaftsdemokratische Impulse. Dass sie instrumentalisiert werden können oder – wie zum Beispiel in der kantonalen Bürger-Demokratie der Schweiz – auch zu restriktiven Ergebnissen führen, diskreditiert nicht den hier gemeinten demokratischen Aufbruch, der mittelfristig auch Distanzierten und Enttäuschten echte Artikulations- und Beteiligungsmöglichkeiten eröffnet und die politischen Parteien zu neuer Offenheit und Entwicklung zwingt.

Hier ist eine politische Erzählung, eine Bewegung gemeint, die sinnstiftend wirkt, auf dem Weg zum guten Arbeiten und guten Leben, und die heute auch jenseits des Wahljahres in eine überzeugende Politik für neue soziale Sicherheit und Demokratie münden muss – anschlussfähig an die Verunsicherung, Ängste und Apathie breiter Bevölkerungsgruppen. Eine solche Demokratiebewegung nimmt die Idee einer »pluralen Mosaik-Linken« auf, »in der sich die Akteure einer neuen Bewegung der Arbeit mit anderen und neuen Kooperationsformen für gemeinsame Ziele engagieren« (Urban 2013). Sie entsteht freilich nicht im politikwissenschaftlichen Diskurs. Und sie geht weit über ein rot-rot-grünes Projekt hinaus: Sie ist Ausdruck einer gesellschaftlichen Aufbruchstimmung und von vielfältigen Interessen getragen. Sie benötigt historische Fenster. Und ...

Es geht um Ihre Mitarbeit und Beteiligung!

... und es bedarf vieler Initiativen für eine praktische gesellschaftspolitische Meinungsbildung aktiver, sehr unterschiedlich Engagierter, eine Beteiligung der zivilgesellschaftlichen Akteure und der politischen Parteien, der Gewerkschaften, der globalisierungskritischen Gruppen ebenso wie der Vertreterinnen und Vertreter der neuen Genossenschaftsbewegungen, des kulturellen Lebens, der Kirchen, der Synagogen, der Moscheen und all jener, die eher atheistisch einer gleichwohl wertorientierten Bürgerreligion anhängen. Es geht um die Mehrheitsfähigkeit der Forderung nach mehr Demokratie und Beteiligung in allen Lebens- und Arbeitsbereichen. Ohne Ausgrenzungen, Feindbilder und Deklassierungen. Denn »Schwarz Rot Gold« ist eben nicht bunt genug, wie die AfD behauptet. Wir nehmen die kulturelle Herausforderung durch die Rechtspopulisten an und treten für den Ausbau der sozialen Demokratie ein.

Den Kulturkampf aufnehmen!

Der Begriff erinnert an den Kampf des Guten gegen das Böse, aber auch an staatliche Herrschaftsansprüche wie im historischen Kulturkampf des 19. Jahrhunderts gegen die katholische Kirche und dann gegen die »gemeingefährlichen Bestrebungen« der erstarkenden Arbeiterbewegung, er erinnert an den »Untergang des Abendlandes«, an nationalistisch-völkisches Gedankengut, an »Stahlgewitter« und »Blut und Boden«. Und heute nun heißt es: »Deutschland schafft sich ab!« Populär und mit vielen

Trittbrettfahrern in Sarrazins Gefolge. Wir wissen, dass 1933 viele Jahre vorher begann – mit der schleichenden Verrohung der Gesellschaft, mit chauvinistischem Gedankengut, mit eben rechtspopulistischer Propaganda in der Zwischenkriegszeit und mit völkisch-nationalistischen Exzessen bis hin zu weiterer Entmenschlichung, Gewalt und Terror.

Alexander Häusler und Rainer Roeser beschreiben im vorliegenden Band, wie sich die AfD heute »zu einem parteipolitischen Dach für einen rechten Kulturkampf entwickelt hat, der die Forderung nach ›nationaler Identität‹ damit verknüpft, sich gegen Frauen- und Menschenrechte zu stellen, aber auch gegen Solidarität mit Flüchtlingen und den verschuldeten Staaten in (Süd-)Europa«. Und nicht zuletzt veranschaulichen sie die Gefahr einer völkisch-nationalistischen Mobilisierung der Arbeitnehmerschaft selbst.

In diesem Zusammenhang machen die Autor_innen in diesem Band mehrfach darauf aufmerksam, dass Abstiegsängste und soziale Auseinandersetzungen heute von der vertikalen in die horizontale Perspektive verlagert werden. »Wohlfahrt und soziale Errungenschaften soll es nur für die ›eigenen Leute‹ geben, die anderen haben darauf keinen Anspruch. Konkret ist dies die Forderung: Mindestlohn nur für Deutsche. Soziale Auseinandersetzungen gibt es demnach nicht zwischen ›Oben‹ und ›Unten‹, sondern nur zwischen ›Uns‹ und den ›Anderen‹. So entsteht eine Wagenburgmentalität, von den sozialen Problemen wird abgelenkt.« (Thorsten Gröger und Sascha Howind in diesem Band)

Doch soll niemand meinen, dass es mit dieser Desorientierung sein Bewenden hat. Nationalistische Politiker haben der Demokratie weltweit den Kampf angesagt: Das betrifft eine Vielzahl autoritär regierter Staaten und Diktaturen und geht weit darüber hinaus – in rassistischer Perspektive geht es um einen neuen Menschen, den es zu fördern gelte, eine geistige und genetische Elite. Nationale Allmachtsphantasien verquicken sich mit technologischem Wahn und eugenischer Reinheitslehre. Es ist eine ideologische Gemengelage, die regelrecht nach Entladung in einem »Kulturkampf« schreit und die »harmonische Verhältnisse« wiederherstellt, wo ein Mann noch ein Mann, eine Frau noch eine Frau ist, wo ein einmal erlernter Beruf ein Leben lang qualifiziert und wo man auf christlichen Weihnachtsmärkten nicht mehr massenhaft Muslime antrifft (angelehnt an Balzer 2017). Das Feuilleton weiß dies für ein anspruchsvolles Publikum ausführlich zu beschreiben, inklusive Verschwörungstheorie und ideologischem Bodensatz. Die Stammtische halten es da eher schlichter mit sexistischen oder antisemitischen Witzen. Die Welt ist aus den Fugen. Erst der »neue Mensch« soll es letztlich richten. Bis dahin sehen sich die Rechtspopulisten als die Vertreter des »wahren Volkes«.

Es soll zurückgehen in die 1950er Jahre, zurück hinter die Emanzipation von einer patriarchalischen, autoritären Gesellschaft, zurück hinter den Abbau politischer Hierarchien, zurück hinter ein breites Verständnis von Toleranz gegenüber der Vielfalt von Minderheiten und zurück hinter Ökologie als behutsamer nachhaltiger Umgang mit der Natur. »Wer bislang glaubte, derart verstaubte autoritäre Gedanken seien endgültig vertrieben und die Vielfalt libertärer Werte bereits fest in der Gesellschaft verankert, sieht sich heute eines besseren belehrt.« (Tils/Raschke 2016: 11)

Diese Herausforderung anzunehmen, bedeutet sich mit einem gefestigten Wertefundament zu positionieren und eine soziale, demokratische und gerechte Zukunft zu beschreiben. Dazu bedarf es neben politischer Analyse, Strategie und Gestaltungsmacht auch ausdrucksstarker Bilder einer sinnstiftenden Erzählung. Die politischen Plakate »Am Samstag gehört Vati mir!« und die »35 Stundenwoche vor aufgehender Sonne« oder die fröhliche Sonne des Aufklebers »Atomkraft? Nein Danke!« waren in ihrer Zeit eine mobilisierende Ikonographie. Politisch-kulturelle Arbeit hat heute die Aufgabe, eine neue angemessene Ästhetik des Widerstandes zu entwickeln (siehe Kolbe et al. 2016).

Denn Aufrufe, Empörungen und Ruck-Reden gab und gibt es zur Genüge. Sie sind ebenso wenig originell und erfolgreich wie die staatlichen Bemühungen zur politischen Bildung, vom Politiker-Speed-Dating bis zur »Stärkung des Wir-Gefühls«, wenn sie nicht in der Sache eine politische Entwicklungsperspektive aufzeigen. Nicht zuletzt lassen sich Vorurteile und Mythen kaum durch Informationen und Aufklärung allein entkräften.

In diesem Zusammenhang ist die Stellungnahme des Ratsvorsitzenden der Evangelischen Kirche in Deutschland (EKD) bemerkenswert, der eine ethische Grundlinie zieht und öffentlichkeitswirksam einem breiten Publikum deutlich macht, dass Nationalismus Sünde sei. »Wer sein eigenes Land oder eine eigene Volksgruppe überhöhe und gegen die anderen in Stellung bringe, produziere Hass, irgendwann Gewalt und am Ende vielleicht unzählige Tote. (…) Wo er mit dem christlichen Mäntelchen versehen wird, ist klarer Wiederspruch angesagt.« (Bedford-Strohm 2017: 10)

Die Empörung der Ex-Präsidentin des Zentralrates der Juden, Renate Knobloch, zielt noch direkter auf die AfD als »Schande für das Land«. Die AfD stehe für offen geäußerte rassistische Thesen, Geschichtsklitterung, Holocaust-Relativierung oder -Leugnung, Fremdenfeindlichkeit sowie offene Nähe zu den Neonazis. Frühzeitig ließ bereits Martin Schulz mit der wuchtigen moralischen Verurteilung der AfD aufhorchen (»Schande für Deutschland«) und selbst im konservativen Lager gibt es zuweilen Stimmen, die die AfD »Schande mit Parteistatut« (Thomas Strobl) nennen. Diese Stellungnahmen sprechen in der Mitte der Gesellschaft ein Publikum an, das »Schande« als Verlust von Ansehen und Ehre in einem Tugendkanon der Selbstachtung kennt und auf gesellschaftliche Anerkennung wert legt. Man wünscht sich, dass dieser Versuch, eine rote Linie zu ziehen, nicht nur in Wahlkampfzeiten erfolgt und sich tatsächlich bis in den Alltag herunterbrechen lässt. Die kulturelle Herausforderung der Rechtspopulisten verlangt freilich nicht nur die moralische Verurteilung, sondern – soll sie nachhaltig wirken – eine bewusste politisch-ethische Auseinandersetzung und Re-Politisierung des Sozialen.

Wie wollen wir arbeiten und leben? Sind wir weltoffene Europäer oder deutsch-nationale »Heimathirsche«? Stehen wir zu den unveräußerlichen Menschenrechten und den Prinzipen sozialer Demokratie? Wie halten wir es mit der Gerechtigkeit? Versöhnen oder spalten wir die Gesellschaft? Wie werden in Zukunft gesellschaftlicher Reichtum und soziale Verantwortung, Freiheit und Gemeinwohl demokratisch gestaltet? Dazu fehlt es nicht an gewerkschaftlichen Stellungnahmen und klaren Worten. Bereits aus historischer Erfahrung sind Gewerkschaften Wächter von Toleranz, Demokratie und Menschenrechten (Hartwig Erb). Nicht von ungefähr ist die Integration von Migrantinnen und Migranten am weitesten in den Betrieben positiv vorangeschritten. Unsere Antwort auf die politische und kulturelle Herausforderung der Rechtspopulisten ist deshalb, wie von Thorsten Gröger und Sascha Howind in diesem Band formuliert, ein Politikmodell, das auf Solidarität und Beteiligung in einem ganz umfassenden Sinn setzt und gegen Demokratieabbau, für soziale Gerechtigkeit eintritt – mit einer Wirtschaftsdemokratie, die den Primat der Politik gegenüber wirtschaftlicher Macht herstellt.

Kein Tag vergeht in diesem Sommer ohne rechtspopulistische Angriffe auf Menschenrechte und Demokratie. Etwas abschätzig fragte mich ein politischer Freund, als er von diesem Buchprojekt hörte: »Wer liest das denn? Wir wissen doch alles über die AfD. Wieder so ein Buch, das die

Welt nicht braucht!« Jetzt antworte ich ihm: Dieses Buch bietet, nicht nur für Gewerkschafter_innen, fundierte handlungsleitende Analysen und ermutigende Perspektiven und, wenn man es richtig liest, eine Anleitung zum »Aufrechten Gang«. Nicht mehr und nicht weniger.

Literatur/Quellen/Assoziationen

Balzer, Jens (2017): Unterwegs zum »neuen Menschen«. In: DIE ZEIT vom 14. Juni. Auch online abrufbar unter: www.zeit.de/2017/25/rechtspopulismus-rassismus-evolution-akzelerationismus-nick-land [letzter Zugriff: 9.8.2017].

Bedford-Strohm, Heinrich (2017): Warum Nationalismus Sünde ist. In: Chrismon, Das Evangelische Magazin, 4/2017, S. 10.

BILD-Zeitung (2017): Das große BILD-Wahlprogramm: Was sich endlich ändern muss; 17. Juni.

Bloch, Ernst (1959): Das Prinzip Hoffnung, Bd. 3 (hier 8. Auflage), Frankfurt a.M.

Buchholz-Will, Wiebke/Burggraf, Dietrich (2016): Mit Pauken und Trompeten – Auf dem Weg zu einer neuen Kultur der Arbeit und der sozialen Gerechtigkeit. In: Gewerkschaftliche Monatshefte 6-7/1998 sowie in: Kolbe u.a. 2016.

IG Metall Vorstand (2016): Politik für alle – sicher, gerecht und selbstbestimmt. Positionspapier der IG Metall zur Bundestagswahl 2017. Berlin.

IG Metall Vorstand (2016): Rechtspopulismus entgegentreten. Strategien zum Umgang mit AfD, Pegida und Co.; Arbeitsheft für Referent(inn)en der gewerkschaftlichen Bildungsarbeit. Frankfurt a.M.

Knobloch, Renate (2017): AfD ist Schande für das Land, in: Celler Zeitung vom 7. April, S. 1.

Kolbe, Harald/Burggraf, Dietrich/Strasser, Peter (Hrsg.) (2016): Von der Arbeiterkultur zur Kultur der Arbeit? Das kulturelle Erbe der Arbeiterbewegung und politische Kulturarbeit heute, Hustedter Beiträge zur politischen Bildung, Band 4, Hustedt/Celle.

Mach meinen Kumpel nicht an! – für Gleichbehandlung, gegen Fremdenfeindlichkeit und Rassismus e.V.; Infodienst: »Aktiv für Chancengleichheit«, siehe auch: www.gelbehand.de/informiere-dich/newsletter/ [letzter Zugriff: 9.8.2017].

Negt, Oskar (2010): Der Politische Mensch, Göttingen.

Tils, Ralf/Raschke, Joachim (2016): Mehr Kulturkampf wagen. Die AfD will zurück ins Gestern. Die Parteien antworten mit Geldversprechen an die Wähler – ein Fehler. In: DIE ZEIT Nr. 22/2016, S. 11.

Tucholsky, Kurt (1929): Deutschland, Deutschland, Glossen und Essays, Berlin.

Urban, Hans-Jürgen (2013): Arbeiterbewegung heute: Wandel der Arbeit – Wandel der Bewegung. In: Aus Politik und Zeitgeschehen (APuZ), Beilage zu Das Parlament, 63. Jahr, 40/41 2013, S. 46.

Vester, Michael/von Oertzen, Peter/Hermann, Thomas/Müller, Dagmar (1993): Soziale Milieus im gesellschaftlichen Strukturwandel. Zwischen Integration und Ausgrenzung, Köln.

Anhang[*]

»Arbeitnehmer«-Organisationen der AfD und ihre Repräsentanten

[*] Der nachfolgende Anhang basiert auf Originalquellen, die teilweise wiedergegeben werden. Er stellt eine Zusammenfassung der Aktivitäten der AfD in Bezug auf Arbeitnehmer_innen dar und dient vor allem der tiefergehenden Analyse und Dokumentation (Anmerkung der Herausgeber).

Alternative Vereinigung der Arbeitnehmer e.V. (AVA)

Auszüge aus einem Thesenpapier zur Arbeits- und Sozialpolitik der AVA, 4. April 2016:
»Die missbräuchliche Anwendung von Werkverträgen und der Arbeitnehmerüberlassung ist zu unterbinden. Arbeitnehmer [sic!] die in Deutschland Ihre Arbeitskraft bis zum Rentenalter eingesetzt haben, dürfen nicht mit den gleichen Zahlungen abgespeist werden, wie Personen [sic!] die gerade in unser Land ›einreisen‹.

Eine echte Teilhabe am gesellschaftlichen Leben ist auch für Hartz4 Empfänger nur durch Arbeit möglich. (...) Daher setzt sich die AVA e.V. für eine Verpflichtung zur gemeinnützigen Arbeit (...) ein. (...) Eine finanzielle Gleichstellung von vormals jahrelangen Erwerbstätigen und in die Sozialsysteme ›Zugewanderten‹ wird abgelehnt.«[1]

Die AVA ist ein eingetragener Verein und, zumindest unter formalen Gesichtspunkten betrachtet, keine AfD-eigene Organisation. Demnach ist eine Mitgliedschaft in der AVA auch ohne Parteizugehörigkeit möglich. In der Praxis sind Mitglieder ohne »AfD-Parteibuch« aber wohl eher die Ausnahme. Aufgrund dieses Konstruktes wäre eine Doppelmitgliedschaft, AVA und AiDA, prinzipiell nicht ausgeschlossen, wenngleich sich letztlich beide als eigenständige und unabhängige parteiinterne Arbeitnehmerorganisation verstehen. Die AVA wurde am 19. Februar 2015 mit Unterstützung des AfD-Landesverbands NRW gegründet. Bundesvorsitzender ist Uwe Witt, sein Stellvertreter Michael Derlin.

Die AVA versuchte am 1. Mai 2017 eine eigene Veranstaltung in Düsseldorf durchzuführen, musste diese aber relativ kurzfristig wieder absagen. Als wesentlicher Grund der Absage wurde die Sorge um die Sicherheit der Teilnehmer_innen sowie der Polizeibeamt_innen genannt. Für die »Großveranstaltung« in der nordrhein-westfälischen Landeshauptstadt rechnete die AVA mit mehr als 1000 Anhänger_innen; ge-

---

[1] Alternative Vereinigung der Arbeitnehmer (AVA) (2016): Thesenpapier zur Arbeits- und Sozialpolitik, 4. April 2016. Online unter: www.ava-bund.de/THESENPAPIER/ [letzter Zugriff: 15.6.2017]; Orthografie wie im Original.

plant waren Redebeiträge von Guido Reil, Uwe Witt und als Hauptredner »ein prominenter Politiker aus dem Nachbarland«. Der eigentliche Grund für die Absage dürfte aber wohl eher die Sorge vor einer zu geringen Teilnehmerzahl gewesen sein.

Guido Reil (AVA): »Jetzt will der Tiger Sozis jagen«[2]

Nach seinem Hauptschulabschluss begann Guido Reil mit 16 Jahren eine Schlosserlehre und trat daraufhin der Gewerkschaft bei. Bis heute ist er Mitglied der IG BCE geblieben und arbeitet als Steiger und Betriebsrat im letzten aktiven Steinkohle-Bergwerk im Ruhrgebiet, Prosper-Haniel in Bottrop. Ferner war Reil 26 Jahre lang Mitglied der SPD und für diese u.a. Ratsherr in Essen, einer traditionellen SPD-Hochburg. Im Jahre 2016 zerstritt Reil sich jedoch mit seinen Parteikollegen und trat im Mai desselben Jahres aufgrund konträrer Ansichten in der Flüchtlingspolitik aus der SPD aus – konkret ging es hier vor allem um die Unterbringung von Flüchtlingen in Essen-Karnap. Wenige Wochen zuvor wollte Reil noch Vize-Vorsitzender der Essener SPD werden, scheiterte mit seinem Vorhaben aber beim Unterbezirksparteitag im Mai 2016. Am Ende stimmten gerade einmal 21,5% der Delegierten für den Essener Bergmann, der im Vorfeld vermehrt mit asylkritischen und parteischädigenden Äußerungen aufgefallen war.

Nicht wenige Beobachter_innen unterstellten Reil daher, mehr aus einem persönlichen Rachefeldzug und parteiinternen Zwistigkeiten, denn aus politischer Überzeugung die Seiten gewechselt zu haben. Manche hegten sogar den Verdacht, dass Reils Eintritt in die AfD im Juli 2016 insbesondere aus Karrieregründen erfolgte, da die Zeche in Bottrop 2018 endgültig geschlossen werden soll und zuvor noch erfolgsversprechende Landtags- und Bundestagswahlen für die AfD anstanden. Mit Blick auf Äußerungen Reils wenige Wochen nach seinem SPD-Austritt wirken derartige Vermutungen und Schlussfolgerungen nicht unbegründet. In einem Interview mit dem Wochenmagazin »FOCUS« äußerte sich Reil, der einer sozialdemokratischen Familie entstammt, wie folgt: »Mit der SPD ist das wie nach einer langen Ehe: Man muss nach der Scheidung

---

[2] Guido Reil, zit. n. Schmelzer, Thomas (2016): Guido Reils Rachefeldzug gegen die SPD. In: Wirtschaftswoche, 9. Mai 2017. Online unter: www.wiwo.de/politik/deutschland/afd-im-ruhrgebiet-guido-reils-rachefeldzug-gegen-die-spd/19775336.html [letzter Zugriff: 12.6.2017].

ein paar Tage allein bleiben und sich auf sich selbst besinnen. Aber die AfD ist sicher keine Option, denn es gibt viele Themen, die mir wichtig sind, die überhaupt nicht dieser Ideologie entsprechen. Ich pflege auch weiterhin einen guten freundschaftlichen Kontakt zu meinen SPD-Kollegen im Rat.«[3] Im Juli 2016 trat der ehemalige »Vorzeige-Sozialdemokrat«[4] Reil aber schließlich der AfD bei – für viele seiner ehemaligen politischen Weggefährten eine doch recht plötzliche Kehrtwende.

Bundesweite Bekanntheit erreichte Guido Reil durch seine Auftritte in der ARD-Talksendung »hart aber fair« am 5. September 2016 und bei Markus Lanz am 20. September 2016, wo er sich als Stimme der konservativen Arbeiter präsentierte – später folgte gar die Selbstbezeichnung als »national denkender Sozialdemokrat«.[5] Die Essener »Arbeiterwohlfahrt« (AWO) schloss Reil, der sich bis dato in der Seniorengruppe in Karnap (Seniorenfahrdienst) engagierte, aufgrund seiner AfD-Mitgliedschaft und seiner Äußerungen über Flüchtlinge aus, da sie im Widerspruch zu den grundsätzlichen Werten der Organisation stünden. Das AWO-Schiedsgericht des Bezirksverbands Niederrhein bestätigte im Februar 2017 diese Entscheidung und beschloss, die Mitgliedschaft Reils zunächst für die Dauer eines Jahres ruhen zu lassen.

Gerade im Zuge der Aufstellung der NRW-Landesliste äußerten zahlreiche AfD-Mitglieder massiv Kritik an einer Listenplatzvergabe an Guido Reil. Dies belegen u.a. Ausschnitte aus internen WhatsApp-Protokollen, die vom Portal *correctiv.org* veröffentlicht wurden. Darin wird Reil immer noch als »Sozi« bezeichnet und sein plötzlicher Gesinnungswandel in Zweifel gezogen.[6] Am Ende wurde Reil auf Listenplatz 26 gewählt,

---

[3] Guido Reil, zit. n. Haltaufderheide, Ida (2016): Interview mit Ratsherr Guido Reil. SPD-Austritt nach 26 Jahren: »Ich will kein Genosse mehr sein«. In: FOCUS, 19.5.2016. Online unter: www.focus.de/politik/ deutschland/ratsherr-guido-reil-ich-war-26-jahre-lang-in-der-spd-jetzt-will-ich-kein-genosse-mehr-sein_id_5546127.html [letzter Zugriff: 12.6.2017].

[4] Stenglein, Frank/Kintscher, Wolfgang (2016): Essener Ex-SPD-Ratsherr Guido Reil will der AfD beitreten. In: Der Westen, 1.7.2016. Online unter: www.derwesten.de/staedte/essen/essener-ex-spd-ratsherr-guido-reil-will-der-afd-beitreten-id11966138.html [letzter Zugriff: 7.8.2017].

[5] Guido Reil, zit. n. Stenglein, Frank (2017): Guido Reil: »Wer Probleme offen anspricht, ist kein Nazi« (Interview mit Guido Reil). In: Westdeutsche Allgemeine Zeitung (WAZ), 3.1.2017. Online unter: www.waz.de/staedte/essen/guido-reil-wer-probleme-offen-anspricht-ist-kein-nazi-id209152167.html [letzter Zugriff: 4.8.2017].

[6] Vgl. Schraven, David (2016): Guido Reil, der nützliche Stimmenfänger. In: Correctiv.org, 26.11.2016. Online unter: correctiv.org/blog/ruhr/artikel/2016/11/26/gui-

was ihm letztlich aber nicht zu einem Einzug in den nordrhein-westfälischen Landtag verhalf und auch seine Position innerhalb der Partei nicht im erhofften Maße stärkte. Allerdings ist anzumerken, dass Gudio Reil in Essen-Karnap immerhin 20,3% der Zweitstimmen erzielte – die SPD verlor dort im Vergleich zur Landtagswahl 2012 über 16%.[7]

Uwe Witt (AVA): »Wir [die AfD] sind seit 30 Jahren die erste ernstzunehmende Bedrohung, die diesen Parteifilz der Korruption und der Misswirtschaft entgegentritt«[8]

Uwe Witt trat bereits Mitte 2013 in die AfD ein und ist heute Bundesvorsitzender der AVA. Witt war, eigenen Aussagen zufolge, bislang u.a. als selbständiger Unternehmer, Personalchef und Sozialbetreuer tätig.

---

do-reil-der-nuetzliche-stimmenfaenger-der-afd/ [letzter Zugriff: 17.8.2017].

[7] Vgl. Stadt Essen (2017): Landtagswahl am 14. Mai 2017 in Essen: Informationen – Ergebnisse – Analysen. Wahlen 32 (Teil I). Amt für Statistik, Stadtforschung und Wahlen. Essen. media.essen.de/media/ wwwessende/aemter/12/LW_2017_bu_Teil_I.pdf [letzter Zugriff: 7.8.2017].

[8] Witt, Uwe (2017): Bewerbungsrede als Listenkandidat zur Bundestagswahl, Landeswahlversammlung der AfD-NRW in Troisdorf (4.-5.3.2017). Online unter: www.youtube.com/watch?v=0Nhfzt2eG3A [letzter Zugriff: 4.7.2017].

Ferner war der AVA-Vorsitzende einst auch Mitglied der IG Metall und Beschäftigter bei der Thyssen AG.[9] Auf der Landeswahlversammlung der AfD-NRW in Troisdorf gewann er die Stichwahl um den Listenplatz 13 und setzte sich damit gegen David Eckert, Vorsitzender der Düsseldorfer AfD-Hochschulgruppe, durch. Laut Witt verfolgte die AVA zunächst nicht das Ziel, als Gewerkschaft aktiv zu werden. Gegenüber der Rheinischen Post äußerte sich Witt hierzu im April 2017 wie folgt: »Wir verstehen uns vielmehr, ähnlich wie der CDA [Christlich-Demokratische Arbeitnehmerschaft Deutschlands; CDU] oder CSA [Christlich-Soziale Arbeitnehmerschaft, heute Arbeitnehmer-Union; CSU] als Sprachrohr

[9] Vgl. Bensmann, Marcus (2016): Der Arbeiterpakt in der AfD. In: Correctiv.org, 11.9.2016. Online unter: correctiv.org/recherchen/neue-rechte/artikel/2016/09/11/der-arbeiterpakt-der-afd/ [letzter Zugriff: 4.8.2017].

und Interessenvertretung unserer Mitglieder im Hinblick auf die arbeits- und sozialpolitische Ausrichtung der AfD.«[10]

Uwe Witt (AVA): Bewerbungsrede als Listenkandidat zur Bundestagswahl; Landeswahlversammlung der AfD-NRW in Troisdorf, 5. März 2017[11]

»(...) Liebe Freunde. Wie können wir den Status quo ändern? Was ist zu tun? Wir brauchen eine soziale Marktwirtschaft, die diese Bezeichnung auch wieder verdient. Wir brauchen kein soziales Gießkannensystem, das seine Wohltaten über jeden ausgießt, unabhängig davon, ob er einen tatsächlichen Bedarf hat oder nicht.

---

[10] Uwe Wit, zit. n. Plück, Maximilian/Rathcke, Julia (2017): Auf Stimmenfang in Gewerkschaften. Wie die AfD um die Arbeiter buhlt. In: Rheinische Post, 4.4.2017. Online unter: www.rp-online.de/wirtschaft/afd-auf-stimmfang-in-den-gewerkschaften-aid-1.6733128 [letzter Zugriff: 4.8.2017].

[11] Online unter: www.youtube.com/watch?v=0Nhfzt2eG3A; Transkription durch die Herausgeber.

Der Sozialstaat muss auf diejenigen beschränkt werden, die aus eigener Kraft nicht existieren können. Ihnen sollte geholfen werden! Damit auch sie die Rechte und Pflichten unserer Gesellschaft wahrnehmen können.

Der wichtigste Faktor für mich ist die Eigeninitiative der Menschen. Der Leistungswille der klein- und mittelständischen Unternehmen, der Fleiß und die Kreativität der Handwerker und der Freelancer sowie die Wertarbeit der Angestellten und Arbeiter. Ich will, dass die soziale Kraft des Marktes sich wieder frei entfalten kann. Der Markt, nicht der Sozialstaat muss es den Menschen ermöglichen, am wirtschaftlichen Aufschwung zu partizipieren.

Und die Eingriffe des Staates dürfen sich nicht immer auf neue und höhere Steuern für Arbeitnehmer und Unternehmer beschränken [im Original unverständlich]. Sie dürfen nicht aus immer neuen Umweltauflagen und Erschwernissen für Unternehmen bestehen, so dass diese unser Land verlassen und sich im europäischen Umfeld ansiedeln. Sie dürfen nicht aus Kartellbildung zulasten der klein- und mittelständischen Unternehmen bestehen, bei denen Tausende von Arbeitsplätzen entfallen [sic!].

Wir brauchen eine gezielte Förderung von klein- und mittelständischen Unternehmen als Keimzelle der deutschen Wirtschaft, um Arbeitsplätze zu erhalten und den Begriff ›Made in Germany‹ wieder zu mehr weltweiter Bedeutung zu bringen.

Das wofür die AfD und somit wir alle stehen, ist das letzte Bollwerk vor der linken Versozialisierung Europas auf Deutschlands Kosten. Und eines, liebe Parteifreunde, dürfen wir niemals aus den Augen verlieren: Die Bedrohung unserer freiheitlichen demokratischen Grundordnung durch eine im Mittelalter verhaftende [sic!] Religion, den Islam. Hier sind wir das einzige Sprachrohr der Bürgerinnen und Bürger unseres Landes, um eine politische Einflussnahme des Islam in Deutschland zu verhindern.

Lasst uns die Kontrolle über unser Vaterland zurückholen und lasst uns den Menschen den Stolz auf unser Land zurückgeben!«

Arbeitnehmer in der AfD (AidA)

Auszüge aus dem AidA-Programm (Schwerpunkt: Arbeitsmarkt- und Sozialpolitik):

»Ein Betriebsrat ist ein wichtiger Bestandteil in Unternehmen, um die Interessen der Belegschaft zu vertreten und zu wahren. Der Skandal um den ehemaligen VW Betriebsrat jedoch zeigt auf, dass Betriebsräte, statt die Interessen der Belegschaft verantwortlich und nachhaltig zu vertreten, mehr am eigenen Machterhalt interessiert sind und eher den Arbeitgebern zugeneigt sind (...).

Die Betriebsräte vor Ort müssen unabhängiger von gewerkschaftlichen Einflüssen gemacht werden, auch um diesen im Betrieb vor Ort mehr Handlungsspielraum einzuräumen, denn können sie [sic!] die Gegebenheiten vor Ort im Unternehmen oftmals weitaus besser einschätzen und beurteilen.«[12]

Die AidA versteht sich als Interessengemeinschaft der Arbeiternehmer_innen innerhalb der AfD. Gegründet wurde sie im Februar 2014 in Lüneburg. Bundesvorsitzende sind Christian Waldheim und Robert Buck. Für Schlagzeilen sorgte die AidA im März 2017, als sie Strafanzeige gegen ver.di stellte. Hintergrund war eine vom ver.di Bezirk Weser-Ems veröffentlichte »Handlungshilfe für den Umgang mit Rechtspopulisten in Betrieb und Verwaltung«, die man als eine »gewerkschaftliche Anleitung für Spionage, Denunziation und Diskriminierung«[13] wertete. Zum 1. Mai plante die AidA eine Kundgebung in Hamburg unter dem Titel »Das neue Rot der Arbeitnehmer ist blau« und kündigte im Vorfeld etwa 2000 Teilnehmer_innen an. Am 26. April wurde die Veranstaltung letztlich vonseiten der AidA-Verantwortlichen aufgrund »organisatorischer Gründe« abgesagt. In Wahrheit dürfte aber wohl eher die mangelnde Organisationsstärke der Beweggrund für die kurzfristige Absage gewesen sein

---

[12] Arbeitnehmer in der AfD (AidA) (2017): Ideen für eine moderne und zukunftsorientierte Arbeitsmarkt- und Sozialpolitik. Online unter: aidabund.de/programm/ [letzter Zugriff: 3.7.2017].

[13] Arbeitnehmer in der AfD (AidA) (2017): AidA stellt Strafanzeige gegen verdi wegen Handlungshilfe. Online unter: aidabund.de/2017/03/30/strafanzeige-gegen-verdi-wegen-handlungshilfe/ [letzter Zugriff: 15.6.2017].

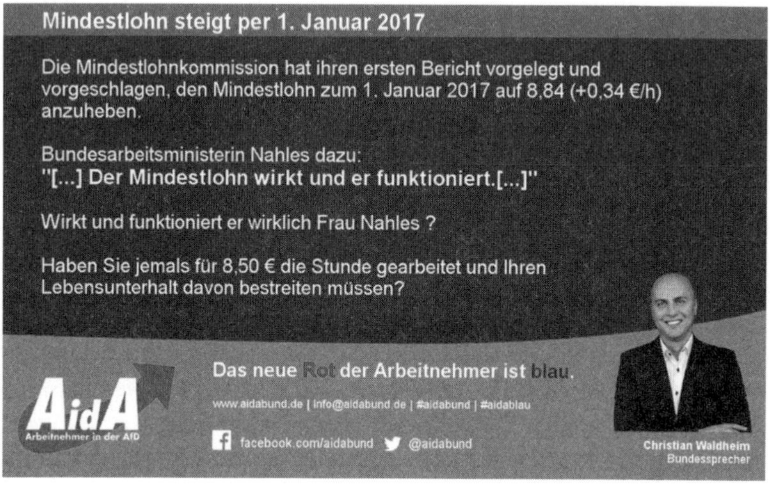

– war doch schon absehbar, dass nur wenige der prognostizierten Teilnehmer_innen wirklich zur geplanten Kundgebung kommen würden.

Die AidA ist, wie Rainer Roeser berechtigter Weise anmerkt, »faktisch nur in Hamburg und Baden-Württemberg«[14] vertreten. Dies zeigt auch ein Blick auf die Homepage von AidA und die dort aufgelisteten Landesverbände (inkl. der jeweils angegebenen Kontaktadressen): Für Rheinland-Pfalz, Niederbayern und Oberbayern, Saarland, Hessen, Thüringen, Sachsen, Nordrhein-Westfalen, Sachsen-Anhalt, Brandenburg und Berlin wird kein direkter Ansprechpartner genannt, sondern lediglich eine Hamburger Kontaktnummer angegeben. Mecklenburg-Vorpommern und Schleswig-Holstein fallen scheinbar in den Verantwortungsbereich von Christian Waldheim; für Niedersachsen und Bremen ist Robert Buck zuständig. Einzig der AidA-Landesverband Baden-Württemberg weist eine eigene, obgleich rudimentäre Struktur auf: Landesvorsitzender ist Stephan Schwarz, sein Stellvertreter Daniel Lindenschmid; als Beisitzer wird Sven-Uwe Epple aufgeführt.[15]

---

[14] Roeser, Rainer (2017): AfD-Funktionäre wollen »Gewerkschafter« werden. In: Blick nach Rechts, 2.6.2017. Online unter: www.bnr.de/artikel/hintergrund/afd-funktion-re-wollen-gewerkschafter-werden [letzter Zugriff: 20.6.2017].

[15] Siehe aidabund.de/landesverbaende/bw/ sowie www.facebook.com/aidabw.

Robert Buck (AidA): »Zeit für freie Gewerkschaften!«[16]

Robert Buck ist angestellt als Luftsicherheitsassistent beim Hamburger Flughafen und war früher SPD- und Gewerkschaftsmitglied (ver.di). Wie er in einem Interview mit dem SPIEGEL anmerkte, reiste er in Jugendjahren mit der »Sozialistischen Deutschen Arbeiterjugend« (SDAJ) in die DDR und engagierte sich für Frieden und gegen Waffenexporte.[17] Heute ist Buck zusammen mit seinem Parteikollegen Christian Waldheim Bundessprecher der AidA. Auf diversen Fotos, so auch bei Facebook, posiert Buck mit einer Thorshammer-Halskette, welche in ihrer Symbolik zwar nicht per se dem Rechtsextremismus zuzuordnen ist, aber sich schon im 19. Jahrhundert in der völkischen Bewegung großer Beliebtheit erfreute und auch heute noch in der rechten Szene gerne getragen wird. Auffällig sind ebenso die zahlreichen Facebook-Einträge von Buck,[18] die eine zumindest ideologische Nähe zur so genannten Identitären Bewegung vermuten lassen. So postete Buck 2016 mehrmals Aktionen dieser neurechten Gruppierungen auf seiner Facebook-Seite; z.B. jene am Kölner Hauptbahnhof (Dezember 2016), am Maria-Theresien-Denkmal in Wien (November 2016) oder am Brandenburger Tor (August 2016).

---

[16] Robert Buck via Facebook, 28. März 2017.

[17] Vgl. Godeck, Daniel/Knaup, Horand (2017): Stachel im Fleisch. In: DER SPIEGEL, Nr. 12: 26-29.

[18] Die Facebook-Seite von Robert Buck ist seit Juli 2017 nicht mehr erreichbar.

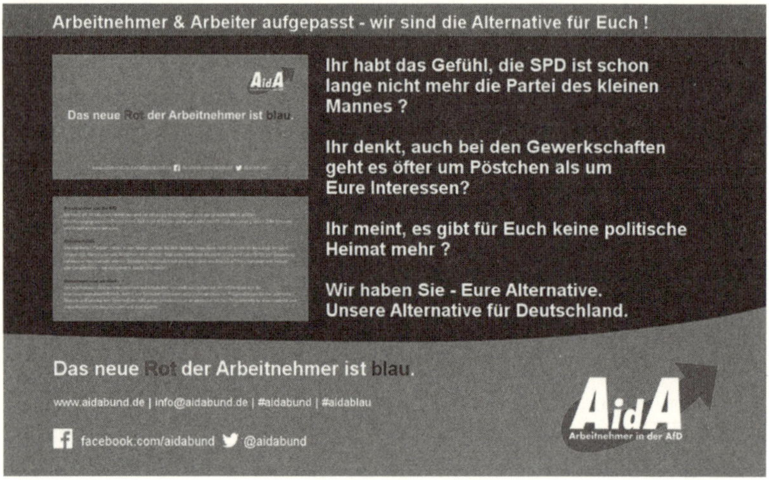

Bezüglich eines Berichts des Berliner Kuriers, der sich kritisch mit der letztgenannten Aktion auseinandersetzte und diese als rechte Propagandatat verurteilte, kommentierte Buck: »So hetzt die Systempresse gegen den friedlichen Protest der Identitären.«[19]

Den Gewerkschaften wirft Buck vor, dass sie nicht mehr die Interessen der Arbeiter_innen vertreten, sondern vielmehr reine Parteipolitik betreiben würden. Als die IG Metall Hannover im August 2016 auf ihrer Delegiertenversammlung mit einer Plakataktion gegen die Wahl der AfD bei den niedersächsischen Kommunalwahlen aufrief, reagierte Robert Buck via Facebook wie folgt: »Gewerkschaften sollen Arbeitnehmer- und nicht Parteipolitik machen! Es wird Zeit für eine neue Gewerkschaft, eine Gewerkschaft [sic!] die für alle Arbeitnehmer da ist und nicht in gute und schlechte Arbeitnehmer unterteilt.«[20] Im März 2017 erneuerte Buck diese Forderung: »Es wird Zeit für freie Gewerkschaften [sic!] die sich um die Rechte aller Arbeitnehmer kümmern und nicht erst nach dem Parteibuch fragen!«[21]

---

[19] Robert Buck via Facebook, 29.8.2016.
[20] Robert Buck via Facebook, 27.8.2016.
[21] Robert Buck via Facebook, 25.3.2017.

Und auch bezüglich der Debatte um die Dresdner Rede[22] von Björn Höcke und das vom AfD-Bundesvorstand im Anschluss daran eingeleitete Parteiausschlussverfahren stellte Buck unmissverständlich klar: »Ein Parteiausschluss von Björn Höcke ist meiner Meinung nach der völlig falsche Weg. Wir brauchen Einheit, nicht Spaltung!«[23] Zuvor hatte Buck bereits kritisch angemerkt: »Hieran zeigt sich sehr gut wie sehr, auch in der AfD, einige mit Kanonen auf Spatzen schießen. Die Rede von Björn Höcke war keine AfD Grundsatzrede. Man sollte öfter mal den Ball flach halten [sic!] statt sich immer sofort über jede Rede eines Landesvorsitzenden aufzuregen. Einige fordern schon die Rote Karte und setzen sich damit selber unter Zugzwang, doch damit ist niemandem gedient, allenfalls dem politischen Gegner!«[24]

Christian Waldheim (AidA): »Ich bin weder Links, noch Mitte, noch Rechts – ich bin Realist und Patriot«[25]

Christian Waldheim ist in Hamburg geboren, machte eine Ausbildung zum Versicherungskaufmann und ist, nach eigenem Bekunden, seit über »25 Jahren in verschiedenen Positionen in der Finanzdienstleistungsbranche tätig«.[26] Waldheim ist sowohl Bundesrechnungsprüfer der AfD als auch (zusammen mit Robert Buck) Bundessprecher der AidA. In einer Rede zum Thema Wirtschaft und Soziales beim AfD-Kreisverband Fürth/Neustadt an der Aisch im November 2016 warf Waldheim den Gewerkschaften vor, eher ein verlängerter Arm der Politik zu sein, denn als Interessenvertretung der Arbeitnehmer_innen in Erscheinung zu treten. Viele organisierte Kolleginnen und Kollegen würden die Gewerkschaften folglich nicht mehr als ihre Interessenvertretung verstehen und sich zunehmend von ihnen abwenden.[27] Und weiter führte Waldheim aus:

---

[22] In dieser Rede am 17.1.2017 im Dresdner Ball- und Brauhaus Watzke bezeichnete Höcke das Holocaust-Mahnmal in Berlin als »Denkmal der Schande« und forderte »eine erinnerungspolitische Wende um 180 Grad«.

[23] Robert Buck via Facebook, 13.2.2017.

[24] Robert Buck via Facebook, 20.1.2017.

[25] Christian Waldheim via Facebook, 30.11.2016.

[26] Waldheim, Christian (2017): Über mich. Online unter: christianwaldheim.de/uebermich/ [letzter Zugriff: 2.7.2017].

[27] Vgl. Waldheim, Christian (2016): Wirtschaft und Soziales (Vortrag beim AfD-Kreisverband Fürth/Neustadt an der Aisch). Hochgeladen via YouTube von der AfD Franken am 14.11.2016; online unter: www.youtube.com/watch?v=H11UetTNBU8 [letzter Zugriff: 4.7.2017].

»Es scheint, als wären aus den Interessenvertretungen der Arbeitnehmer Interessenvertretungen für die eigenen Belange geworden. Und es drängt sich vielen Mitgliedern der Gewerkschaften (…) der Gedanke auf, als bestünden die Gewerkschaften nur noch um ihrer selbst willen. (…) Umso wichtiger ist es, dass sich, ähnlich wie in der politischen Landschaft, die AfD ein Korrektiv in Form alternativen Gewerkschaften bildet [sic!]. Gewerkschaften, die sich unseres Erachtens wieder den ursprünglichen Gedanken zu 100% verpflichtet fühlen.«[28] Als ersten Schritt in diese Richtung kündigte Waldheim die Gründung einer »alternativen Gewerkschaft im Bereich der Sicherheitsbranche«[29] an, die unter Federführung seines AidA-Kollegen Robert Buck zukünftig den etablierten Gewerkschaften (allen voran ver.di) Paroli bieten solle. Es bleibt in diesem Zusammenhang aber äußerst fraglich, ob diese »alternative« Gewerkschaft überhaupt jemals gegründet worden ist. Bislang jedenfalls sind keine Anzeichen hierfür erkennbar.

»Alternative öffentlicher Dienst« (AöD)

In die AidA-Struktur gewissermaßen integriert ist die »Alternative öffentlicher Dienst« (AöD), die bislang jedoch kaum sichtbar in Erscheinung getreten ist. AidA und AöD begreifen sich als Partnerorganisationen. Die AöD selbst spricht hier von einer »Kooperation«.[30] Schon im August 2016 war diesbezüglich zu lesen, dass sich AidA und AöD »beide [als] Interessengemeinschaften innerhalb der AfD nicht als Konkurrenz untereinander [verstehen], sondern (…) miteinander [kooperieren], um die dabei entstehenden Synergieeffekte für ihre Mitglieder nutzen zu können.«[31] Christian Waldheim, Bundesvorsitzender von AidA, bezeichnet denn auch folgerichtig die AöD als »Kooperationspartner«.[32] Sinnbildlich für diese Kooperation und scheinbar enge Zusammenarbeit steht zum einen die Auflistung der AöD als Partnerorganisation auf der offiziellen AidA-Webseite,[33] zum anderen ein gemeinsamer Werbeflyer, der

---

[28] Ebd.
[29] Ebd.
[30] Siehe zum Beispiel. AöD via Facebook, 9.3.2017.
[31] AöD via Facebook, 15.8.2016.
[32] Christian Waldheim via Facebook, 1.2.2017.
[33] Siehe: aidabund.de/alternativeoeffentlicherdienst [letzter Zugriff: 4.7.2017].

im Februar 2017 erschienen ist und auf dem sowohl die AidA als auch die AöD gemeinsam für sich werben.[34]

Die AöD wurde auf Initiative von Mitgliedern des AfD-Landesverbands NRW am 1. Oktober 2015 gegründet. Bundessprecher ist Markus Matzerath, sein Stellvertreter Roland Oschlies – beide kommen aus der Region Aachen. Die Facebook-Einträge der AöD weisen einen deutlichen Schwerpunkt in den Themenfeldern Sicherheit und Ordnung auf. Gerne wird hier z.B. auch auf Beiträge und Informationen der »Gewerkschaft der Polizei« (GdP) zurückgegriffen[35] oder auf Stellenabbau und Überstunden im Bereich der Polizei hingewiesen. Schätzungsweise sind in der AöD kaum mehr als 15 Personen aktiv.

Christian Waldheim: Videoblog: Gewerkschaften in Deutschland, 1. März 2017 (via YouTube)[36]

»(…) Am 7. Mai finden in Schleswig-Holstein die Landtagswahlen statt, am zweiten dritten [2.3.2017] wollte die schleswig-holsteinische AfD zusammen mit vielen Gästen, u.a. Frauke Petry, im Kieler Schloss den Landtagswahlkampf feierlich eröffnen. Leider kann diese Veranstaltung nicht durchgeführt werden, da u.a. die ver.di Gewerkschaft und ein Aktionsbündnis gegen Rechts öffentlich den Vermieter dazu aufgerufen hat [sic!], den Mietvertrag zu kündigen, so dass die AfD diese Veranstaltung nicht durchführen kann.

Nun, bei der Gewerkschaft ver.di stelle ich mir die Frage: Ist das eure Aufgabe? Ist das die Aufgabe einer Gewerkschaft, der verlängerte Arm der Politik zu sein? Politik zu betreiben außerhalb der Interessen ihrer Mitglieder. Oder ist es nicht vielmehr wirklich die Kernaufgabe einer Gewerkschaft, Interessenvertretung der Arbeiter und Angestellten, sprich ihrer Mitglieder, zu sein? Ich denke schon. Und die Rolle der Gewerkschaften muss deutlich neu überdacht werden.

Und, liebe Gewerkschaftsfunktionäre, wundert euch nicht, dass die Mitglieder euch in Scharen davonlaufen. Denn wenn ihr euch nicht wieder zurückbesinnt auf das, was Gewerkschaften einst auszeichneten,

---

[34] Siehe: aidabund.de/wp-content/uploads/aida/AidA-AoeD-Flyer_DINlang-02.2017.pdf [letzter Zugriff: 4.7.2017].

[35] Exemplarisch steht hierfür etwa ein Beitrag der »Junge Gruppe – GdP Hamburg« vom 18.6.2017, der von der AöD noch am selben Tag via Facebook geteilt wurde und die Folgen von gewaltsamen Ausschreitungen in der Rigaer Straße in Berlin kommentierte.

[36] Online unter: www.youtube.com/watch?v=-lVa4TtUeqQ [letzter Zugriff: 4.7.2017]; Transkription durch die Herausgeber.

einst großgemacht haben, dann werden euch die Mitglieder weiterhin in Scharen, und das auch völlig zu Recht, davonlaufen.

Denn ihr seid ... was ... was seid ihr? ... welche Rolle ... welche Rolle spielt ihr? Seid ihr nur noch da um eurer selbst willen? Sind Gewerkschaften heutzutage nur noch Pöstchenbeschaffungsinstitute mit Alibivertretungsfunktion? Ich denke nicht. Also, liebe Gewerkschaftsfunktionäre, überlegt eure Rollen, sonst ist euer Ende sicherlich sehr nahe.

Und ein Appell an alle Mitglieder von Gewerkschaften: Überdenkt einfach mal, was mit euren Beiträgen alles so finanziert wird. In diesem Sinne, denken Sie dran, das neue Rot der Arbeitnehmer ist blau! (...)«

Alternativer Arbeitnehmerverband Mitteldeutschland (ALARM!)

Auszüge aus einem Facebook-Beitrag vom 22. Mai 2017:
»Trotz einer angeblichen Boom-Phase der deutschen Wirtschaft gibt es Millionen von Arbeitslosen, Leiharbeitern, geringfügig Beschäftigten und Scheinselbstständigen. In diesem Millionenheer sind auch die Scharen von Migranten inbegriffen, die in den vergangen [sic!] Jahrzehnten in unser Land gelassen wurden.

(...) Die mit dem vorübergehenden Rückgang der angestammten Bevölkerung angeblich auftretenden Probleme der deutschen Wirtschaft können und dürfen nicht dadurch gelöst werden, dass Millionen Migranten ihrer Heimat entfremdet und aus fernen Kulturkreisen mit Kind und Kegel in die Bundesrepublik verschoben werden.«[37]

ALARM! ist die dritte und zugleich jüngste Arbeitnehmerorganisation in der AfD. Als deren Initiator gilt Jürgen H. Pohl, der das Wahlkreisbüro von Björn Höcke leitet und Beisitzer im Thüringer AfD-Landesvorstand ist. Die offizielle Gründungsveranstaltung erfolgte am 1. Mai 2017 im Rahmen einer Demonstration des Thüringer AfD-Landesverbands unter dem Motto »Sozial ohne rot zu werden!« in Erfurt, an der ca. 1200 AfD-Anhänger_innen teilnahmen. Neben Pohl waren u.a. auch Martin Reichardt, Offizier der Reserve und Spitzenkandidat der AfD Sachsen-Anhalt für die Bundestagswahl 2017, Oliver Kirchner, Magdeburger AfD-Landtagsabgeordneter und Mitglied im dortigen Ausschuss Arbeit, Soziales und Integration, Brigit Bessin, Geschäftsführerin der AfD-Landtagsfraktion in Brandenburg, sowie Andreas Kalbitz, Vorsitzender der Potsdamer AfD-Landtagsfraktion, an der Gründung von ALARM! beteiligt. Thomas Matzke von der Patriotischen Plattform in NRW äußerte sich im Hinblick auf die Gründung von ALARM! wie folgt: »Die bereits bestehenden Organisationen innerhalb wie außerhalb der AfD (AVA, AidA) entsprechen derzeit nicht annährend [sic!] den Erwartungen und

[37] Siehe: www.facebook.com/wirschlagenALARM/ [letzter Zugriff: 4.8.2017].

sind in der Zielgruppe der Arbeitnehmer bedeutungslos. Ich wünsche ALARM gutes Gelingen und viel Erfolg.«[38]

Vertreter von AVA und AidA äußerten sich durchweg kritisch bezüglich der Gründung dieser nunmehr dritten bzw. vierten (soweit man die AöD überhaupt als eigenständige und funktionsfähige Organisation betrachten kann) AfD-Arbeitnehmervertretung. Uwe Witt von der AVA sprach im Zuge dessen gar von einer »Spaltung der Partei in Ost und West«.[39] Und Christian Waldheim fragte sich in der Kommentarspalte auf der Facebook-Seite von Björn Höcke, warum nicht einer der bestehenden Organisationen (AVA oder AidA) für ein derartiges Projekt genutzt wurde. Eine Antwort bekam er nicht.

Jürgen H. Pohl (ALARM!): »Wir werden den Tag der Arbeit aus den Händen dieser Arbeiterverräter entreißen«[40]

Jürgen H. Pohl ist Initiator und Gründungsmitglied von ALARM! und zog bei der Bundestagswahl 2017 auf Platz zwei der AfD-Landesliste Thüringen in den Bundestag ein. Außerdem kandidierteer als Direktkandidat für den Bundestagswahlkreis 189 (Eichsfeld – Nordhausen – Kyffhäuserkreis). Er leitet das Wahlkreisbüro von Björn Höcke und koordiniert in

[38] Thomas Matzke zit. n. AVA via Facebook, 1.5.2017. Siehe: www.facebook.com/permalink.php?sto ry_fbid=932687710207335&id=512869408855836 [letzter Zugriff: 4.8.2017].

[39] Uwe Witt/AVA via Facebook 1.5.2017.

[40] Entnommen aus der Gründungsrede von ALARM! am 1. Mai 2017 in Erfurt (siehe unten).

Zuge dessen auch die Aktivitäten der parteiinternen Gruppierung »Der Flügel« in Thüringen. Auf der Gründungsveranstaltung von ALARM! äußerte er sich gegenüber den Gewerkschaften unmissverständlich: »Drüben am Anger [zentraler Platz in Erfurt] kann man sie besichtigen, die korrumpierten Gewerkschaftsfunktionäre, die neoliberalen Linken, die Sozialdemokraten, die Lügenreden halten zum Tag der Arbeit. Und wenn sie wieder in ihren Partei- und Gewerkschaftsstuben sitzen, dann verraten sie die Interessen der Arbeitnehmer. Damit muss Schluss sein, liebe Freunde, darum schlagen wir ALARM!«[41]

Pohl ist 2013 in die AfD eingetreten und seit Oktober 2016 Mitglied des Thüringer AfD-Landesvorstands. Er gilt als enger Vertrauter Björn Höckes, was sich auch darin widerspiegelt, dass er dessen Wahlkreisbüro in Mühlhausen leitet. Der in Magdeburg geborene Pohl besitzt seit 1992 eine eigene Kanzlei und wirbt für sich mit dem Slogan »Als Volksanwalt, mit dem Volk für das Volk.«[42] Nach Recherchen des FOCUS steht Pohl der extremen Rechten zumindest nahe. In einer E-Mail an Höcke und dessen persönlichen Referenten Gerhard Siebold beklagte er 2014 zum Beispiel, dass einige AfD-Mitglieder sich an Protesten gegen eine Demonstration der NPD beteiligt hätten. Diese sei, so Pohl, jedoch eine

---

[41] Pohl, Jürgen (2017): Kämpft mit uns für Wohlstandslohn statt Mindestlohn! 1.5.2017. Online unter: www.youtube.com/watch?v=bwy_4NYZCk4 [letzter Zugriff: 4.7.2017].

[42] Jürgen Pohl via Facebook, 6.7.2017.

»legale Partei«[43] und damit eine Behinderung ihrer politischen Arbeit »schlicht verfassungsfeindlich«.[44] Des Weiteren warf Pohl diesbezüglich die Frage auf: »Kann mir einer sagen, was ist Extremismus, und was ist schlecht daran?«[45]

Und auch anhand einiger seiner jüngsten Aussagen lässt sich die politische Gesinnung des Höcke-Vertrauten deutlich erkennen. So betonte er in seiner Bewerbungsrede für die AfD-Landesliste im Februar 2017: »Der politische Gegner hat sich die Abschaffung des deutschen Staatsvolkes und die Vernichtung des Stolzes der deutschen Nation auf die Fahnen geschrieben«.[46] Für die schlechte Lohnentwicklung in Deutschland macht er in einer Positionsbestimmung via Facebook die »heutige Masseneinwanderung«[47] verantwortlich, die nur Nachteile für die deutschen Arbeitnehmer_innen brächte und letztlich – ganz in verschwörungstheoretischer Manier beschreibend – nur zum Nutzen »des internationale[n] Finanzkapital[s] und [für] Manager großer internationaler Exportkonzerne«[48] sei.

Jürgen H. Pohl: Die Gründungsrede des »Alternativen Arbeitnehmerverbandes Mitteldeutschland«; 1. Mai 2017, Erfurt[49]

»Liebe Freunde, werte Gegner, liebe Arbeitnehmer, liebe Arbeitslose, Hartz-IV-Empfänger, liebe Bürgerinnen und Bürger,

Wir hier im Osten, wir haben unsere Erfahrungen mit dem 1. Mai. Erst haben die Nazis ihn für sich reklamiert, dann die Stasi-Sozialisten

---

[43] Jürgen Pohl, zit. n. Niesmann, Andreas/Vogel, Hannes (2016): Sein Kampf. In: FOCUS, 23.01.2016. Online unter: www.focus.de/politik/deutschland/sein-kampf-wie-bjoern-hoecke-zum-kopf-der-thueringer-afd-wurde_id_5196213.html [letzter Zugriff: 8.8.2017].

[44] Ebd.

[45] Ebd.

[46] Jürgen Pohl, zit. n. Fiedler, Maria (2017): Wie radikal wird die AfD-Fraktion im Bundestag? In: Der Tagesspiegel, 15.3.2017. Online unter: www.tagesspiegel.de/themen/agenda/zukuenftige-abgeordnete-wie-radikal-wird-die-afd-fraktion-im-bundestag/19509804.html [letzter Zugriff: 8.8.2017].

[47] Jürgen Pohl via Facebook, 19.7.2017.

[48] Ebd.

[49] Pohl, Jürgen (2017): Kämpft mit uns für Wohlstandslohn statt Mindestlohn! 1.5.2017. Online unter: www.youtube.com/watch?v=bwy_4NYZCk4 [letzter Zugriff: 4.7.2017]; Transkription durch die Herausgeber.

und seit der Wende ist der 1. Mai zu einer Hohn- und Spott-Veranstaltung geworden.

Drüben am Anger [zentraler Platz in Erfurt] kann man sie besichtigen, die korrumpierten Gewerkschaftsfunktionäre, die neoliberalen Linken, die Sozialdemokraten, die Lügenreden halten zum Tag der Arbeit. Und wenn sie wieder in ihren Partei- und Gewerkschaftsstuben sitzen, dann verraten sie die Interessen der Arbeitnehmer. Damit muss Schluss sein, liebe Freunde, darum schlagen wir ALARM! Und ich sage euch eins: Wir halten nicht nur Reden, wir handeln. Wir werden den Tag der Arbeit aus den Händen dieser Arbeiterverräter entreißen.

Sein wir mal ehrlich. Was hat uns diese Politik dieser feinen Herrschaften, dieser Arbeiterverräter uns [sic!] gebracht? Sie brachten uns Niedriglöhne. Seit rund 20 Jahren sind die Realeinkommen der einfachen Leute kaum gestiegen; wir haben eine Millionen Minijobber; über eine Millionen Arbeitnehmer können von ihrem Lohn nicht leben; der Staat muss aufstocken. Meine Damen und Herren, wir begrüßen die Aufstocker unter uns.

Aber … aber eins sage ich euch: Die Vorstände … die Vorstände stopfen sich die Taschen voll. Liebe Freunde, es ist nicht nur dekadent, es ist Ausbeutung pur, wenn der Vorstandsvorsitzende eines Unternehmens das Hundertfache von dem verdient, was ein Arbeitnehmer bekommt. Wir haben eine Gesellschaft geschaffen, die den einfachen Arbeitnehmer verachtet – und das ist schlimm!

Und was hat uns diese Politik der Arbeiterverräter noch gebracht: Teilzeit, befristete Jobs. Viele von euch hangeln sich von Zeitvertrag zu Zeitvertrag. Vor allen Dingen die jungen Leute nach dem Studium. Ich frage euch: Wie sollen diese jungen Leute jemals eine Familie gründen. Das können sie nicht! Das ist eine Schande für Deutschland!

Aber es geht noch schlimmer, liebe Freunde – es geht noch viel schlimmer. Im Handel müssen Verkäuferinnen und Verkäufer inzwischen auf Abruf arbeiten. Der Arbeitnehmer muss jederzeit verfügbar sein. Liebe Freunde, das ist die moderne Form der Tagelöhnerei. War es das, was wir wollten, als wir für Deutschland auf die Straße gegangen sind? Nein. Wir wollten für harte Arbeit gutes Geld. Und das verlangen wir immer noch.

Und was hat uns die Politik der Gewerkschaftsbosse noch gebracht: Leiharbeit … Leiharbeit – die moderne Form der Sklaverei. Wir wollen kein ›Hire‹ und ›Fire‹ à la USA. Wir wollen feste Arbeitsplätze für alle.

Liebe Freunde … liebe Freunde, ich sag euch eins: Arbeit muss wieder etwas Wert sein. Ich meine nicht den materiellen Wert. Ich meine den

Wert in der Gesellschaft. Wir müssen der Arbeit ihren gesellschaftlichen Wert wieder zurückgeben. Nicht die Vorstandsvorsitzenden, nicht die Politiker, nicht die Gewerkschaftsbosse haben Deutschland aufgebaut. Ihr wart es, die Arbeitnehmer. Und deshalb müsst ihr wieder an die Spitze der Gesellschaft.

Liebe Freunde, werte Gegner, es gab eine Zeit, da war Deutschland stolz auf seine Arbeiter – im Westen wie im Osten. Da gingen die Arbeiter erhobenen Hauptes durch die Straßen. Und da müssen wir wieder hin. Wir wollen, dass Deutschland wieder stolz ist auf seine Arbeitnehmer. Wir wollen den Arbeitern ihre Würde zurückgeben.

Und genau aus diesem Grund gründen wir heute ALARM! Die Alternative Arbeitnehmervertretung [sic!] Mitteldeutschland. (…)

Kämpft mit uns für die Rechte der Arbeitnehmer. Kämpft mit uns für Wohlstandslohn statt Mindestlohn. Kämpft mit uns gegen Altersarmut – jeder soll eine Rente bekommen, die seiner [sic!] Lebensleistung anerkennt und ihm ein [sic!] sorgenfreien Lebensabend gibt. Kämpft mit uns für einen Staat, der die sozialen Risiken nicht auf seine Bürger abwälzt, sondern für seinen [sic!] Sozialstaat, der seinen Namen auch verdient. Kämpft mit uns, dass wir den 1. Mai diesen Verrätern entreißen.

Liebe Freunde, nehmen wir diesen 1. Mai als Aufbruch in den Kampf für einen solidarischen Patriotismus. Für die Arbeitnehmer, für unser Deutschland. Dankeschön!«

Quellen der zitierten Plakate und Sharepics:

S. 209, links: AfD-NRW via Facebook, 21.4.2017
S. 209, rechts: AVA via Facebook, 2.6.2017
S. 210: AfD-NRW via Facebook, 8.5.2017
S. 211: AVA via Facebook, 17.4.2017
S. 214: AidA via Facebook, 29.6.2016
S. 215: AidA via Facebook, 27.4.2017
S. 216: AidA via Facebook, 12.8.2016
S. 222, links: ALARM! via Facebook, 1.5.2017
S. 222, rechts: ALARM! via Facebook, 3.5.2017
S. 223, links: ALARM! via Facebook, 15.5.2017
S. 223, rechts: ALARM! via Facebook, 19.5.2017

Autorinnen und Autoren

Tim Ackermann arbeitet als Bildungsreferent des DGB Bildungswerk NRW e.V. und organisiert mit und für verschiedene Geschäftsstellen der IG Metall in NRW die Bildungsarbeit. Im Jahr 2017 hat er für die IG Metall NRW mehrere Seminare zum Thema »AfD und Gewerkschaften – Rechtspopulismus ist keine Alternative« durchgeführt. Zuvor war er Jugendbildungsreferent des DGB in der Region Ruhr-Mark/NRW und hatte u.a. den Arbeitsschwerpunkt deutsch-israelischer Austausch.

Björn Allmendinger, M.A., ist Studienleiter des Gesamteuropäischen Seminars im Bildungszentrum HVHS Hustedt, Vorsitzender der bundesweiten Arbeitsgemeinschaft der Ost-West-Institute und Lehrbeauftragter am Institut für Politische Wissenschaft der Universität Hannover.

Dietrich Burggraf, Dipl. Päd., war Leiter und Geschäftsführer des Bildungszentrums HVHS Hustedt – Zentrum für soziale Demokratie und Mitbestimmung (2009-2016) und Leiter (Vakanz-Vertreter) der Deutsch-Niederländischen HVHS Europahaus Aurich (2016), er ist Ehrenbürger der Bundesakademie für kulturelle Bildung Wolfenbüttel.

Ulrich Eith, Prof. Dr., ist Professor am Seminar für Wissenschaftliche Politik der Universität Freiburg, Geschäftsführer der Arbeitsgruppe Wahlen Freiburg und Institutsdirektor des Studienhaus Wiesneck – Institut für politische Bildung Baden-Württemberg e.V. in Buchenbach.

Hartwig Erb ist 1. Bevollmächtigter der IG Metall Wolfsburg.

Joachim Fährmann ist Politischer Sekretär der IG Metall Wolfsburg.

Sebastian Fischer, Dr., vertritt die Professur für »Didaktik des politischen Unterrichts und der politischen Bildung« an der Carl von Ossietzky Universität Oldenburg.

Tammo Grabbert ist Pädagogischer Mitarbeiter für den Bereich Asyl und Geflüchtete sowie regionaler Grundbildungsbeauftragter beim Verband der Volkshochschulen von Rheinland-Pfalz e.V.

Thorsten Gröger ist Bezirksleiter der IG Metall in Niedersachsen und Sachsen-Anhalt.

Mark Haarfeldt ist Referent beim Verein »Mach meinen Kumpel nicht an!« in Düsseldorf.

Alexander Häusler ist wissenschaftlicher Mitarbeiter des Forschungsschwerpunktes Rechtsextremismus und Neonazismus (www.forena.de) der Hochschule Düsseldorf.

Sascha Howind ist Pressesprecher der IG Metall in Niedersachsen und Sachsen-Anhalt.

Klaus-Peter Hufer, Prof. Dr. rer. pol. phil. habil., ist außerplanmäßiger Professor in der Fakultät Bildungswissenschaften der Universität Duisburg-Essen. Seine Arbeitsschwerpunkte sind politische Erwachsenenbildung in Theorie und Praxis.

Harald Kolbe ist Geschäftsführer des Bildungszentrums HVHS Hustedt.

Jan König ist Politikwissenschaftler und arbeitet als Gemeinwesenberater für das Regionalzentrum für demokratische Kultur Westmecklenburg in Ludwigslust, das Beratungen und Fortbildungen zur Demokratieentwicklung und zur Auseinandersetzung mit Rechtsextremismus anbietet.

Mirko Kurmann ist Historiker und arbeitet als Gemeinwesenberater für das Regionalzentrum für demokratische Kultur Westmecklenburg in Ludwigslust.

Horst Lahmann, M.A., ist Politikwissenschaftler und Leiter des Fachbereichs Prävention im Niedersächsischen Ministerium für Inneres und Sport, Abt. Verfassungsschutz, langjährige Tätigkeit in der niedersächsischen politischen Bildung und ehemaliger DGB Gewerkschaftssekretär.

Thomas Leif ist Journalist, Film- und Sachbuchautor und Politologe. Er war ehrenamtlicher Vorsitzender von Netzwerk Recherche und Mitglied im Beirat von Transparency International. Er ist Jurymitglied des Otto-Brenner-Preises (Wissenschaftsstiftung der IG Metall) und Mitherausgeber des Forschungsjournals Soziale Bewegungen.

Roger Müller ist Mitarbeiter im Betrieblichen Beratungsteam Mecklenburg- Vorpommern, dessen Ziel es ist, in Betrieben rechtsextreme Einstellungen und Einflüsse zu vermeiden oder zurückzudrängen.

Birgit Neumann ist Mitarbeiterin im Betrieblichen Beratungsteam Mecklenburg-Vorpommern.

Katharina Nocun ist Bürgerrechtlerin und Netzaktivistin. Sie ist Beirätin im Whistleblower-Netzwerk e.V. und klagt gegen mehrere Überwachungsgesetze vor dem Bundesverfassungsgericht. In ihrem Blog kattascha.de setzt sich die gebürtige Polin seit 2016 kritisch mit dem Programm der AfD auseinander.

Giovanni Pollice ist Vorsitzender des Vereins »Mach' meinen Kumpel nicht an! – für Gleichbehandlung, gegen Fremdenfeindlichkeit und Rassismus e.V.«.

Rainer Roeser ist freiberuflicher Journalist und schreibt für das Internetportal »Blick nach rechts« (www.bnr.de).

Ulf Teichmann ist Historiker und Bildungsreferent beim DGB-Bildungswerk BUND mit den Arbeitsschwerpunkten Rechtsextremismus, Rechtspopulismus und Rassismus und arbeitet dort im Projekt zur Aufklärung und Unterstützung von aktiven Gewerkschafter_innen (PAU).

Klaudia Tietze ist Geschäftsführerin des Vereins »Mach' meinen Kumpel nicht an!« in Düsseldorf.

Josephin Tischner ist Sozialwissenschaftlerin und arbeitet als Bildungsreferentin im Projekt zur Aufklärung und Unterstützung von aktiven Gewerkschafter_innen (PAU) beim DGB Bildungswerk BUND.

Kai Venohr ist Sozialwissenschaftler und Bildungsreferent beim DGB Bildungswerk BUND, Leiter des Projektes zur Aufklärung und Unterstützung von aktiven Gewerkschafter_innen (PAU) und stellvertretender Vorsitzender des Vereins »Mach' meinen Kumpel nicht an! – für Gleichbehandlung, gegen Fremdenfeindlichkeit und Rassismus e.V.«.

Heinz-Hermann Witte ist Staatssekretär a.D. und Vorsitzender des Bildungszentrums HVHS Hustedt e.V.

Kati Zenk, Dr., ist politische Sekretärin für Bildung bei der IG Metall Wolfsburg. Sie arbeitete beim Landespräventionsrat Niedersachsen im Themenfeld des Rechtsextremismus und hat den Vorsitz im Begleitausschuss des Bundesprogramms »Demokratie leben …« in Wolfsburg.

Hustedter Beiträge zur politischen Bildung

Bisher erschienen in der vom Bildungszentrum Heimvolkshochschule Hustedt e.V. herausgegebenen Reihe:

Bildungszentrum HVHS Hustedt (Hrsg.)
50 Jahre »Soziologische Phantasie und Exemplarisches Lernen«
Tagungsband Emanzipative politische Bildung
In Kooperation mit der Hans Böckler Stiftung und der Helmut-Schmidt-Universität Hamburg
Hustedter Beiträge zur politischen Bildung, Bd. 1
Norderstedt 2014

Peter Straßer/Isabell Petter
Wirkungen politischer Erwachsenenbildung verstehen
Eine Machbarkeitsstudie
Hustedter Beiträge zur politischen Bildung, Bd. 2
Norderstedt 2015

Björn Allmendinger/Harald Kolbe/Horst Stehr
Erinnern statt vergessen
Der Todesmarsch vom KZ-Außenlager Kleinbodungen über Hustedt nach Bergen-Belsen
Hustedter Beiträge zur politischen Bildung, Bd. 3
Norderstedt 2015

Harald Kolbe/Dietrich Burggraf/Peter Straßer (Hrsg.)
Von der Arbeiterkultur zur Kultur der Arbeit?
Das kulturelle Erbe der Arbeiterbewegung und politische Kulturarbeit heute
Hustedter Beiträge zur politischen Bildung, Bd. 4
Norderstedt 2016

Bildungszentrum HVHS Hustedt (Hrsg.)
Vier Reden über den Sinn von Bildung
Zur Verabschiedung von Dietrich Burggraf
Hustedter Beiträge zur politischen Bildung, Bd. 5
Norderstedt 2016